"十三五"职业教育国家规划教材 | 全国邮政职……指导委员……

快递客户服务与营销

何雄明◎主编

人民邮电出版社
北京

图书在版编目（CIP）数据

快递客户服务与营销 / 何雄明主编. -- 北京 : 人民邮电出版社, 2018.6
ISBN 978-7-115-48695-0

Ⅰ. ①快… Ⅱ. ①何… Ⅲ. ①邮件投递－商业服务②邮件投递－市场营销学 Ⅳ. ①F618.1

中国版本图书馆CIP数据核字(2018)第135471号

内 容 提 要

本书结合丰富的案例，在分析快递客户特点和需求的基础上，讲解了快递客户开发的主要内容和客户维护的方法和技巧，分析了快递市场营销的各种策略，并针对电子商务与快递结合的特点，分析了网络时代的快递客户服务与营销方式。本书共六章，分别为快递客户识别、快递客户开发、快递市场营销策略、快递客户维护、快递客户服务礼仪和互联网时代的快递服务与营销。通过六章的学习，读者能掌握快递客户服务岗位所需掌握的知识，树立客户管理和业务营销的观念，提升自身的综合素质和综合技能。

本书以培养应用型人才为目标，可作为高职院校邮政、快递、物流类专业相关课程的教材，也可作为中职院校、本科院校相关专业人才培养的参考用书，还可供快递、物流企业各层次管理人员、专业技术人员和技能型人员继续教育、培训参考使用。

◆ 主　　编　何雄明
　责任编辑　古显义
　责任印制　马振武

◆ 人民邮电出版社出版发行　　北京市丰台区成寿寺路 11 号
　邮编　100164　　电子邮件　315@ptpress.com.cn
　网址　http://www.ptpress.com.cn
　北京天宇星印刷厂印刷

◆ 开本：787×1092　1/16
　印张：11.75　　　　2018 年 6 月第 1 版
　字数：248 千字　　　2025 年 8 月北京第 10 次印刷

定价：32.00 元

读者服务热线：(010)81055256　印装质量热线：(010)81055316
反盗版热线：(010)81055315

前言 PREFACE

快递客户服务与营销是邮政、快递、物流类专业的一门重要的专业核心课程。本书以培养学生的快递客户服务及市场营销技能为核心，系统介绍了快递客户服务与营销的相关知识和技能。

本书主要分为快递客户识别、快递客户开发、快递市场营销策略、快递客户维护、快递客户服务礼仪和互联网时代的快递服务与营销六章，将快递客户服务与业务营销的前沿理论知识与实际操作技能有机融合，打破了以学科知识为主线的编写模式，突出了快递客户服务与业务营销的前瞻性、实用性和行业特色。本书每章都设计了学习目标、学习内容、案例导读、知识拓展、即问即答等环节，体现了理论性、实践性和开放性，力求使读者通过学习本书，提升职业素质和技能。本书还选编了大量的快递企业案例，具有较好的实战性、针对性。同时，本书还配备了丰富的图形、图表以直观的方式呈现相关内容，有利于读者更好地掌握学习内容。

本书的参考学时为 48 学时，建议采用理论与实践一体化教学模式，各章的参考学时见下面的学时分配表。

学时分配表

项目	课程内容	学时
第一章	快递客户识别	6
第二章	快递客户开发	8

续表

项目	课程内容	学时
第三章	快递市场营销策略	8
第四章	快递客户维护	8
第五章	快递客户服务礼仪	6
第六章	互联网时代的快递服务与营销	8
	课程考评	4
课时总计		48

本书的编写得到了各方的大力支持和帮助：国家邮政局和相关地区邮政管理局有关领导对本书的编写给予了大力支持；国家邮政局发展研究中心、职业技能鉴定指导中心的相关同志在本书的审阅、修订和通稿等方面付出了艰辛的努力；全国邮政职业教育教学指导委员会秘书长陈兴东教授对本书编写进行了精心的指导；教材修订编写中，南京大学商学院郑称德教授就教材体例、内容等方面进行了多次指导，淄博职业学院王珂、江苏经贸职业技术学院丁天明、武汉交通职业学院王亚男、湖南邮电职业技术学院夏建辉、石家庄邮电职业技术学院张慧峰等老师也给出了很多宝贵的建议；桐庐县职业技术学校陈秀娟、中外运-敦豪国际航空快件有限公司浙江分公司夏文红及江浙沪等地的快递企业人士为本书的编写修订提供了丰富的案例和许多建议，在此一并表示感谢！

本书由全国邮政职业教育教学指导委员会委员、浙江邮电职业技术学院教师何雄明担任主编，何雄明负责全书的框架设计、通稿审阅、修订及部分章节内容的具体编写工作，参与本书编写的其他同志有董海芳、陈兴东、余曦、张立平、孙莹、宋艳秋、王姝、王再良、张守龙、陈秀娟等。

编者

2018 年 4 月

目录 CONTENTS

06 Chapter 第六章 互联网时代的快递服务与营销

01 Chapter

第一章 快递客户识别

学习目标

- 了解快递客户的含义
- 掌握快递客户的特点
- 掌握快递客户分类方法
- 了解快递客户的需求心理
- 能熟练分析快递客户需求

学习内容

本章以识别快递客户为切入点，按照不同的标准，从不同的角度对快递客户进行细分，阐述快递客户的不同特点；并针对不同快递客户的类型，分析快递客户的普遍性需求、特殊性需求和个性化需求，从而使读者能全面正确地认识和了解快递客户，为客户开发和客户维护奠定基础。

案例导读

针对茶叶市场客户，某快递公司提供定制化服务方案

2016 年 3 月 9 日，某快递公司在安徽省黄山市发布茶叶行业定制化服务解决方案，解决方案基于该公司的现代物流服务体系，提出“4+1”服务模式，从成本优化、时效提升、安全保障、专项服务四个方面，为茶叶市场客户提供定制化的服务方案。

当前，我国正在大力发展现代物流服务体系建设，茶叶、水果、海鲜等农商产品的物流体系建设更是重中之重。面对划时代的挑战，该公司通过信息技术的不断创新、服务理念的不断提升，快速适应互联网经济下的市场环境，持之以恒地为客户提供快速、安全的现代化物流服务。

成本优化方案：作为一家专注于提升服务质量的快递企业，该公司始终保持着“想客户所想，为客户解忧”的服务态度。“明前茶”价格昂贵，销售周期短，对运输的时效要求极高；“明后茶”价格相对较低，运输时效敏感度也较低。茶叶商户的日常批量发货需要经济型物流产品，但遇到紧急调货的情况则需要反应迅速的物流产品。针对茶叶客户的这些差异化寄递需求，该公司通过为客户提供多元化的产品选择，配合“保价”“保鲜”等增值服务，提供专业的服务顾问，为客户推荐合理的物流方案，来保证客户以最合理的成本保障茶叶寄递的快速和安全。

时效提升方案：茶叶具有干燥、易潮的特点，这决定了所有茶叶在运输时效上都有较高的要求。在茶叶主产区，该公司配备了“茶叶寄递专车”，可以通过“绿色通道”直达中转环节，简化了常规的运输流程。另外，寄递的茶叶快件包装上会有专属标识用于识别，可实现优先中转、优先派送。这些措施从整体上提升了茶叶快件寄递的服务时效。

安全保障方案：茶叶作为高价值商品，本身易碎，还常与茶具一同寄递，对寄递过程的安全要求也是极高的。发布会上，该公司现场展示了信息化的物流追踪体系及定制化的茶叶包装。从快递业务员收件，快件中转，到客户收到快件，该公司都能通过完善的信息系统进行追踪监控。为了给茶叶提供全方位的保护，该公司还针对不同类型的茶叶，提供定制化的包装。

专项服务方案：该公司现已成立“茶叶寄递专项服务团队”，全方位、多角度地为客户提供专项服务支持。在茶叶运输方面，该公司在茶叶主产区增设收件网点，延长收件时间；在合作沟通方面，有专门的销售服务人员为茶叶客户提供一对一服务；在客服理赔方面，专项的客服团队能快速响应咨询、理赔、物流异常等情况。

除了定制化的物流服务方案，发布会上，该公司还提出了“合作·共赢”的服务理念——以物流合作为基础，提供“物流+”延伸服务；“物流+金融”，为茶叶的种植、销售、运输全程提供资金保障；“物流+销售”，让客户的商品通过该公司的“特食系统”销往全国；“物流+推广”，为长期合作客户提供推广支持。

（资料来源：中国商务新闻网，有删改。）

思考：

1. 茶叶市场客户有哪些差异化寄递需求？
2. 某公司如何为茶叶市场客户提供定制化的服务方案？

// 第一节 快递客户概述

快递业是现代服务业的重要组成部分，是推动流通方式转型、促进消费升级的现代化先导性产业。近年来，我国快递业发展迅速，企业数量大幅增加，业务规模持续扩大，服务水平不断提升，在降低流通成本、支撑电子商务、服务生产生活、扩大就业渠道等方面发挥了积极作用。快递业作为新兴的现代服务业，承诺在时限内快速完成门到门、桌到桌的寄递服务，其安全、便捷、迅速的特点，满足了人们快速传递信息和物品的迫切需要。人们在享受快递业带来的便利时，自然而然地就成了快递客户。

一、快递客户的含义

快递客户是快递企业提供产品和服务的对象。快递客户是快递企业赖以生存和发展的基础，是快递企业的利润之源。快递企业所拥有的快递客户越多，所处的竞争地位越有利。因此，快递企业竞争的焦点都集中在快递客户身上：一是要不断扩大企业所拥有的快递客户数量，使得潜在客户转变为现有客户；二是要不断提升客户对企业的价值，使得客户由低端向中、高端客户转变。快递企业要通过积极开展有针对性的客户营销活动，提供优质的客户服务，最大限度地开发新客户、保留老客户，提高企业效益。

知识拓展

客户这个概念不同于消费者或最终用户。消费者是个广义的概念，泛指市场上各种产品或服务的购买者和使用者。

而客户既可以是一个人，还可以是一个目标群体或一个组织。个人客户是消费者，即购买最终产品与服务的零售客户，通常是个人或家庭，构成消费者市场。企业客户是指将购买的产品或服务附加在自己的产品上一同出售给另外的客户，或附加到内部业务上以增加盈利或服务内容的企业，企业客户构成为产业市场。

广义客户不仅包括企业产品的终端消费者，还包括与企业经营相关的任何组织和个人，如产品的供应商、经销商、企业的内部客户（员工）、广告商、银行和中介等。此外，还包括对企业经营产生重要影响的特殊成员，如政府、行业协会、社区与新闻媒体等。

二、快递客户的特点

业务流程重组（BRP）创始人迈克尔·哈默有句名言：“所谓新经济，就是客户经济”。

客户是企业最重要的资源，企业的各项工作都是围绕客户展开的。

客户购买的不仅是产品或服务，更是购买了产品或服务所能带来的效用，即使用价值。客户购买了产品或服务后，如果所购买产品或服务给其带来的使用价值没有达到预期，客户往往会放弃购买或者转向企业的竞争对手。无论什么样的客户，在购买企业的产品或服务时，都有一套自己的衡量标准。一般而言，客户追求的是"既好、又便宜"的产品或服务，注重"物美价廉"，追求产品或服务的性价比最大化。

随着人们生活水平的提高，客户需求个性化特点也日渐明显。一般来说，快递客户具有以下特点。

（1）快递客户注重快递企业的品牌。市场营销专家菲利普·科特勒博士认为，品牌是一种名称、术语、标记、符号、图案或它们的相互组合。消费者利用品牌来识别企业能提供的产品或服务，并与企业的竞争对手的产品或服务相区别。统计表明，80%的快递客户在使用快递服务时会根据快递企业的知名度选择相应品牌。

（2）快递客户注重快递服务的时效。快递服务按照承诺的时限递送信件或包裹，它连接着收件和寄件两端的客户，不管是收件的客户，还是寄件的客户，都非常注重快递服务的时效性。《快递服务国家标准》规定，国内同城快递服务时限为 24 小时，国内异地城市为 72 小时。特殊快递客户对时限的要求可能会更高。

（3）快递客户注重快递服务的安全性。快递客户在选择快递服务时，需要提供许多信息，如地址、电话、所寄文件或包裹的性质等，快递企业要对这些保密。快递客户要求交寄的物品在寄递过程中保持完好。这就要求快递客服人员要恪守职责，保守秘密，规范服务。

（4）快递客户希望享受便捷的快递服务。在生活、工作节奏加快的今天，快递客户要求能非常方便地把信件或包裹等物品通过快递企业快速传递到收件人手中，快递企业应在设置服务场所、安排营业时间、提供上门服务等各方面，满足客户需求。

（5）快递客户在选择快递服务时具有首轮效应心理。首轮效应也称为第一印象作用或先入为主效应，是指在个体社会认知过程中，"第一印象"最先获得的信息，会对个体以后的认知产生深远的影响作用。快递客户在选择快递服务时，第一印象作用强，持续的时间也长。一旦客户初次选择某企业的快递服务并享受到了优质服务后，一定会对该企业产生较好的印象，往往就会对该企业"情有独钟"，长期使用该企业提供的服务。反之，如果客户接受的是差的快递服务，就可能会心存芥蒂，甚至会通过口碑效应把这种感受传给其他人。

快递市场竞争，归根到底是快递客户资源的争夺。把握快递客户的特点，有针对性地开展客户营销，可以使快递企业在竞争中立于不败之地。

即问即答

快递客户有哪些特点？

三、快递客户分类

由于个人的能力、气质和性格的不同，快递客户也呈现出不同的个性特征。对快递客户进行分类，是快递客户服务与管理的基础工作。分类越合理，快递企业对客户的服务和管理效果就越好，企业和客户双赢的机会就越大。

（一）按客户与快递企业的关系分类

对于快递企业而言，快递客户可分为外部快递客户和内部快递客户。

外部快递客户又叫狭义的快递客户，指快递公司之外的对其有快递需求的客户，是一般意义上的快递服务使用者。

内部快递客户是指快递企业组织内部的机构、部门和员工。根据供应链理论，相关部门之间往往存在“上、下游”关系。上游部门是下游部门的服务部门，下游部门自然就是上游部门的客户。快递业务有一整套的业务流程，是由各个环节甚至不同地区的工作人员分工合作完成的。只有分工与合作，企业才可以做到制度健全、流程合理、运营平稳。在快递企业内部，部门与部门之间的关系不是简单的“甲方”和“乙方”的关系，而是一种“互为内部客户的关系”，如销售部门为财务部门提供收款数据，财务部门为销售部门提供绩效考核数据。

（二）按客户为快递企业提供价值的大小分类

不同客户给快递企业提供的价值是不同的。从快递客户给企业提供的价值来看，快递客户大致可以分为以下三类。

1. 高端客户

高端客户主要是大型企业和政府机关。这类客户通常追求高性能、最优质的快递服务，对价格则不太敏感。他们通常会选择知名快递企业的快递服务。对于中、小型的快递企业来说，开发这类客户难度较大。尽管如此，高端客户仍是快递企业最重要的客户资源。一方面他们对快递服务需求量大，付款能力强，能给快递企业带来高的经济效益；另一方面他们是市场的“风向标”，如果某快递公司接下了高端客户的快递业务，它在和其他客户谈判的时候就会容易得多。这其中隐含的广告效应也是快递公司都对高端客户情有独钟的重要原因。

2. 中端客户

中端客户主要是中小型企业，以及一些网购商家等。中端客户也有可能成为快递企业的较大利润来源，但与高端客户相比，他们比较注重性价比，注重后续服务，往往可能也从快递企业的竞争对手那里购买快递产品或服务。

中端客户既有品质的要求，又对价格较为敏感；他们掌握的信息往往最为灵敏，又对业界行情了如指掌；他们既会跟风高端客户，又有自己的诸多想法，成了快递企业最难把握却又必须重视的一类客户。与这类客户建立关系的目的，是提高他们对本企业快递服务的购买份额，培养其忠诚度，提高其客户价值。

3. 大众客户

大众客户主要是一些小型企业和普通的个人客户。他们非常注重快递服务的价格，并往往会针对时效和安全率等设置一些底线，只要基本要求达到了，那么价格就成了他们最为关心的关键因素。大众客户对快递品牌的忠诚度低。快递企业往往还没有来得及把新开发的大众客户培育成忠诚客户，他们就转向了竞争对手，客户流失情况比较普遍。

快递企业以什么样的标准来评价客户价值，取决于它对客户的基本态度。从长远的观点来看，快递企业不仅要使客户的当前价值最大化，而且要同客户建立稳定的关系，实现企业利润最大化。

（三）按客户所在市场类型分类

1. 专业市场客户

快递企业的服务范围很广，凡不违反国家的相关规定又适合快递企业递送的物品，一般都可以寄递。按照快递客户所寄递的物品如农产品（茶叶、水果、肉类等）、工业产品、电子产品、皮革产品、服装鞋帽、医药用品、易碎品等的不同，可将客户分为不同类型的专业市场客户，下面举例进行分析。

（1）农产品市场客户

随着统一开放、竞争有序的现代农产品市场体系的健全，尤其是农村电子商务的快速发展，农产品市场的客户寄递需求差异化越来越明显，要求越来越高。以茶叶、水果、肉类市场为例，快递企业采用专用包装材料、科学保鲜措施、专业包装方案、冷链运输方式等一系列措施，通过专属标识进行识别，实现优先中转，优先派送，在一定程度上保障了寄递农产品的安全和时效。

（2）工业产品市场客户

工业产品是工业企业在生产活动过程中创造的、符合原定生产目的和用途的生产成果。许多工业企业都在利用快递服务寄递产品，如汽车零配件等，形成了工业产品市场客户群体。这些客户通常具有生产集中度高、经济规模大的特征，具有发货量持续、稳定的特点。

（3）电子产品市场客户

电子产品的应用领域非常广，人们日常用的很多东西都涉及电子产品，如手机、计算机、数码相机、微波炉、音箱等。由于电子产品制造业的蓬勃发展，客户使用快递服务寄递的电子产品数量所占快递物品的份额逐年上升，形成了一定规模的电子产品市场客户群体。客户在寄递电子产品时，除了对包装和运输安全有较高要求外，由于电子产品更新换代快且价格波动较大，客户对寄递时限的要求也很高。

（4）皮革产品市场客户

我国的皮革业涵盖制革、制鞋、毛皮及其制品等主体行业，以及皮革化工、皮革五金、皮革机械、皮革辅料等配套行业，是一个上、下游关联度高，产品不断进化的完整产业链。我国皮革业已经形成了不同的特色区域和生产基地。近年来，随着电子商务的兴起和皮革交易量的加大，很多客户都会选择快递服务来寄递皮革制品，从而形成了比较独特的皮革市场客户群体。快递企业在受理客户的皮革制品时都应分外小心，轻拿轻放，妥善保管。对部分价值较高的皮革制品应建议客户进行保价处理，防止给客户带来不必要的损失。

（5）易碎品市场客户

玻璃制品、陶瓷制品、工艺品、精密电子仪器、电器、通信产品等都是易碎品。许多客户都在使用快递服务寄递这类产品，形成了易碎品市场客户群体。易碎品作为比较特殊的一类产品，在寄递时，必须确保寄递物品的完整。快递企业在受理易碎品的寄递时，应严格把好包装这一最为关键的环节。封装时应注意防止快件变形、破裂，以及污染或损毁其他快件，以防伤害客户、快递服务人员或其他人。易碎品在寄递时都应在外包装的合适方位，标上“易碎品”“小心轻放”字样和相应的图案（见图 1-1）。

图 1-1 易碎品标志

知识拓展

客户所在市场不同，其对寄递物品的包装要求也各不相同。

工业产品如机器零件、模具、钢（铁）块等较重的物品，应使用材质较软的包装材料（如气泡垫等）包裹，再采用材质较好、耐磨性强的塑料袋包装；或以材质较好的纸箱包装后，用打包带加固，也可使用木箱进行包装；若快件属于易碎品，还须在外包装（运输包装）上加贴易碎标识以示警示；单件快件重量不能超过 50 千克。

轴承内钢珠等会渗油的固体物品，应用衬垫和吸附材料填实，防止在运输过程中因渗漏污染快件本身及其他快件。

精密仪器及电子产品类物品，应采用纸箱或全木箱包装。箱内留有一定的空隙，并用缓冲材料填充。

体积微小的五金配件、纽扣及其他易散落、易丢失的物品，用塑料袋作为内包装将寄递物品聚集，并严密封口，所寄物品数量较少时可使用包装袋作为外包装，数量较多时可使用质地坚固、大小适中的纸箱或木箱作为外包装，并用填充材料填充箱内的空隙，要注意避免填充过满而导致内包装破裂引起快件散落丢失。

不规则（异形）、超大、超长的物品，要用气泡垫等材质较软的材料进行全部或局部（两端等易损部位）包装。细长快件还应尽可能捆绑加固，减少中转或运输过程中折损的可能。

布匹、皮料、泡沫等较大的圆柱形原材料物品，可先用透明的塑料薄膜进行包裹，再用胶纸对其进行缠绕包装。严禁使用各种有色的垃圾袋进行包装。

特产类如水果、月饼等物品，要以防止其破损变质又不污染其他快件为原则，如水果采用条筐、竹笼或竹篓包装。

液态物品，所用容器内部必须留有一定的空隙，封盖必须严密，不得溢漏。如果容器本身强度较小，则需采用纸箱或木箱对其进行加固包装，箱内应使用缓冲物填实，防止晃动或倒置导致液体渗出，外包装还需贴上易碎标识。

粉状物品，即使原包装已经用塑料袋包装，还应使用编织袋作为外包装，保证粉末不易漏出。若快件原包装是硬纸桶、木桶、胶合板桶，应注意桶身完好、接缝严密、桶盖密封。若快件原包装是玻璃的，则须用铁制或木制材料做外包装，并注意用缓冲材料填实。

纺织类物品，可采用布袋、麻袋、纸箱包装。布袋要选择坚固结实的棉布，麻袋所用的坯布应无破洞，且封口处要用一次性封口机封好。如是纸箱包装则需对箱角及边缘用胶纸加固，还可在纸箱外面套一个编织袋，以免损坏。

纸质类的寄递物品，厚度不超过 1 厘米的纸质物品可使用文件封进行包装，厚度超过 1 厘米且不易破碎、抗压的书刊、样品等可选择包装袋包装。

易碎物品如玻璃、光碟、灯饰、陶瓷等，需采取多层次包装方法，即“快件—衬垫材料—内包装—缓冲材料—外包装”。

2. 中央商务区（CBD）客户群

中央商务区（Central Business District，CBD）的概念于 1923 年诞生于美国，当时定义为“商业会聚之处”。随后，CBD 的内容不断发展丰富，现在一般指一个城市、一个区域的经济发展中枢地带。CBD 高度集中了城市（区域）的经济、科技和文化力量，同时具备金融、贸易、服务、展览、咨询等多种功能，汇集了大量的办公、餐饮、服务和住宿设施，是“寸土寸金”之地。CBD 内快节奏的工作和生活方式必然要求快递服务更加高效、快捷。CBD 内的客户主要有以下三种快递服务需求。

（1）CBD 内办公机构对快递服务的需求

CBD 内主要是一些大公司的办公机构，它们不会把时间和精力花在低效率的活动上，稍高的费用和高效的快递服务对于他们来说是可以接受的。由于 CBD 地处城市或区域的黄金地段且具有超高的人气，常举办众多的会展、论坛、高峰会议和各种各样的其他商业活动，从而会产生大量的快递服务需求。CBD 内的办公机构所需的日常办公用品，如复印纸、打印纸、传真纸、墨盒、计算机配件、文件夹、财务用品、档案盒等，如果这些物品都由某快递企业来负责配送，其收入已经十分可观了。

（2）CBD 的商业活动对快递服务的需求

CBD 内商业设施发达，人口流动大，人们的购物需求强烈，消费支出大。在 CBD 内工作的主要是白领人士，他们看重品牌，追求时尚。CBD 内现代化的商场为人们的生活提供了有力保障。商场销售商品的价格高、周转量大、流动速度快，快递企业宜采取零库存方式减少资金占压，满足快递客户的要求。这就需要外部高效的快递配送系统作为支撑，实现快递企业和 CBD 商家的双赢。

（3）CBD 内人们的生活对快递服务的需求

CBD 内人们在就餐时更追求周边环境、氛围及食材的品质，食材包括各种时令新鲜水果、海鲜等。由于食材价格昂贵且有保鲜保质的要求，除非是一些珍贵的平时不易获得的食物，商家其余各种食品的库存都较少，当天进货当天销售，这些都会带来大量的快递服务需求。

3. 电子商务市场客户群

互联网在全世界的迅速发展，标志着电子商务时代的到来。人们可以足不出户就得到企业提供的个性化服务，享受电子商务时代带来的成果。电子商务以较为低廉的交易成本及广泛的交易渠道，成了企业商业模式、消费者个人购物模式选择上的主导，这对快递业产生了巨大的影响。

电子商务市场客户在选择快递产品和服务时，依托互联网获得了广泛选择的便利，个性化、差异化的需求也越来越多，选择快递产品或服务的购买行为变得更加成熟和理性。

即问即答

简述电子商务市场客户对快递产品的需求特点。

（四）按客户所处状态分类

1. 忠诚客户

忠诚客户是指对企业的产品或服务持续、指向性地重复购买的客户。忠诚客户会多次或大量购买某企业的产品或服务，如发现产品或服务有某些缺陷，能以谅解的心情主动向企业反馈信息，求得解决，并不影响其再次购买，忠诚客户也几乎不会产生选择其他企业的产品或服务的念头。

下面是一个典型的 L（客户忠诚度指数）V（客户价值指数）象限客户金字塔，如图 1-2 所示。

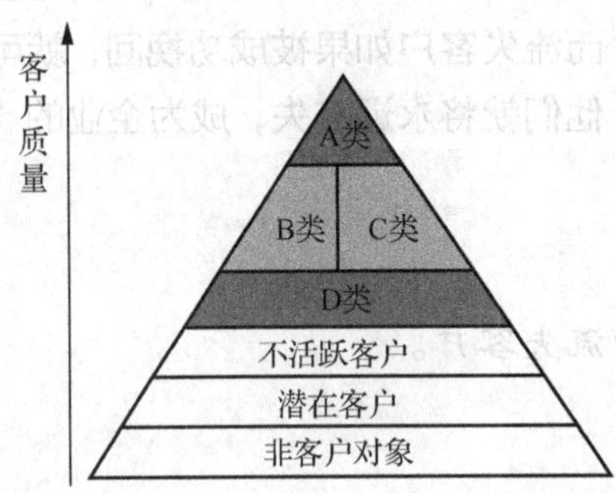

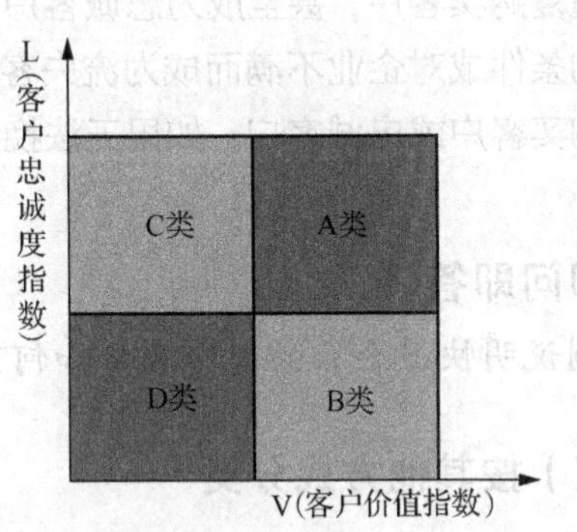

图 1-2 LV 象限客户金字塔

运用 LV 象限可以将客户分为高忠诚度高价值（A 类）、低忠诚度高价值（B 类）、高忠诚度低价值（C 类）、低忠诚度低价值（D 类）四个基本类别。

忠诚包括交易忠诚和情感忠诚两方面。交易忠诚一般以客户购买产品的时间、购买频率、客户消费所占份额等来度量。情感忠诚一般根据情感和关系来判定，而不是单纯地看交易记录。它包括客户愿意向企业支付额外费用、将企业视作标杆、向他人推荐企业的产品、对企业的产品提出优化建议等。

情感忠诚的意义远大于交易忠诚。快递企业的最佳客户毫无疑问是位于金字塔尖的 A 类客户。这类客户的高价值非常值得快递企业花费精力和资源来获取、保留和提升其价值，其高忠诚度则能确保企业能更长久地获取更多利益。培养更多情感忠诚的客户是快递客户服务工作的重中之重。

2. 新增客户

快递企业的利益来自客户资源的保持和不断拓展，赢得新客户是快递企业生存与发展的重要一环。新客户一般不知道快递企业的品牌形象、实际能力、发展蓝图、行业地位、产品优势，忠诚度较低。但快递企业的每个老客户、忠诚客户都是从新客户一步一步发展过来的，赢得现在的新客户实际上就是赢得了将来的老客户和忠诚客户。

3. 潜在客户

潜在客户是指在工作、生活中有可能购买快递产品或服务的人。首先，这类客户并不是对快递服务产品没有使用欲望，只是暂时还没有使用。其次，这类客户可能会仔细询问产品的各方面性能，属于理智型的消费者。再次，这类客户一旦认定某种产品，可能影响周围的一大群人。最后，这类客户通常对未知的事物有排斥感，很难接受新产品，除非销售人员能够准确掌握他们的特质，否则很难向他们销售产品。

4. 流失客户

由于种种原因与提供快递服务的企业中止合作的客户，就是流失客户。客户的忠诚度是一个很难用数字衡量的概念。在营销手段日益成熟的今天，每个客户都有自己的选择和利益杠杆，客户是一个很不稳定的群体。

以上按所处状态分类的客户，是可以相互转化的。例如，潜在客户一旦采取购买行为，就变成了企业的新增客户，新增客户如果经常购买同一企业的产品和服务，就可能发展为企业的重复购买客户，甚至成为忠诚客户；新增客户、忠诚客户也会因为其他企业的更有诱惑力的条件或对企业不满而成为流失客户；而流失客户如果被成功挽回，就可以直接成为重复购买客户或忠诚客户，如果无法挽回，他们就将永远流失，成为企业的“非客户”。

即问即答

举例说明快递企业的新增客户如何变为流失客户。

（五）按其他方式分类

（1）按照与客户合作领域的不同，可分为全球性客户、全国性客户、地区性客户和行业性客户。

（2）按照客户的性质不同，可分为政府机构及其他非营利机构客户、企业集团客户、个人客户。

（3）按照客户的性别不同，可分为男性客户、女性客户。

想一想

企业的客户是谁?

有效了解公司客户的方法很多，请填写表1-1，回答“客户是谁”这个问题，从中体会如何去识别快递企业的客户。

表 1-1 客户是谁

1. 描述你的当前客户	消费者（年龄、职业、收入水平） 组织（组织类型、规模）
2. 他们所处的地理位置	本地 国内其他地方 国外
3. 他们购买什么，购买的原因是什么	产品 服务
4. 购买频率	每天 每周 每月 每年 随时 其他
5. 购买量	按数量 按金额
6. 购买方式	现金 赊购 签订合同
7. 客户了解本企业的方式	广告 口头 直接销售 其他
8. 客户对企业、产品、服务的感受	
9. 客户期待企业能够或应该提供的利益是什么	
10. 产品的市场有多大	按地区 按人口 潜在客户
11. 产品在各个市场上的市场份额是多少	

第二节 快递客户需求分析

一、快递客户需求概述

（一）快递客户需求的概念

需求是消费者在一定时期内在某种商品各种可能的价格水平上愿意并且能够购买的

量。需求与需要不同，需求不仅要求消费者有购买欲望，更要有购买能力，两者缺一不可。

客户的需求是多方面的，按照马斯洛的需求层次理论（见图 1-3），人的需求可以分为生理需求、安全需求、社交需求、尊重需求、自我实现需求五类。

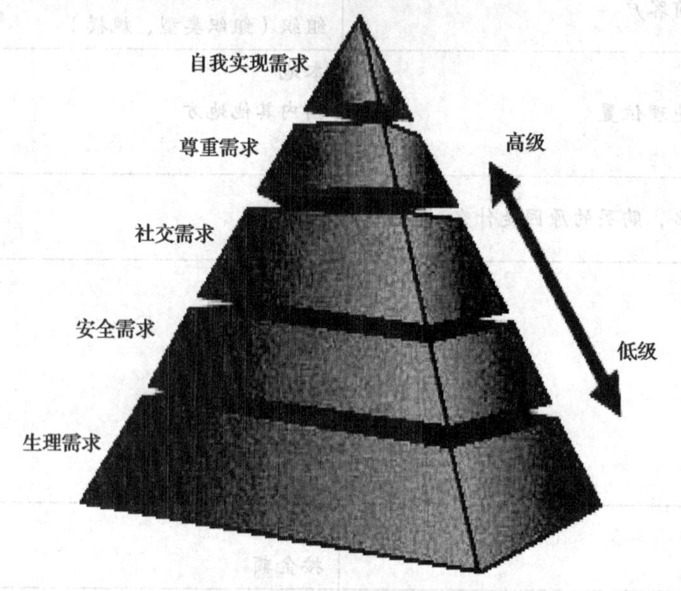

图 1-3　马斯洛需求层次理论

生理需求是人们最原始、最基本的需求，如吃饭、穿衣、住宅、医疗等。若不满足，则有生命危险。这就是说，它是最强烈的不可避免的最底层需求，也是推动人们行动的强大动力。

安全需求比生理需求高一级，要求劳动安全、职业安全、生活稳定、免于灾难、未来有保障等。当生理需求得到满足以后人们就要保障这种需求。每一个在现实中生活的人，都会产生追求安全感和自由的欲望。

社交需求也称为归属与爱的需求，指个人渴望得到家庭、团体、朋友、同事的关怀、爱护、理解，是对友情、温暖、爱情、信任等的需求。它更细微、更难捉摸，与个人性格、经历、生活区域、生活习惯等都有关系，这种需求是难以觉察、无法度量的。

尊重需求可分为内部尊重和外部尊重。尊重的需求很少能够得到完全满足，基本上的满足就可对人产生推动力。

自我实现的需求是最高等级的需求。满足这种需求就要求人们完成与自己能力相称的工作，最充分地发挥自己的潜在能力，成为所期望的人物。这是一种创造性的需求。有自我实现需要的人，一般会竭尽所能，使自己趋于完美。自我实现意味着充分、活跃、忘我、全神贯注地体验生活。

人们都潜藏着这五种不同层次的需求，但在不同的时期表现出来的各种需求的迫切程度是不同的，最迫切的需求才是激励人行动的主要原因和动力。

快递客户需求反映的是快递客户的需求与快递服务的价格、质量之间的关系。快递企业要以客户需求为中心，把握“卖给谁”“卖什么”“怎么卖”三个基本点，把无形的产品变成有形的服务，发现、创造、激发、满足客户的需要，以合适的价格向客户提供优质的服务，这是快递企业走向成功的法宝。

（二）快递客户的消费心理

消费心理是指消费者进行消费活动时所表现出的心理特征与心理活动。消费心理是由消费者的兴趣、消费习惯、价值观、性格、气质等多方面因素综合作用产生的。常见的消费心理有实用、便捷、保密、从众、求异、对比、求美七种类型。

实用心理是快递客户最基本的心理。实用心理以快递客户的实际需求为动机，特别重视服务中的时效性和服务质量。针对此类心理，快递客服人员在工作中要做到细心、耐心地回答客户提出的各种问题，处处为客户着想，让客户放心。

便捷心理是客户要求缩短等待时间的一种心理。由于工作节奏加快，更多客户希望足不出户，就能享受到方便、快捷的寄递服务。

保密心理是快递客户希望保护自身信息及快件所包含的通信秘密的一种心理。快递客户服务人员应该恪守职业道德，自觉增强法制观念，充分尊重快递客户的保密心理，使客户感到安全、放心。

从众心理主要体现为附和他人，如在网络论坛上大家都说某快递企业服务好或不好，作为单个的消费者就很容易受影响，哪怕他从来没有使用过该快递公司的产品。

求异心理则与从众心理恰恰相反，如快递客户对与其长期合作的快递公司总是“情有独钟”，哪怕该企业在业界的口碑并不好，只要没有触及客户的核心利益，客户一般不会轻易更换合作伙伴。

对比心理主要体现在客户对不同快递公司的服务和价格的比较或对同一快递公司向不同客户提供的服务和价格差异的比较上。货比三家就是对比心理的最佳注解。因此，有时一些细节上的疏忽往往会带来快递客户的流失。

求美心理是客户的一种普遍心理。这种心理使人们不仅注重使用快递服务的效果，而且希望从中得到美的享受。因此，快递企业应重视快递服务场所的环境美，注重收派员及其他客服人员的仪表美、语言美，以及快递包装的外形及内涵美。

（三）快递客户需求的特点

快递客户的需求有以下几个特点。

1. 扩展性

客户需求不会停留在同一个水平。随着道路交通、运输设备、信息技术及通信水平的不断提升，快递客户的需求也在不断向前发展。如今快递企业可能会因为快件一天的延期而失去大量的客户，快递企业要适应新形势发展的需求，改变过去坐等客户上门的观念，只有通过不断地深入市场调查研究，优化网络组织，延伸服务内容，创新产品，加强公关和营销，才能适应不断提升的客户需求，促进快递产品的销售和业务发展。

2. 多层次性

客户有多种多样的需求，且这其中有主次之分。有些客户在意价格的高低，有些客户在意服务的优劣，有些客户在意时间的长短，有些客户在意口碑的好坏。没有客户不喜欢物美价廉的产品，只是往往存在更为看重的某一方面。快递企业要按照自身的经济实力和客观条件，分清客户需求的主次和轻重缓急，有序地逐步完善服务；要树立多层次服务理念，理清业务种类，开展有针对性的快递服务，并不断加强与客户的沟通，了解客户的想法，从而不断细分服务种类，以满足不同客户的需求；要围绕客户需求调整营销手段和服务方式，积极发展高端客户，全力维系重要客户，精心培育潜在客户。对不同的客户群体，实行差异化服务，对重要大客户实行精益化、个性化服务，对潜在客户加强沟通，密切往来，实施情感投入和情感渗透。建立全面、完整的大客户资料档案，用信息化手段管理客户资料，并定期做好客户分析，推行大客户营销责任制及派驻制、项目经理制、营销代表制等营销模式，形成大客户营销工作的制度化管理与体系化服务，最大限度地扩大营销成果。

3. 可引导性

客户需求不是一成不变的，有些需求是必需的、最基本的，有些则与外界的刺激密切相关。经济政策的变动、营销活动的影响、社会交际的启示、广告宣传的引导等，都可能导致客户需求的变化或转移，潜在的需求也可能变为现实的需求。客户需求的可引导性，促使快递企业不仅要适应和满足客户的需求，更应通过各种营销手段，正确地影响和引导客户需求，变潜在客户为现有客户，通过各种方式不断引导客户消费。快递企业要善于抓住机会，重视快递服务的包装、策划，形成亮点和即时效应。

4. 分散性

自 2001 年 12 月 11 日我国加入世界贸易组织（WTO）以来，快递服务逐步改变了原有的一些格局，民营快递企业迅猛发展，国际快递企业加速进入中国市场，行业竞争十分激烈，快递客户可选择的快递服务提供商的范围大为增加。一个客户往往会根据自己的经验以及快递企业各自的特点和快件寄达的区域，选择不同的快递企业寄递快件。激烈的市场竞争往往也蕴含着巨大的机遇，快递企业要转变经营理念，以服务为抓手，以方便客户为根本，改善软、硬件条件，提升服务水平，抓住目标客户，拓宽市场份额，从而在激烈的竞争中立于不败之地。

二、快递客户需求的类别

前文已知，快递客户的需求是多种多样的，不同的快递客户会有不同的需求。下面介绍两种常用的快递客户需求的分类方法。

（一）按照需求的共性与个性分类

快递客户的需求可分为普遍性需求、特殊性需求和个性化需求。

1. 快递客户的普遍性需求

快递客户的普遍性需求，即一般快递客户都具有的需求，指的是快递客户对快递服务的迅速、准确、安全、方便的普遍性需求。

2. 快递客户的特殊性需求

特殊性需求，即与众不同的需求，指某一类快递客户的需求，如有些快递客户要求快递价格尽可能低，有些客户希望快递企业提供免费的上门取件业务，有些客户非常在意快件的安全性，有些客户则希望快递能够尽可能地快。不同的快递客户由于出发点不同，或对快递服务各要素的重要性排序不同，或在不同的快递服务中追求的效用不同，呈现出不同的特殊性要求。

3. 快递客户的个性化需求

个性化需求是指客户根据自己的身份、职业、性格、个人爱好、经济承受能力等自身情况选择适合自己的快递产品或服务的需求。随着社会的发展和人民生活水平的提高，人们的消费观念发生了很大变化，消费心理日趋成熟。人们往往会根据自身情况选择适合自己的商品，追求消费的个性化。客户要求个性化，企业提供个性化服务，已经逐渐成为企业赖以生存的法宝。快递企业要做到以人为本，以市场为导向，以服务为保障，竭力为每一位快递客户提供"量体裁衣"的个性化服务。

（二）按客户的重要程度和满意程度来分类

根据快递客户对不同的快递需求的满意程度和重要程度可绘制一个简单的坐标图，如图 1-4 所示。在市场环境下，快递从业人员必须树立"一切为了客户"的观念，以诚相待，急客户之所急、想客户之所想，才能实现快递企业和快递客户的双赢。

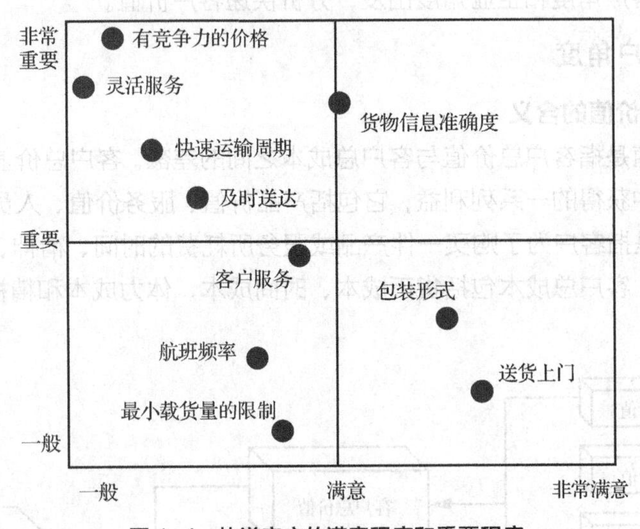

图 1-4 快递客户的满意程度和重要程度

// 第三节 快递客户价值分析

一、客户价值概述

关于客户价值，早在 1954 年，德鲁克就指出，"客户购买和消费的绝不是产品，而是价值"；菲利普·科特勒也说，"营销并不只是向客户兜售产品或服务，而是一门真正为客户创造价值的艺术。"

美国学者罗伯特·劳特朋对客户价值的阐述主要体现在 1990 年提出的 4C（客户、成本、方便、沟通）理论中，劳特朋认为，传统的营销组合4P（产品、价格、分销、促销）理论只是从企业角度出发来制订营销决策，忽视了客户真正的价值需求这一问题，企业在市场营销活动中应该首先注意的是4C，这才是客户价值的真正体现。

格隆罗斯是从关系营销的角度阐述客户价值的。他认为，价值是关系营销的起点和结果。关系营销应该为客户和其他各方创造出比单纯交易更大的价值。客户必须感知和欣赏持续关系中所创造的价值。由于关系是一个长期维持的过程，因此客户价值会在一个较长的时间内出现，格隆罗斯将此称之为价值过程。

不同的学者从不同的角度对客户价值进行了分析与研究，但还没有形成完整的论述。目前对客户价值的研究正沿着三个不同的侧面展开：一是企业为客户提供的价值，即从客户的角度来感知企业提供的产品和服务的价值；二是客户为企业提供的价值，即从企业角度出发，根据客户消费行为和消费特征等变量测度出客户能够为企业创造的价值，该价值衡量了客户对企业的相对重要性，是企业进行差异化决策的重要标准；三是企业和客户互为价值感受主体和价值感受客体的客户价值研究，称为客户价值交换研究。

二、快递客户价值

以下分别从客户角度和企业角度出发，分析快递客户价值。

（一）从客户角度

1. 客户让渡价值的含义

客户让渡价值是指客户总价值与客户总成本之间的差额。客户总价值就是客户从某一特定产品或服务中获得的一系列利益，它包括产品价值、服务价值、人员价值和形象价值等。客户总成本是指客户为了购买一件产品或服务所耗费的时间、精神、体力，以及所支付的货币资金等，客户总成本包括货币成本、时间成本、体力成本和精神成本，如图 1-5 所示。

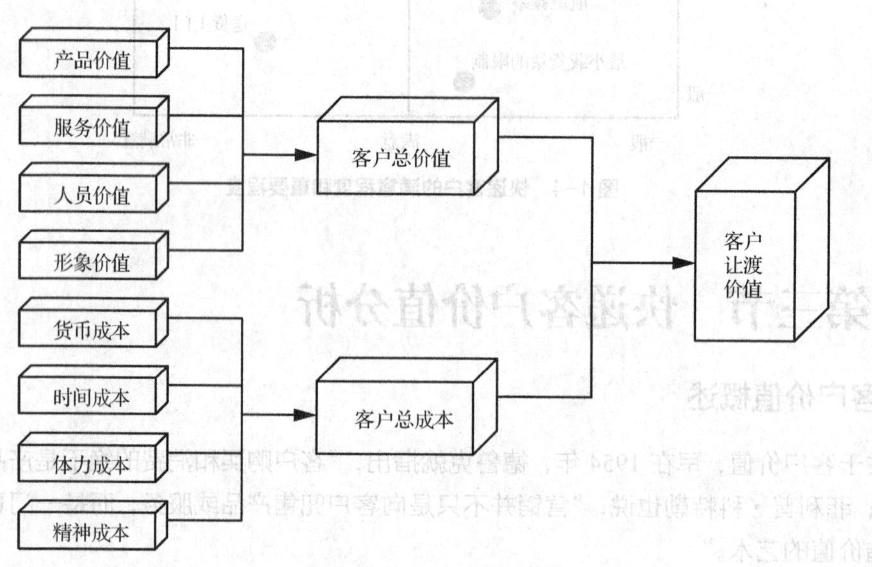

图 1-5　客户让渡价值

2. 快递客户让渡价值

由于快递客户在购买产品或服务时，总希望把有关成本，包括货币、时间、精神和体力等降到最低，而同时又希望从中获得更多的实际利益，以使自己的需求得到最大限度的满足。因此快递客户在选购产品或服务时，往往从价值与成本两个方面进行比较分析，从中选价值最高、成本最低的，即以快递客户让渡价值最大的产品作为优先选购的对象。

（1）快递客户购买总价值

使客户获得更大让渡价值的途径之一是提高产品价值、服务价值、人员价值与形象价值，从而提高产品或服务的总价值。每一项价值因素的变化都对总价值产生影响，进而提高企业生产经营的绩效。

产品价值是快递产品的特性、功能、品质、式样、品牌等因素所产生的价值。产品价值是客户需求的核心内容之一，也是客户选择快递服务考虑的首要因素。快递产品价值是由客户的需求决定的，在分析时必须考虑不同经济发展时期客户需求的共同特点以及同一发展时期不同类型客户需求的个性特征。

服务价值是伴随快递产品出售，快递企业向客户提供产品介绍、培训、包装、收寄、运输、派送等服务时产生的价值。因此向客户提供更优质的服务，已经成为快递企业市场竞争的焦点。

人员价值是指快递企业员工的经营思想、知识水平、业务能力、工作效率与服务质量等所产生的价值。快递企业员工直接决定着快递企业为客户提供的产品与服务的质量，决定着客户购买总价值的大小。

形象价值是指快递企业及其产品在社会公众中形成的总体形象所产生的价值，包括企业的产品质量、技术水平、服务质量、品牌标志、营业场所等构成的有形形象所产生的价值以及快递企业员工的职业道德行为、经营行为、服务态度、工作作风等行为形象所产生的价值。形象价值对于快递企业来说是宝贵的无形资产，良好的形象会对快递企业产生巨大的支持作用，并能为客户带来精神和心理上的满足感、信任感，从而增加客户购买的总价值。

（2）快递客户购买总成本

要实现最大限度的客户让渡价值，仅仅创造价值是远远不够的，还应该设法降低客户购买的总成本。客户总成本不仅包括货币成本，而且还包括时间成本、精神成本、体力成本等非货币成本。因此，快递企业要想创造最大的客户让渡价值，使客户能充分满意，就必须帮助客户降低非货币成本。

通常情况下，客户购买产品首先要考虑货币成本的高低，因而货币成本是构成客户总成本的主要和基本因素。

时间成本是客户为得到所期望的快递产品或服务必须付出的等待时间和代价。在一定的条件下，时间成本越低，客户购买的总成本越小，客户让渡价值越大，反之，客户让渡价值越小。

精力成本（精神和体力成本）是指客户在购买快递产品时，在精神、体力方面的耗费和支出。客户购买快递产品的过程是一个产生需求、搜索信息、判断选择、决定购买、实施购买，以及表达购买后感受的全过程，客户在购买过程的各个阶段，均需付出一定的精神和体力。在一定的条件下，精神和体力成本越小，客户为购买快递产品所付出的总成本越低，客户让渡价值越大。

（二）从企业角度

对于企业而言，客户是商业价值的利润源泉。客户价值体现了客户对企业盈利贡献程度的大小，最终将转化为企业的经济价值，它包括了客户自身购买及影响他人购买最终可以为企业带来的经济价值。

1. 快递客户价值构成

（1）客户的当前价值

客户的当前价值主要是指客户当前的、实际发生的对企业产品或服务的购买行为给企业带来的利润贡献。客户的当前价值的大小一方面和客户的消费额密切相关，在同等条件下，客户的消费额越高，该客户的当前价值越高，反之，消费额越低，该客户的当前价值越低；另一方面，客户当前价值还与该客户的营销成本（即企业为了吸引该客户做出购买决策及进行交易所需支出的所有费用）密切相关。在同等条件下，客户所需的营销成本越大，该客户的当前价值越低，反之，客户的营销成本越低，该客户的当前价值越高。

（2）客户的潜在价值

客户的潜在价值是指客户未来的购买行为将给企业带来的利润。客户的潜在价值主要体现在两点：一是客户未来的增量购买，即客户未来可能增加的对当前采购类型的产品或服务的购买量，如客户需要扩大生产规模等都会增加其购买量；二是客户未来的交叉购买，即客户未来拓宽与企业的业务合作范围，购买除当前采购类型以外的企业的其他产品或服务。客户的潜在价值一般要在客户对企业形成了足够的信任、与企业建立了良好的关系后才有可能产生。

（3）客户的影响价值

客户的影响价值是指客户在对其他客户的影响、企业社会声誉的提高等方面给企业间接带来的贡献。一是影响其他客户购买：客户通过其社会影响力、行业影响力对其他客户的购买决策产生或大或小的影响作用；当客户对企业非常满意，认可企业是有价值的供应商时，客户不仅可以为企业传递好的“口碑”，甚至会把一些潜在客户推荐给企业。二是客户对企业品牌增值的贡献，即企业由于拥有优质客户而获得的一种无形收益。优质客户对产品的质量和性能的要求很高，所以拥有这样的客户能证明企业的技术、管理水平，从而提升企业在其他客户心目中的声望和知名度，使企业可从其他客户的购买活动中获取更多利润。

2. 快递客户价值指标

客户价值指标是客户价值评价内容的载体，也是客户价值评价内容的外在表现，通过它们，可以对企业客户进行可量化的价值评估。不同的企业在行业类型、经营范围、发展策略等方面各不相同，其对客户价值进行评价的关键指标也各不相同。表 1-2 概括了快递企业常用的客户价值的评价指标。客户价值评价总体上可分为客户财务贡献类、客户特征类、交易类和客户忠诚类四大类指标。

表 1-2 常用的客户价值评价指标

指标类型	指标名称
客户财务贡献类	累计交易额、累计利润额、毛利率、销售预期金额等
客户特征类	（1）单位客户：企业规模、注册资金、区域、行业、年销售额、是否为上市公司等。 （2）个人客户：年龄、学历、婚姻状况、月收入、有无子女等
交易类	交易次数、交易频率、交易周期、已交易时间、平均单笔交易额、最大单笔交易额、欠款额、逾期付款次数、退货金额、退货次数、平均收款周期、平均欠款率等
客户忠诚类	客户表扬比例、投诉比例、建议比例、客户的流失率、客户对企业的满意度、客户与企业合作的时间、客户对营销活动响应度、客户重复购买率等

（1）客户财务贡献类指标

该类指标主要是指那些反映客户对企业的利润贡献的指标，如累计交易额、累计利润额、毛利率等。这类指标是客户当前价值的直接体现，它们在企业日常财务报表中有明确的反映，也最容易获取。一般而言，客户财务贡献类指标越高，客户价值越大。

（2）客户特征类指标

该类指标主要是指反映客户自身特点和消费行为的指标，如单位客户的企业规模、年销售额、注册资金，个人客户的年龄、学历、婚姻状况等。这类指标反映了客户的现状，同时也反映了客户未来的业务需求，进而反映出企业在未来能与之进行业务发展的潜力。

（3）客户交易类指标

该类指标主要是指反映客户与企业进行商务活动的过程中交易顺利程度的指标，如交易次数、已交易时间、平均单笔交易额、退货金额、退货次数等。一般而言，客户与企业的交易越频繁、时间越长、退货频率和金额越少，客户价值越大。

（4）客户忠诚类指标

该类指标主要是指体现客户的忠诚度的指标，如客户表扬比例、投诉比例、建议比例、客户对企业的满意度、客户与企业合作的时间等。这类指标体现了客户与企业的关系，一般而言，客户与企业的关系越亲密，客户价值越大。

3. 客户价值的计算

目前，人们对于客户价值的定量计算主要采取关键指标法。关键指标法是指企业通过分析某些关键指标（如销售额或利润）来对客户排行，筛选出其中最有价值的客户。该方法可以比较准确地对客户价值进行计算，从而为企业处理客户关系提供量化的依据。再加之简便易行的优点，该法受到了众多企业的青睐。目前，多数企业采用该法进行客户价值的评价。在关键指标法的应用中，企业对客户商业价值的评价主要从客户对企业利润贡献的大小方面展开，如较为典型的客户商业价值关键指标——客户年利润贡献度。其计算公式如下：

$$\text{客户年利润贡献度}=\frac{\text{客户年利润}}{\text{客户年分摊的营销成本}}$$

其中，客户年利润是指客户每年与企业进行交易时，企业从中所获取的“年利润”，一般是指企业从与客户的交易中所得的销售额与客户购买的产品的生产成本之间的差额。

客户年分摊的营销成本是指客户每年所耗费企业的营销费用，主要包括企业发展客户所需的营销费用和企业、区域运营费用等平均分摊到客户的累积费用之和。它包括直接分摊到客户身上的拜访费、服务费、运输费、包装费和促销费用，其中促销费用包含直接面对单一客户的促销费用，以及客户所在区域及企业总体的促销费用平均分摊的费用。

三、客户价值与客户服务的关系

在激烈的快递市场竞争中，如何抓住最有价值的快递客户，以及如何通过客户服务不断提升客户的满意度和忠诚度，并最终提升客户价值已经成为快递企业发展的核心。能否维系客户价值是检验快递企业是否成熟的重要标志。维系并提升客户价值，除了产品、服务、价格等因素外，还需要快递企业根据客户价值的不同，优化营销资源配置，使有限的营销资源产生更多价值。快递企业可从以下两方面进行优化。

（一）对不同价值水平的客户实行差异化服务

不同价值水平的客户其行为特征、消费特征、兴趣特征及对服务和价格的敏感程度都有很大差别，而同一价值水平的客户则有很多相似之处。通过对快递客户的价值分析，快递企业可以对不同价值水平的客户实行差异化服务。

（二）利用客户服务不断提升客户价值

快递企业除了可对不同价值水平的客户提供差异化的客户服务，还可以通过不同的客户服务来实现客户价值的不断提升，以获取长期的巨大利润，如对于价值高的客户，企业应积极跟进服务，提高其潜在价值，使之成为最具战略意义的客户，从而实现双方的共同发展；如客户当前价值低，但潜在价值很高，虽然此类客户在目前不能为企业创造较多的价值，但企业应积极投资培养双方的关系，使其成为企业未来的重要客户；有的客户当前价值低、潜在价值也低，意味着该客户难以成为有价值的客户，为充分发掘市场，企业应重新寻找新的、潜在价值更高的客户。

思考与练习

一、问答题

1. 什么是快递客户？快递客户有什么特点？
2. 常见的快递客户的分类方式有哪些？分别将快递客户分成哪几类？
3. 怎样培养快递企业的忠诚客户？
4. 快递客户的需求有哪些特点？
5. 怎样看待快递客户的普遍性需求、特殊性需求和个性化需求？
6. 常用的客户价值评价指标有哪些？
7. 阐述客户价值与客户服务的关系。

二、案例分析

顺应客户需求，国内某集团推出“先开箱验视再付款”新措施

国内某集团在全国范围内针对国内特快专递代收货款业务，推出消费者可在到货后“先开箱验视再付款”的服务措施，废除执行已久的消费者不得先行开箱验货的规定。

长久以来，消费者通过电视购物、网上购物等途径订购商品后，在接收商品时必须先付款，才能查看商品。而大多数消费者通过网络、电话与卖家进行联系，仅知道对方的电话号码，一旦卖家寄来的货物并非自己所购货物，或所购货残缺破损，往往退货无路。即使消费者投诉至工商部门，也会遇到问题。工商部门接受投诉一般要求提供销售方的公司名称、地址，但这些公司很可能注册在一个地方，电话销售在另一个地方，有的干脆是“皮包公司”，连地址都找不到，使消费者难以维权。

由于“电视购物、网上购物”等购物方式不能“眼见为实”，有的消费者认为“送货上门，货到付款”是一个较为可信的购物方式，最多不满意就不付钱。然而现实中，一些卖家借助代收货款业务而标榜的“货到付款”却潜伏着巨大风险。消费者通常理解的“货到付款”，是先验货再付款，若查验货物并非所想，则可以拒绝接收。但事实上，代收货款业务要求必须先付款才能验货，而一旦付了款，再要索赔并不容易。

许多不法分子正是利用这一制度的漏洞，大肆销售假冒伪劣商品且屡屡得逞。一些经营者往往采取夸大、虚假的宣传方式，通过媒体发布购物广告，吸引消费者购买。这些经营者故意设置的一些减轻、免除自身责任、限制消费者权利的不合理条款，置消费者于被动地位，一旦产品出现问题，消费者很难维权。

为了有效遏制利用代收货款业务“不得开箱验视”的规定设局诈骗的不法行为，某集团决定展开调研，制订新办法。该集团在湖南、河北、云南、山东、辽宁、吉林等省成功进行试点之后，决定废除执行“不得开箱验视”的规定，并在全国范围内实施新措施，允许消费者开箱验货。

新措施规定代收货款类快件允许消费者先开箱验货再付款。“先开箱验视”作为一种特殊附加服务，只在收件人提出要求时，才予实施。由投递员配合，收件人在付款前可对商品外观和商品数量进行清点，但不能对商品进行试用或进行产品功能测试。为明确责任，该项服务要求销售方配合，在发出的快件中配备装箱清单。

“先开箱验视”可有效打击购物欺诈，如网购、邮购、电视购物的一些诈骗活动，以及不法销售方销售假冒伪劣产品的情况等。该集团在实行新规定后，消费者收到此类快件时可以开箱验货，经仔细检查后再付钱，上当受骗的风险大大降低。如验货发现货物有问题，消费者可选择退货，这使不法分子利用制度漏洞的伎俩受到很大的限制。

（资料来源：物流杂志网，有删改。）

请根据以上案例分析：

1．快递客户在代收货款业务中有何需求？

2．该集团如何顺应客户需求推出新举措？

三、实训操作

采用问卷调查的方法，对你所在校园的大学生或附近社区居民进行调研，并对校园、社区快递市场客户进行需求特征分析。调查问卷中的问题可包含大学生（社区居民）对快递服务的价格、时效、安全、便捷等需求的内容。

02 Chapter

第二章 快递客户开发

学习目标

- 了解快递客户开发计划的内容
- 掌握制订客户开发计划的方法
- 掌握快递客户的调查流程
- 熟悉快递客户开发过程
- 能熟练分析快递客户购买行为

学习内容

本章主要介绍快递客户开发计划的制订、快递客户的调查、快递客户的购买行为分析、快递客户的开发方法。

案例导读

某集团分公司用“七步四心工作法”开发电商客户

某集团分公司大客户服务部是 2011 年 10 月成立的。作为当时分公司最年轻的专业营销团队，成立以来，团队成员秉承“内提素质，外强业务”的理念，不断提高业务水平、转变营销理念。在客户开发过程中，基于客户特点和共性，通过思考和实践，团队总结出了电商客户开发“七步四心工作法”，取得了较好的效果。

“七步四心工作法”口诀为“一找二约三拜访，跟进试发签协议，细心耐心有信心，格外用心去维系”。具体操作方法如下。

“一找”——寻找目标客户。目标客户的寻找包括淘宝平台、招聘信息和投递信息三种方法，称为“目标客户寻找法”。

利用淘宝平台是寻找电商客户最直接有效的途径，通过旺旺交流，客户开发人员可尝试了解客户的基本信息，如主营产品、发货量、淡旺季等，最重要的是获取客户准确的联系方式。

除淘宝平台外，各大门户网站的电商企业招聘信息也是寻找目标客户的有效方式，客户开发人员可以通过招聘信息上的联系方式，了解客户信息。

揽投人员的投递信息也是寻找目标客户的途径之一，揽投人员在投递过程中有机会发现尚未合作或新搬迁的客户，客户开发人员通过与揽投人员沟通，可获得并提炼出有效信息。

“二约”——初步预约。通过电话、QQ、微信等方式与潜在客户进一步交流，客户开发人员可了解客户是否已经有快递合作伙伴，以及客户的发货量、产品规格、现有发货渠道、货品超重否、内件是否易碎等，同时争取上门拜访的机会。

“三拜访”——上门拜访。上门拜访前要认真整理已经了解到的信息，并对客户可能提出的时限、价格、服务等业务问题打好腹稿。上门拜访时，应充分了解客户需求，寻找合作契机。

“跟进”——继续跟进。通过电话、QQ、微信、见面等途径对具有开发潜力的客户及时跟进，最佳跟进时间为 24 小时至 48 小时。

“试发”——初步合作。在跟进时，可引导客户试发快件，通过体验时限、服务等结果，进一步推进合作。对客户试发的快件要做好实时跟踪，如出现问题要及时做好解释、说明工作。

“签协议”——依照公司要求，签订规范的用邮协议。

“维系”——后续维系。签订用邮协议后，客户就真正由潜在客户成为一般客户，再通过用心维系和服务，实现一般客户到忠诚客户的转化。

以上七个步骤是电商客户开发的一般流程，其精髓总结起来有“四心”，即细心寻客户、耐心找契机、信心助合作、用心处朋友。

（资料来源：360 个人图书馆，有删改。）

思考：

1. 该公司如何开发电商客户？
2. 阐述“七步四心工作法”的精髓。

// 第一节 快递客户调查

快递企业的持续健康发展，离不开快递客户的支持。通过调查掌握快递客户的需求，对于快递企业提高客户开发质量、满足客户需要尤为重要。

一、快递客户调查概述

开展快递企业客户调查，主要是为了了解快递客户的真实需求，从而帮助企业适时推出快递服务产品。

（一）快递客户调查的内容

快递企业客户调查的内容主要包含快递客户的基本资料、所寄物品的价值，客户对速度的要求、对运输价格的要求、对快件安全的要求，客户月均寄件量等。快递客户调查表（见表2-1）同其他行业的调查表一样，需要根据企业和客户的发展现状及时调整并创新。

表 2-1　快递客户调查表

<table>
<tr><td colspan="2">客户名称</td><td></td><td>地址</td><td colspan="3"></td></tr>
<tr><td colspan="2">客户类型</td><td></td><td>联系人</td><td></td><td>联系电话</td><td></td></tr>
<tr><td colspan="2">客户规模概述</td><td></td><td>寄件类型</td><td></td><td>均寄件量</td><td></td></tr>
<tr><td rowspan="4">服务要求</td><td colspan="2">快递类型（如隔日达）</td><td>安全要求</td><td colspan="2">速度要求</td><td>价格要求</td></tr>
<tr><td colspan="2"></td><td></td><td colspan="2"></td><td></td></tr>
<tr><td colspan="2"></td><td></td><td colspan="2"></td><td></td></tr>
<tr><td colspan="2"></td><td></td><td colspan="2"></td><td></td></tr>
<tr><td>备注</td><td colspan="6"></td></tr>
</table>

（二）快递客户的调查途径

快递客户的调查途径一般是先调查快递客户所在行业的特性，然后确定其所在区域，获取客户信息，大致有以下四种途径。

（1）通过快递客户所在的行业协会对这类客户进行了解。通常情况下，行业协会拥有较多数据，对行业内企业的特点比较清楚。向行业协会了解是一种比较常用的客户调查的途径。

（2）通过政府报告和新闻媒体了解各类快递客户的信息。通过这种途径获得的客户信息往往是综合性的，应进一步分析研究并从中提取有价值的快递客户信息。

（3）直接咨询客户企业。这也是一种比较常用的快递客户调查途径，其主要优点是能直截了当地获取客户的信息。

（4）通过竞争对手了解快递客户信息。通过这种途径调查客户信息实施的难度较大，但如果获取的信息是真实的，那么也是一种有效的途径。

（三）客户调查方法

快递客户调查之初，快递企业通常采用定性分析的方法先确定快递客户群，而在整个调查过程中，则需要根据具体情况综合采用不同的调查方法。常用的快递客户调查方法如下。

1. 问卷调查法

问卷调查法亦称书面调查法或填表法，是通过向被调查者发出简明扼要的调查表，请其填写对有关问题的意见和建议来获得材料和信息的一种方法。问卷一般有以下三种形式。

（1）报刊问卷。在报纸或刊物上公布调查表，请读者做出书面回答，并指定地址回收答案。

（2）邮寄问卷。把已印好的调查表寄给一定类型的对象，并请他们填好答案后寄回调查表。

（3）发送问卷。由调查人员把调查表发给集中在某处的调查对象，请他们当场填写后直接收回。

2. 客户投诉情况分析

在快递企业经营过程中，通过不同的投诉途径均能获取快递客户的意见，而总结和改善这些意见也是一种非常好的调查方式。另外，通过网络、电话、当面沟通等方式，也能获得大量的客户信息。

3. 日常走访

快递业务员在日常收寄、派送过程中与客户的交流也是一种获取快递客户信息的有效途径。

4. 委托第三方调查

快递企业可委托具有经验和资历的咨询公司、调查公司等第三方，开展快递客户调查。

即问即答

常用的客户调查方法有哪些?

二、快递客户调查流程

快递客户调查过程主要有以下环节：工作目标制订（界定阶段）、工作准备（设计阶段）、关键点控制（设计阶段）、细化执行（实施阶段）、形成报告（结果形成阶段）。总结成快递客户调查流程表如表 2-2 所示。

表 2-2 快递客户调查流程表

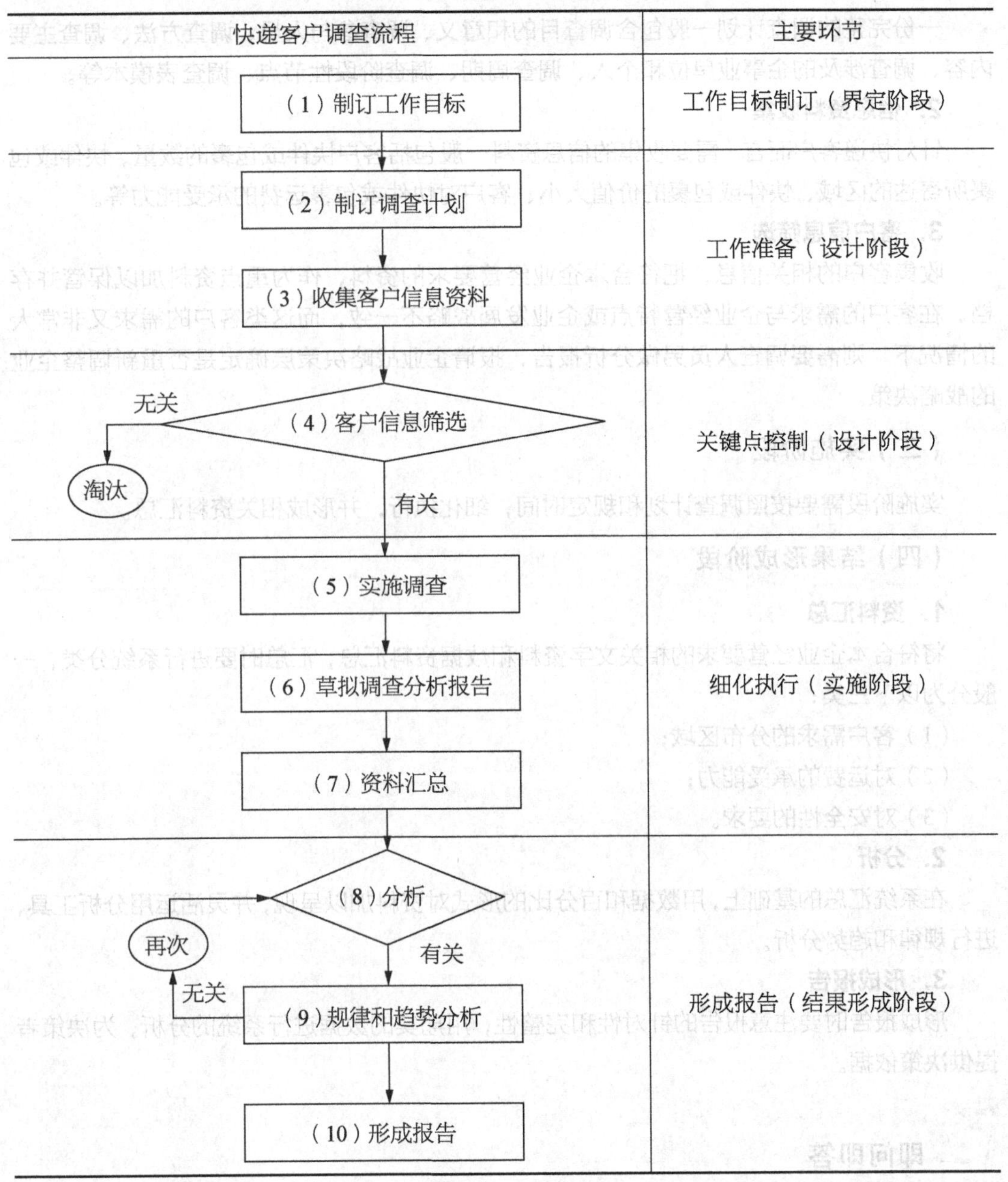

快递客户调查流程	主要环节
（1）制订工作目标	工作目标制订（界定阶段）
（2）制订调查计划 （3）收集客户信息资料	工作准备（设计阶段）
（4）客户信息筛选：无关→淘汰；有关→下一步	关键点控制（设计阶段）
（5）实施调查 （6）草拟调查分析报告 （7）资料汇总	细化执行（实施阶段）
（8）分析：有关→（9）规律和趋势分析；无关→再次（8）分析 （10）形成报告	形成报告（结果形成阶段）

（一）界定阶段

界定阶段需要明确调查的目的和意义，制订工作目标，针对快递客户而言，一般要考虑行业不同、地域不同、消费观念不同、企业大小不同与消费特点不同等。该阶段通常被称为界定阶段。

（二）设计阶段

设计阶段的内容包含制订调查计划、收集客户信息资料、客户信息筛选等。

1. 制订调查计划

一份完整的调查计划一般包含调查目的和意义、调查参与人员、调查方法、调查主要内容、调查涉及的企事业单位和个人、调查周期、调查阶段性节点、调查表模本等。

2. 信息资料收集

针对快递客户而言，需要收集的信息资料一般包括客户快件或包裹的数量、快件或包裹所寄达的区域、快件或包裹的价值大小、客户对快件或包裹运费的承受能力等。

3. 客户信息筛选

收集客户的相关信息，把符合本企业经营要求的资料，作为重点资料加以保管并存档。在客户的需求与企业经营特点或企业发展战略不一致，而这类客户的需求又非常大的情况下，则需要调查人员另做分析报告，报请企业战略决策层确定是否重新调整企业的战略决策。

（三）实施阶段

实施阶段需要按照调查计划和规定时间，细化执行，并形成相关资料汇总。

（四）结果形成阶段

1. 资料汇总

将符合本企业经营要求的相关文字资料和数据资料汇总，汇总时要进行系统分类，一般分为以下三类：

（1）客户需求的分布区域；

（2）对运费的承受能力；

（3）对安全性的要求。

2. 分析

在系统汇总的基础上，用数据和百分比的形式对资料加以呈现，并灵活运用分析工具，进行规律和趋势分析。

3. 形成报告

形成报告时要注意报告的针对性和完整性，用翔实的数据进行系统的分析，为决策者提供决策依据。

即问即答

描述快递客户调查流程。

三、调查资料的归档与利用

（一）调查资料的归档

调查资料的归档是指经过调研后，将有关的调查表、客户信息等经过分析和汇总后，以文本或电子档案的形式加以归类，并制作封皮和目录加以保存的一种手段。

（二）调查资料的分类

快递客户调查资料一般包括客户所在行业的基本资料、客户的基本资料、相关数据、客户调查表、分析报表等。调查资料的分类是指将调查收集到的信息和资料，按照时间、类型进行有序细分的过程。快递客户调查资料分类包括以下几类。

（1）客户所在行业类资料，包括快递客户所在行业的资料和信息，便于快递企业从行业角度获得的快递客户需求。

（2）中高端客户类资料，包括中高端客户在寄递快件或包裹时对安全的要求、对运费的要求、对速度的要求，以及快件或包裹的价值大小等。

（3）大众客户类资料（包含普通企事业单位和个人），包括大众客户在寄递快件或包裹时对安全的要求、对运费的要求、对速度的要求，以及快件或包裹的价值大小等。

（三）调查资料的利用

调查资料的利用是指快递企业依据自身的经营现状和未来发展，结合调查资料反映的客户需求及特点，利用调查获得的资料和信息，指导企业经营管理的活动。调查资料的利用率越高，调查工作的成效越大。

四、建立客户数据库

客户数据库是一个面向主题的、集成的、相对稳定的、反映历史变化的数据集合，可用于支持管理决策。客户数据库是近些年在国内外大型企业中常用的客户档案形式。

（一）客户数据库能建立大规模客户信息档案

由于计算机存储信息的高密度性，客户数据库能建立大规模客户信息档案。同时，由于电子档案信息易于更改、复制、调阅和传输，也使客户档案管理发生了根本性的变化。通过数据库，企业可以随时了解客户变动，不断获取新信息，进行原有资料充实、调整。

更为重要的是，客户数据库还带来了营销方式的变化。企业可以通过客户数据库直接发送营销信息给客户，并收集客户反馈，调整营销策略，针对不同客户提供特定服务。

当然，建立客户数据库难度也比较大。数据库必须使用客户友好系统，并且要能给品牌管理、产品生产和客户服务等各部门提供信息支持，收集和管理包括商品、客户和潜在客户等信息，帮助企业完成消费者分析，确定目标市场，进行销售管理，并跟踪市场产品销售状态。

（二）建立客户数据库应遵循的原则

（1）尽可能地将客户的初始资料完整保存下来。尽管现在的数据库具有非常强大的处理能力，但不管如何，客户的最初原始数据信息还是最基础、最有价值的。因此，在客户数据库建立的过程中，要始终保持原始客户数据信息的完整性，在此基础上，企业可以根据需要对原始数据进行加工，提取有用信息。

（2）应该将获取的客户资料进行区分。企业获取的客户资料一般来讲有两个来源：一是企业内部渠道，二是企业外部渠道。企业内部渠道是指企业在经营过程中获取的客户的有关资料，如销售部门获取的客户销售情况记录、财务部门获取的客户汇款记录及信用情况记录等，这些资料往往真实性高，价值较高；企业外部渠道是指企业从行业协会、政府机构、某些调查机构或其他信息部门获取的相关客户信息，但这些数据往往真实性较差、时效性不强，因此在使用过程中，需要不断地修正和更改。因此，企业在建立客户信息数据库的过程中应注意将这两类收集的信息有所区分。

（3）客户数据库的安全管理。客户信息数据库一旦建立，企业就要确保客户信息在计算机系统中运行的安全性，因为一旦这些信息出现丢失或对外泄露，企业将受到消费者的情感反对，甚至还要受到相关法律法规的制裁，给企业造成巨大的损失。因此，对于企业客户数据库，企业应建立严格的管理和使用制度，实行专人管理维护及限权使用。

（4）客户数据库的动态维护。客户数据库建立之后要及时进行数据更新，因为客户资料是会随着时间的变化而发生改变的。因此，企业应及时将更换后的数据录入到数据库中，以保证客户信息的真实性和时效性，这样才有利于企业开展良好的客户关系管理。

// 第二节 快递客户购买行为分析

每位消费者都有独特的消费习惯。对于快递企业而言，科学地分析消费者的购买行为，可以更有效地指导快递客户的开发工作。

一、企业及个人购买行为分析

企业或个人购买快递服务是在一定消费心理的支配下的快递客户的消费行为。

（一）企业购买行为分析

企业客户在选择快递服务时，考虑的因素相对较多，如快递品牌、快递企业的网络覆盖范围、增值服务、批量交寄快件的价格、快件运输的安全程度、报关的速度等。

（1）快递品牌。国际大公司客户，因为其对快递服务的安全性、快件传递速度的要求会相对较高，往往会选择一家大型且具有一定品牌影响力的快递企业作为合作伙伴。

（2）快递企业的网络覆盖范围。产品经销范围覆盖全球的企业客户，往往会选择具有全球服务能力的快递企业作为合作伙伴；产品经销范围覆盖全国的企业客户，往往会选择具有全国服务能力的快递企业作为合作伙伴；产品经销范围覆盖局部区域的企业客户，一般会选择具有局部区域服务能力的快递企业作为合作伙伴。

（3）增值服务。随着购买力的增强，企业客户对快递服务的需求也会“水涨船高”，可供企业客户选择的快递服务品种也越来越多。企业客户不仅关注快件传递的安全和快速，还关注快递企业的售后增值服务，如打印运单、保价运输、代收货款、短信服务、网络随时查询等。为企业客户提供增值服务，已成为快递企业吸引企业客户的重要举措。

（二）个人购买行为分析

影响个人购买快递服务行为的主要因素有以下几个。

（1）个人客户对快递企业的整体印象。个人客户对快递企业的整体印象非常重要，这决定着个人客户是否愿意接受该快递企业的服务。

（2）快递服务的价格与寄递速度。个人客户在选择快递服务时，在寄递速度能达到客户的要求的情况下，主要考虑的是价格要经济实惠，而对快递品牌相对不敏感。当然，个人客户也会考虑运输的安全因素，但是与寄递高价值物品的企业客户相比，这方面的要求相对会弱一些。

（3）快递服务的便利性。快递服务是一种门对门、桌对桌的服务。只要客户给快递企业打一个电话，就会有快递业务员上门服务；或者客户在快递企业网站上单击一下鼠标，就可以下单寄递物品。个人客户使用快递服务时，往往更看重快递服务的便利性。

（三）企业与个人购买行为的差异化分析

企业与个人购买行为的不同主要表现在以下几方面。

（1）企业客户主要看重交寄物品安全与否，而个人客户主要看重快递服务价格的高低。

（2）企业客户在选择快递服务时会综合考虑很多因素，而个人客户选择快递服务时考虑因素较少，对快递企业的资质了解较少。

（3）企业客户交寄快件在时间和间隔上相对较固定，而个人客户交寄快件在时间和间隔上往往是不固定的。

二、中高端客户购买行为分析

中高端客户在选择快递服务时，考虑的因素相对较多。影响中高端客户购买快递服务行为的主要因素有以下几方面。

（1）中高端客户所选的快递企业往往具有较高的品牌影响力和服务水平，有能够满足客户需要的网络覆盖范围，其服务人员有较高的素质和良好的形象。

（2）中高端客户寄递快件一般都属于商务往来，其考虑的是用最少的投入获取最大的回报，所选择的快递企业要能满足其在运输时限和安全方面的要求，一旦发生意外，还要有理赔的保障。

（3）中高端客户购买快递服务比较理性，所选的快递企业相对比较固定，与快递企业合作周期较长。

（4）中高端客户注重从快递企业的管理能力来看其可持续发展的潜力，而不仅看其现有的实力和体制的安全性。

（5）中高端客户更容易接受、尝试新的快递服务产品与新的增值服务。

（6）中高端客户对快递服务信息的搜寻掌控能力强。

三、大众客户购买行为分析

大众客户也称为普通客户、低端客户，这类客户的数量相对较多。影响大众客户购买快递服务行为的主要因素有以下几方面。

（1）大众客户一般不太考虑快递企业的品牌影响力和资质，对快递企业的服务方式、服务态度及服务水平的要求一般。

（2）大众客户购买快递服务往往选择价格低廉和传递速度能满足基本要求的快递企业，一般没有相对固定的寄件时间，与快递企业合作的周期较短。

（3）大众客户一般不注重从快递企业的管理能力来看其可持续发展潜力，而关注快递企业的现有实力和体制的安全性。

（4）大众客户不容易接受和尝试新的快递服务产品与新的增值服务。

（5）大众客户一般不会特意收集快递企业的信息，而是凭直觉来选择快递企业。

四、中心商务区（CBD）客户群购买行为分析

随着全球化趋势的日益增强，中心商务区客户群体也在发生变化，其购买行为与中高端客户的购买行为存在很多相似性。对中心商务区客户群的购买行为分析，可从以下方面入手。

（1）服务质量：快递企业的服务质量是否符合其要求，快递员工的综合素质是否能达到其要求等。

（2）服务价格：快递企业所设定的快递服务价格体系是否合理，收取服务费用的方式是否合宜。该类客户购买快递服务看重的是“物有所值”，如果费用高于客户心理预期值而又没有合理的解释，客户就会转向购买其他企业的快递服务。

（3）服务细节：快递服务细节对此类客户的影响较大，客户往往需要了解快递时限、运输环节、保险和理赔等细节后，才会决定购买快递服务。

（4）服务承诺：在选择快递企业时，该类客户看重快递企业的服务承诺，如按时取件和投递、保险与理赔、快件跟踪查询等，对快递服务的时效性要求尤为严格。

（5）增值服务：快递企业通常会在促销阶段或争取客户的阶段，推出相应的增值服务，这些增值服务是否有实际意义，能否如实兑现，都是该类客户购买快递服务所考虑的因素。

五、校园、社区客户群购买行为分析

随着电子商务和互联网经济的发展，网上购物已经成为学校师生和社区公众“省钱、省心、省力”的一种购物方式。商品配送作为网上购物中的一个必要环节，为快递企业在校园和社区的业务提供了巨大的市场。校园和社区客户购买快递服务的特点有以下几点。

（1）校园和社区客户的特点是收件多，寄件少。

（2）校园和社区客户一般不太考虑快递企业的品牌影响力和资质，对快递企业的服务态度和快件安全性的要求高。

（3）校园和社区客户寄件往往选择价格低廉和传递速度能满足基本要求的快递企业，一般寄件时间不固定，与快递企业合作的周期较短。

（4）校园和社区客户比较注重快递服务的便利性，在寄件时一般会选择附近有代理点的快递企业。

小案例

便利店携手某快递企业提供快递服务

据中国电子商务中心的数据，中国海外代购交易规模连年翻番，跨国快递需求也随之迅速增加。北京某便利店与某快递店企业达成合作，在其各门店提供快递服务。消费者通过便利店门店寄送该快递企业国际快递时可享超值折扣。消费者只需选择最近的便利店即可轻松交寄国际快递。此外，便利店还专门准备了打气筒、工具箱、急救包等生活工具，供有需求的顾客免费使用，一改以往人们对于便利店的固有认知，也为“商务+社区+商业”的便利店新形态树立了标杆。凭借双方的牵手合作，便利店与该快递企业的合作已为更多消费者提供了更便捷、更优惠的国际快递服务。

第三节　快递客户开发实施

客户开发是每个快递企业在发展过程中需要持续开展的工作，对于承担客户开发工作的业务人员而言，在诸多客户开发环节中，首先就是要制订快递客户开发计划，然后按照计划实施与快递客户开发相关的工作。

一、制订快递客户开发计划

快递客户开发计划，是指针对企业客户开发活动的一种书面计划。制订快递客户开发计划，可以使快递客户开发工作变得更加有序、协调和高效。

（一）快递客户开发计划的基本要求

1. 快递客户开发计划要有目的性

目标是一切客户开发活动的根本，快递客户开发的目标要与企业现阶段经营目标相一致。准确客观地制订客户开发目标是制订客户开发计划的最基本要求。

2. 快递客户开发计划要清晰反映客户的特性

一般情况下，对快递客户特性的认识需要调查和掌握以下方面。

首先，调查客户群体特征，了解各类型客户的所占比例、文化程度、年龄结构及消费能力。其次，调查经济环境，如当地经济特色、居民消费平均水平等指标，为后期确定客户开发目标提供依据。再次，调查客户消费特征，了解客户的消费动机、消费特点等相关指标。最后，要了解客户对快递服务的需求程度，即客户所需寄递的快件量。

客户其他情况的调查可以根据企业自身情况和快递产品类型特点进行增减。通过调查，企业可对客户有较清晰的认识，再通过分析，总结出拟开发客户的特性，找到后期工作的突破点和捷径。

3. 快递客户开发计划要明确竞争对手和自身的态势

首先是明确竞争对手。一般来说，与本企业产品类型接近、规模相当的企业，往往是本企业的竞争对手，企业应通过筛选聚焦，在竞争对手中找到最具竞争力的对手。只有找到了竞争对手才能确定要超越的目标，使客户的开发工作更具针对性。

其次，在选定了竞争对手后，需要通过调查研究对竞争对手有一个清晰的认识，了解竞争对手的快递服务产品类型、运输速度、安全程度、价格体系等，总结竞争对手的优势和劣势，分析其给本企业带来的机会与威胁。

只有做到这些，制订快递客户开发计划才能做到有的放矢。在制订快递客户开发计划时，计划制定人必须对企业的情况了如指掌，同时要正视本企业的优势和劣势，这样才能在快递客户开发工作中制订出符合自身的开发计划，扬长避短、发挥优势，取得成功。

（二）快递客户开发计划的主要内容

1. 选择快递客户

快递客户的选择即目标客户的定位，是快递客户开发工作的基础。在不同阶段，快递企业选择的快递客户是不一样的。在快递企业发展初期，往往先选择中小型客户，而企业发展到一定程度时则转而将中高端客户作为开发对象。选择快递客户应采取以下步骤。

（1）确定快递客户名单。在确定一个待选快递客户之前，首先要了解其快件量的大小、对运输速度的要求、对价格的要求、所寄一般包裹的价值等，并把这些信息整理成快递客户名单。

（2）客户分类。分类的目的是使客户开发更具有针对性。将各个快递客户进行分类划分，才能根据企业经营发展需要，确定重点开发的客户类别以及具体的快递客户，以企业的优势资源为重点客户服务。

（3）确定具体开发的客户类别与具体客户。企业决策管理层应根据企业经营发展现状、行业发展现状、竞争对手发展现状、快递客户的具体需求等因素，综合确定要开发的客户类别及具体要开发的客户。

2. 选择沟通方式

当积累了一定数量的快递客户后，快递企业需要与客户搭建顺畅的沟通平台和桥梁，以取得客户的信任。在这个技术日新月异的时代，人们之间的沟通平台越来越丰富、多样化。就目前而言，快递企业与客户沟通的方式主要有表 2-3 所示的几种。

表 2-3　快递企业与客户沟通的主要方式对比

效果 方式	沟通有效性	客户意见反馈速度	沟通成本	信息传递量
面对面（含收派件见面）	非常有效	很快	很高	大量
电话	较有效	很快	较高	较少
短信群发平台	一般	较慢	较低	最少
互联网平台	一般	很快	非常低	非常大

续表

方式＼效果	沟通有效性	客户意见反馈速度	沟通成本	信息传递量
直邮广告	一般	很慢	较低	较大
呼叫中心	较有效	很快	较低	较大
演示	较有效	很快	很高	较大

（1）面对面。面对面即快递企业的相关业务人员与客户进行面对面的沟通。面对面沟通是企业与客户之间最传统，同时也是最主要、最有效的一种沟通方式。客户需要通过与企业相关业务人员进行多方面的交流，从他们身上感受该企业的企业文化、人员素质等，从而最终决定是选用哪家快递企业的产品或服务。为达到与客户最佳的面对面沟通效果，快递企业既要让快递收派件人员都掌握一定的沟通技巧，还应该加强企业内部部门间的信息交流和沟通协调。

（2）电话。电话交流是目前客户沟通中最常用的，也是最便捷的一种沟通工具。通过电话，企业可以很直接地知道客户的需求信息，及时了解他们的疑问，并进行及时的讲解，传递快递产品或服务的信息。然而，快递企业如有大容量的信息需要与客户交流则不宜采用这种方式。

（3）短信群发平台。手机短信作为“第五媒体”的地位，已经得到广泛的认同，拥有庞大的受众群体。利用短信群发平台，企业可将打折、促销、新产品介绍等相关信息快速高效地发送到目标客户的手机上，轻松搭建与客户间便捷、高效的沟通桥梁。利用短信群发平台不失为扩大沟通空间、提高沟通效率、节约开支、提高效益的有效途径。

（4）互联网平台。利用互联网平台不受时空及信息量限制的特点开展与客户的沟通交流，是与客户进行广泛深入的沟通交流的有效途径。可以说，互联网平台突破了与客户沟通的时空限制，作为客户沟通工具之一，它具有无可比拟的机动灵活性。

（5）直邮广告。采取直接向客户寄送相关宣传资料的方式接触客户，较之电话方式，这种方式更容易被客户接受。同时，向客户派发企业的相关宣传资料可以让客户感觉到企业的优势、专业性与能力。派发的企业宣传资料可以包括企业概况、快递业务介绍、业务专业问题分析等，以及快递企业的特色服务，如保价服务、短信增值服务、代收货款服务等。

（6）呼叫中心。呼叫中心是充分利用现代通信与计算机技术，如IVR（交互式语音应答系统）、ACD（自动呼叫分配系统）等，自动灵活地处理大量电话呼入、呼出业务和服务的运营操作场所。呼叫中心在目前的企业应用中逐渐被认为是电话营销中心。一个典型的以客户服务为主的呼叫中心可以兼具呼入与呼出功能，在处理客户的信息查询、咨询、投诉等呼入业务的同时，可以进行客户回访、满意度调查等呼出业务。

（7）演示。企业相关人员也常以现场演示的方式向客户传递信息，并试图影响客户决策。这里的演示可能是非正式介绍如展览现场讲解，也可能是正式的信息发布。有很多快递企业派出一些销售小组，到客户集中的地区、校园、社区召开演示会。为了充分利用这类难得的机会影响客户，企业相关人员必须重视演示的准备和讲演技巧的运用，演示的准备包括客户资料、视听资料、发言稿、现场演练的准备；企业相关人员还需要掌握现场讲演技巧，并制订详细的演示计划。

无论快递企业采取哪种方式与客户沟通，最终目的都是让客户了解企业，强化企业在客户心目中的地位，创造展示其优质服务的机会。

3. 制订时间表

时间表可以规范快递开发工作的进展。时间表的好处在于设置一个规定的期限，使客户开发人员能够更好地把握自己的工作进度。在制订时间表时，需要留有一定的弹性，便于客户开发人员按照规定时间完成规定的客户开发工作。时间表虽然是根据不同的客户综合制订的，但并不一定适合每一位客户，要注意不断总结，对时间表加以完善。时间表主要包括：计划的制订与总体时间安排；计划施行的具体时间，如准备工作（材料的搜集整理等）时间、沟通时间、客户反馈整理时间、效果评估时间等；阶段总结与开发效果评估的时间等。

4. 效果评估

效果评估主要包括：对客户的反馈加以分析并找出问题；客户是否询问更详细的问题或提出更多的要求；客户是否愿意进行电话交流；客户是否要求企业在一定时间内给出快递服务预案。

快递客户开发工作不可能一蹴而就，需要逐步推进。同时，快递客户开发计划不能目标过高，否则会造成两个弊端：一是客户开发人员产生急功近利的思想；二是任务过重完不成会损害客户开发人员的积极性，不利于客户的开发。因此，快递客户开发计划应该分阶段写出步骤，明确每个阶段客户开发工作的重点任务和目标，时时调动客户开发人员的激情，激励他们不断冲刺下一个目标。

（三）制订快递客户开发计划注意事项

（1）快递客户开发计划要明确所需要的相关支持。客户开发过程中必然会遇到很多困难，单靠一两个客户开发人员的个人能力是无法完成的，需要整个团队协同作战。这就要求企业不仅要提供人力支持，同时还要有资金和政策上的支持，必须明确团队协作中人员分工、费用投入、政策运用等相关问题，使客户开发工作不是无源之水、无本之木。

（2）快递客户开发计划要包含计划目标、可预见效果等。用具体可量化的数字来呈现计划目标能够使决策者直观地了解所要开发客户的状况；对客户开发计划的可预见效果的分析便于决策者做出切实可行的决定。

（3）制订快递客户开发计划应明确需要准备的相应的材料，包括详细的公司简介、企业的基本快递物料材料（如文件袋/封、安全包装材料等）、详细的信息反馈卡等。

（4）制订一个好的快递客户开发计划，还需要计划制订者深入进行客户调查研究，结合快递市场的发展及企业的实际情况适时调整完善计划，并及时总结创新。

（四）制订快递客户开发计划的原则

制订快递客户开发计划，要根据客户需要、企业经营状况、快递市场的发展变化及时间的推移，适时调整和完善。制订快递客户开发计划应遵循以下三个原则。

1. 适用性原则

适用性原则是指快递客户开发计划的制订既要根据客户需求的变化、企业经营状况、快递市场的发展适时制订，又要根据快递客户类型的不同设计具有针对性的开发计划，如快递企业可采用“自上而下”的制订模式，即从快递企业总部开始制订，再由分公司、基层经营单位进行细化整合；也可由具体从事客户开发的人员根据客户需求“自下而上”制订计划，拟订计划后再报上级部门审核。总之，快递企业要以市场为指导，以适用为原则，根据快递客户需求（一般包含价格、速度、安全等方面）及时调整快递客户开发计划和产品体系。

2. 实用性原则

快递客户开发计划方案必须具有实用性。为使客户开发计划具有实用性，快递企业必须围绕经营目标确定工作方针，根据方针来制订快递客户开发计划。客户开发计划的实用性体现在以下三个方面：一是快递客户开发计划必须能实现预定的目标，二是快递客户开发计划方案具有可操作性，三是客户开发计划方案具有时效性。

3. 创新性原则

创新是民族进步的灵魂，是快递企业兴旺发达的不竭动力。随着经济社会的发展，客户对快递服务的要求不断提升，快递市场的竞争态势不断变化，快递企业开发客户的难度也在不断增加。制订客户开发计划要适应新形势变化的需要，不断创新，与时俱进。

二、识别潜在快递客户

在快递企业开发客户的过程中，应首先识别潜在的快递客户，再针对客户的特点和潜在需求进行具体开发。

1. 选择潜在客户

快递企业的客户开发人员往往会在“有效利用潜在客户资源”与“准确把握潜在客户”之间心存疑虑，到底应在“有效利用潜在客户资源”上做足文章，还是应在“准确把握潜在客户”上下功夫呢？

“有效利用潜在客户资源”即企业要紧紧抓住每一个潜在的快递客户，要挖掘每一个快递客户的潜在价值。“准确把握潜在客户”即企业要学会放弃一些不可能使用本企业快递服务的客户，而把开发力度集中在那些可能使用本企业快递服务的客户身上。

这里的关键在于如何把握潜在客户。判断潜在客户有两个条件，一是暂时未使用过本企业的快递服务，二是有使用快递服务的需求。如果有的快递客户，确有快递使用需求，但他在使用其他快递企业的服务时，有拖欠服务款项等不良记录，那么就应慎重选择该客户。

总之，有快递使用需求，有良好的快递使用信誉，但目前还未使用过本企业的快递服务的客户，就可以优先列为潜在快递客户。在快递服务销售工作中，“舍”与“得”同样重要，有“舍”才有“得”。

2. 寻找潜在客户的方法

寻找潜在客户的方法非常多。不过，没有任何一种方法是普遍适用的，没有任何一种方法可以确保一定成功。作为客户开发人员，只有不断地总结，才能找到一套适合自己的方法。

（1）逐户寻访法

该法又称为普访法、贸然访问法，就是指客户开发人员在特定的区域或行业内，用上门访问的形式，对那些可能成为客户的单位、组织、家庭乃至个人逐一地进行访问。逐户寻访法遵循“平均法则”原理，即认为在被寻访的所有对象中，必定有客户开发人员所要的客户，而且分布均匀，其客户的数量与访问对象的数量成正比。

逐户寻访法是一个比较成熟、可靠的方法，它可以使客户开发人员在寻访客户的同时，了解客户、了解市场、了解社会。该法的缺点是费时、费力，带有较大的盲目性，随着人们对住宅隐私越来越重视，这种逐户寻访法的实施难度也越来越大。

（2）客户引荐法

该法又称为连锁介绍法、无限连锁法，指快递企业的现有客户向该企业客户开发人员介绍有可能会使用该企业快递服务的潜在客户的方法。常用的介绍方法主要有口头介绍、写信介绍、电话介绍、名片介绍等。实践证明，客户引荐法是一种比较有效的寻找潜在客户的方法，它不仅可以大大地避免相关工作的盲目性，而且有助于客户开发人员赢得新客户的信任。

使用客户引荐法销售快递服务，客户开发人员首先应取信于现有客户；其次对现有客户介绍的客户，客户开发人员应该对其进行详细的评估和必要的营销准备，要尽可能地从现有客户处了解新客户的情况；最后，客户开发人员在访问过新客户后，应及时向现有客户汇报情况，一方面对现有客户的介绍表示感谢，另一方面也可以继续争取现有客户的合作与支持。

（3）光辉效应法

该法又称为中心辐射法、名人效应法或影响中心法等，属于介绍法的一种应用特例。它是指客户开发人员在某一特定的区域内，首先寻找并争取有较大影响力的中心人物成为客户，然后利用中心人物的影响与协助，把该区域内可能的潜在客户发展为客户的方法。一些中心人物的购买与消费行为，可能在其他人心目中形成示范作用与先导效应，从而引发他们的购买与消费行为。光辉效应法适合于一些具有一定品牌形象、具有一定品位的快递服务或产品销售。

（4）直接邮寄法

直接邮寄法具有成本较低、接触的人较多、覆盖的范围较广等优点。在有大量的潜在快递客户需要快递服务的情况下，用直接邮寄相关资料的方法来寻找潜在快递客户不失为一种有效的方式。

（5）电话营销法

所谓电话营销法，就是指受过培训的相关人员利用电信技术，针对潜在快递客户群进行有计划的、可衡量的市场营销电话沟通。运用电话营销法寻找潜在客户可以在短时间内接触到分布在广阔地区内的大量潜在客户。

（6）滚雪球法

所谓滚雪球法，是指每次访问客户之后，客户开发人员向客户询问其他可能对该产品或服务感兴趣的人的名单，像滚雪球一样，在短期内开发出数量可观的潜在客户。

（7）资料查阅法

该法又称间接市场调查法，即客户开发人员通过现有资料来寻找潜在客户的方法。不过，使用该法需要注意两个问题：一是要对资料的来源与资料的提供者进行分析，以确保资料与信息的可靠性；二是要注意资料是否因为时间关系而出现错漏等问题。

（8）市场咨询法

所谓市场咨询法，就是指客户开发人员利用专门的市场信息咨询机构或政府有关部门所提供的信息来寻找潜在客户的方法。使用该法的优点是比较节省时间，所获得的信息也比较客观、准确；缺点是费用较高。

即问即答

举例说明寻找潜在客户的方法有哪些。

3. 引导潜在客户的购买行为

快递客户开发人员在销售过程中常见的问题是，客户开发人员精心准备的销售方案，潜在客户却并不关心或兴趣不大。究竟是哪个环节出了问题呢？事实上，无论是个人、家庭还是公司，在决定购买某种产品之前都会有一个决策过程，决策者会对一系列因素进行综合权衡。客户开发人员应对潜在客户在购买决策过程中的影响因素加以了解，以便激发潜在客户的兴趣与购买欲望。

（1）把握内、外部影响力

潜在客户的购买受内部影响力和外部影响力的影响。当潜在客户以组织或企业的身份出现的时候，其所受到的影响力通常会涉及物流部门、行政部门或者基层办公室。因此，作为优秀的客户开发人员，需要善于识别内部影响力、外部影响力，对采购人员进行正确判断，为推进销售进程扫清障碍。

所谓内部影响力，就是指那些影响决策者做出某种判断的自身的因素，如其性格特点、爱好、教育背景等。而外部影响力，则是指那些除自身因素外，影响其做出某种判断的因素，如外部环境、供需关系、宏观经济、方针政策等。换句话说，内部影响力更多的是主观因素，而外部影响力更多的是客观因素。两种影响力在多数情况下是相互影响、相互作用的。内部影响力常常会影响决策者对外部影响力的判断，而外部影响力则会影响决策者对内部影响力的认知与分析。

内部影响力一般有以下一些因素：需要、欲望、个性、理解力、自我观念、态度和动机等。为此，优秀的快递客户开发人员，需要对潜在客户的内部影响力的各个因素有清晰的认识，并能在不同的时间与场合辨别这些影响因素对潜在客户所起的作用。为了达到上述要求，客户开发人员需要对自己的沟通风格、知识层次、职业习惯等进行全方位检查与调整，发现不足需要立即弥补，只有不断自我学习、积累经验，方能在客户开发工作中有所提高。

潜在客户的外部影响力比较分散，且随时间、地点的不同而不同。严格意义上说，时间和地点在某种情况下也可能成为影响潜在客户做出判断的外部影响力因素之一。通过大量的研究发现，潜在客户的外部影响力构成要素主要有职位、工作年限、公司规模、参照群体、潮流趋势、竞争关系、供需状况、宏观经济、政策导向等。

一个优秀的客户开发人员，在客户开发过程中，不仅要善于了解与潜在客户紧密相关的外部影响因素，同时还要正确认识大局形势，对宏观经济和政策导向等有一定了解。唯有如此，才能全方位影响潜在客户，促使潜在客户使用本企业的快递服务。

（2）寻找关键人物

优秀的客户开发人员能够在与潜在客户接触的有限时间内，迅速地识别出那些对推进销售进程具有影响力的关键人物，并努力与之建立良好的业务与个人关系。

通常情况下，高级管理人员往往扮演着决策者的角色，如总经理、人力资源经理、财务经理、行政或办公室主任等。一个优秀的客户开发人员，在识别出关键人物之后，依然不能对非关键人物掉以轻心，以免前功尽弃、功亏一篑。

关键人物会随着时间的推移、环境的变化而变化，并非一成不变。所以，客户开发人员需要对这些人员的分类及应对措施进行不断的更新，而不是墨守成规。

（3）寻找更多的支持者

客户开发人员销售快递服务的过程，就是客户开发人员与潜在客户互动沟通的过程。在这个过程中，客户开发人员除了与采购人员打交道外，还需要与更广范围内的不同人员打交道。一个优秀的客户开发人员往往会在更大范围内寻找帮助、支持，并最终促成销售。

三、开发潜在快递客户

1. 挖掘潜在客户的需求

（1）旁敲侧击，寻求突破

“客户开发人员在销售快递服务前应先销售自己”“接近客户的 30 秒，决定了销售的成败”，这些是成功的销售经验。自信是第一步，客户开发人员要有勇气展现自己的沟通能力和销售信心。在初次接近客户时，往往无法迅速打开客户的“心防”，与其直奔主题谈论商品不如谈些球赛、天气等话题，有时让客户喜欢自己比喜欢产品更重要。

（2）乘胜追击，挖掘需求

销售快递服务首先要给客户一个购买的理由。客户的需求永远是多方面的，快递企业的一线客户开发人员在面对客户时，应该学会掌控语言，发掘客户真正的需求，并针对客户的需求引导其消费，实现最大的销售业绩。发掘客户的深层次需求，是客户开发人员必须历练的重要一课。客户开发人员了解客户的需求至少要区分两个层面，第一是直接层面的需求，如年轻客户需要寄递老年用品；第二是深层次的需求，也就是客户需求背后的需求，如年轻客户寄递老年用品真正目的是为了孝敬外地的父母。

（3）体验消费，细节制胜

客户购买快递服务的过程是一种体验过程。愉悦、兴奋、满足的购物体验，会引导客户重复购物。引导客户先进行体验消费，是一个培养忠实消费者的过程。

客户开发细节制胜，“细节决定成败”。对每天和客户打交道的客户开发人员来说，沟通语言很重要，一个销售协议的达成往往取决于语言细节。同时，客户开发人员也可以通过客户表现出来的诸多细节信息，判断客户的真实需求，从而真正达到挖掘潜在客户的目的。

2. 促成快递服务的成交

（1）直接成交法

这一方法是指由客户开发人员直接邀请客户购买成交，如直接说“我能否为您提供快递服务？”这一方式简单明了，在某些场合十分有效。当客户开发人员对客户的疑问做出了令客户满意的解说时，直接邀请就是很恰当的方法。

使用直接成交法的时机要把握好，若客户对你的产品有好感，也流露出购买的意向，可又一时拿不定主意，或不愿主动提出成交的要求，客户开发人员就可以用直接成交法来促成客户购买。有时候客户表示出了兴趣，但思想上还没有意识到成交的问题，这时客户开发人员在回答了客户的提问，或详细地介绍了产品或服务之后，也可以提出请求，让客户意识到该考虑购买了，即用直接成交法促成客户购买。

（2）假定促成交易法

此类方法是指快递客户开发人员在假定客户已经同意使用快递服务的基础上，通过提出一些具体的成交问题，直接要求客户购买的一种方法。例如，“您看，假设您用了我们公司的快递服务，成本会有所降低，效率也提高了，更重要的是我们能在最短的时间内完成您赋予我们的使命，不是很好吗？”

即问即答

如何促进快递产品或服务成交？

3. 快递客户开发技巧

快递客户开发过程中常用的一些技巧如下。

（1）拜访客户前准备要充分

有些客户开发人员一旦发现目标客户，马上就会拿起电话联系或带上资料直接登门拜访，这样很可能会因为准备不充分被客户拒绝，浪费了宝贵的客户资源。正确的做法是在给客户打第一个电话前或登门拜访前，客户开发人员要尽可能多地了解客户的各种信息，尤其是他们的需求信息，还要想好对方可能提出的问题、可能发生争议的焦点、让步的底线等，准备越充分，成功的概率越高。另外，接洽陌生客户前先通过电话等渠道来沟通，可以大大提高工作效率。

（2）成为快递服务产品销售的专家

客户开发人员对所销售的产品是否有足够的了解，是否能给客户以信心，是成交的关键因素。所以，做一个在你所销售产品领域的专家，对促成业务非常有帮助；反之，如果客户开发人员对自己所销售的快递服务都没有充分了解，那么客户就无法放心使用你的服务。

（3）为客户创造价值

有价值的合作才能持久。不要以为达成初步合作或抓住了一个关键人物就可以长久地拥有这个客户。长期合作的唯一方式是为客户不断创造价值。如果快递企业所提供的快递服务对于客户来说是有价值的，甚至是不可替代的，那么即使不刻意维护，也可以长期拥有该客户。为客户提供大的价值只靠客户开发人员是很难做到的，这要靠整个快递企业的有效运作来完成。这正是一家快递企业长久生存与发展的关键所在。

（4）关注竞争对手

有些客户之所以不合作，不是他们没有快递服务需求，而是竞争对手更好地满足了他们的需求。因此，对竞争对手的关注也很重要。通常快递企业开发客户时往往把全部力量都放在客户这边，其实竞争对手也会影响本企业与客户达成交易。在了解客户情况的同时，快递客户开发人员也要全面了解竞争对手的情况，包括他们的实力、他们可以为客户提供什么服务、他们的底线是什么、弱点是什么、强项是什么等，了解得越清楚，争取到客户的把握就越大。

（5）设立相应机构

开发客户时常用的方法是，一个客户安排一个客户开发人员专门负责。当一名客户开发人员面对一个内设机构复杂的大客户时，客户全面、专业的需求往往使其显得力不从心。为此，快递企业应设立一个大客户开发支持中心，可由企业决策层领导牵头，由专职的大客户开发人员与销售部、策划部员工组成。当客户开发人员在开发大客户的过程中遇到问题和困难时，可随时向大客户开发支持中心求援，及时化解困难、解决问题，提高效率与成功率。大客户开发支持中心应设有数据库，整理成功案例、成功技巧、经验教训总结、客户数据信息、企业可提供的支援情况等，既可以为客户开发人员提供一些有针对性的思路与行动依据，也为快递企业的客户开发积累宝贵的经验与数据。

（6）流程分解

有些客户的情况较为复杂，特别是一些大客户，而销售人员的个人能力是有限的，为了提高开发大客户的效率，可以把客户开发流程按照寻找大客户、意向性接触、进一步沟通、跟进、交易、维护等主要环节设置专门岗位、配置专门人员，使客户开发工作专业化。例如，派专人负责从网络、报纸、电视等途径搜集客户信息，重复这样的工作，相关人员会逐步积累经验，加快处理速度，提高工作效率；而负责初步意向性接触的工作由电话营销人员负责，这些人员有更多电话营销的技巧，能迅速探得客户的虚实；对有意向的客户，则安排善于同客户面对面沟通的“跑外”客户开发人员来负责；达成基本合作意向后，如客户有专业性的问题，则派精通专业的人员与客户洽谈合作细节，做进一步的沟通（因为这个环节是体现快递企业能为客户带来的价值与打消客户顾虑的环节，所以洽谈与沟通越专业越有效）；合同谈下来后，交由负责客户关系的专人进行客户维护；还要建立科学的制度与流畅的信息化模式，使各个环节“无缝”衔接。如此一来，相关人员可以发挥各自所长，重复工作又可以熟能生巧，效率自然得到提升。当然，也可根据实际情况，由一个员工负责一至两个环节。

大客户开发宜采用流程作业，但必须根据企业的自身情况处理好工作分配与利益分配的关系；否则，因为某个环节工作人员的积极性不高而影响整个大客户开发流程的顺畅，则会增加内耗，降低效率。

（7）客户推荐

如果能让本企业的现有客户向其他客户推荐你的快递服务，效果将远胜过客户开发人员自己推销。引导现有客户推荐其他客户的方法有两个：一是让利益作为杠杆，现有客户介绍一位新客户，快递企业可以对现有客户提供大量优惠；二是与现有客户搞好公关，鼓励其帮助推荐新客户。值得注意的是，客户的推荐只是帮助客户开发人员打开了下一个客户的大门，后续还是要靠客户开发人员自己去争取。

（8）重视决策者身边的人

大客户企业内的助理、秘书等决策者身边的人，虽然没有决策权，但有很强的决策影响力，甚至会直接影响开发工作的成败。如果客户开发人员与他们建立良好的工作联系，他们会成为客户开发人员业务上的引领者，创造方便。

（9）公关手段创新

快递客户的消费行为是由其消费意向支配的。消费决策决定消费行为，客户开发人员要影响客户的消费行为，首先要影响客户的消费决策和观念。在趋于同质化的快递服务市场中，客户先认可了谁的品牌，谁就是赢家。快递企业也要勇于承担社会责任，积极开展公益性活动，积极参加抗震、救灾等慈善公益活动，树立良好的公共形象，提升快递企业品牌的知名度。

思考与练习

一、问答题

1. 快递客户调查有哪些方法？
2. 快递客户调查有哪些步骤？
3. 简述制订快递客户开发计划的原则与注意事项。
4. 快递客户开发有哪些方法？
5. 简述不同的快递客户有哪些不同的购买行为。

二、案例分析

某公司客户开发人员利用“煎中药法”开发楼宇快递客户

某公司业务员利用“洗、磨、泡、煮、滤”的“煎中药法”，成功开发楼宇快递客户，具体方法如下。

1.“洗”

病人买回中药，在煎煮以前，都要用水清洗一下灰尘，且要很仔细地洗到每一个细节，保证药的清洁和卫生。客户开发人员首先要全覆盖、高密度地对客户进行“清洗”，摸清每一家客户的所属行业、流量流向、操作要求、个性化需求、决策人物等细节，做到心中有数，分时间、分步骤地进行长期跟进。

2.“磨”

部分中药材需要磨碎后才能煎煮。在实际楼宇市场的营销过程中，也会遇到同样的客户，他们态度比较坚定，不愿意尝试新的业务，更换新的供应商，大多数情况是对新的业务不了解，心里没底造成担忧。客户开发人员要化解其担忧，告知其运作服务模式和细节保障很关键，不能操之过急，缓慢推进，磨功夫，一定会取得突破。

3. “泡”

当所有的药材进行初加工以后，就要进行泡药的环节了，泡药一般要泡 6~12 小时，以利于药性的浸出。实际的营销过程也是如此，对客户进行初步筛选、业务推荐后，客户开发人员就要有针对性地跟进，特别是当客户了解了服务模式和流程后，如果依然没有决定，就需要从各方面予以突破，收集其犹豫的原因，做到随时沟通，及时响应。

4. “煮”

药材泡好以后，再进行煎煮，药性就比较容易出来了。在实际的营销过程中，经过前期的调研、摸底、沟通，客户了解了业务，快递企业对客户也有了初步的判断。双方开始交流展开合作，提出相应的解决方案，按步骤推进。客户开发人员需要仔细分析客户需求、制订营销方案、寻找决策关键人物直至最终合作成功，这是一个长效的、渐进的、不能放松的过程。

5. “滤”

药在煎煮以后，喝之前，要进行过滤，以确保杂质和药渣不被饮用，而药液又能全部倒出。楼宇市场营销进行到一定程度以后，也需要对客户进行梳理、分级，要让优质客户享受到更多的增值服务，一般客户享受标准化服务，才能有效调动和整合资源，不断巩固和发展楼宇市场客户，服务更多客户，做到双赢，真正体现快递服务的价值所在。

请根据以上案例分析：

1. 当客户开发人员对楼宇客户有了初步的接触、判断后，应该如何做进一步处理？
2. 业务人员利用“煎中药法”开发楼宇快递客户，要克服哪些不利因素？

三、实训操作

制订一份快递客户开发计划，并尝试开发一个快递中高端客户。

03 Chapter

第三章 快递市场营销策略

学习目标

- 了解快递市场营销的基本理论和方法
- 掌握快递市场细分的方法
- 了解快递产品生命周期
- 掌握快递新产品开发的方法
- 掌握快递产品定价的基本程序
- 掌握快递市场相应的营销策略

学习内容

本章基于快递市场营销工作的基本逻辑框架，依次从快递市场细分、快递市场定位、产品营销、定价策略、促销策略等方面，进行了理论和实践的全面介绍，重点论述了快递企业制订市场营销策略的方法。

案例导读

“跨省即日到”，快递客户新体验

如今，我国快递行业正在蓬勃发展，不少快递企业都开始思考如何能够让自己在速度上脱颖而出。S 快递公司成立多年来，给人们的第一印象就是一个“快”字。近日，S 快递公司凭借其强大的空中运输优势推出了“跨省即日到”产品，给客户带来快递新体验。S 快递公司的新产品使得曾经的不可能变为了可能。

快递市场的发展是与时俱进的，S 快递公司摆脱了对传统运输方式的依赖，采用空运快件的方式，给客户提供更快捷与优质的服务。在快递行业里，时间等同于金钱。通常来讲，只有“次日到”以及“即日到”的快件才能够实现较高利润。然而，如果没有快速便捷的交通工具，快递公司很难做到“即日到”，甚至有些连“次日到”也很难做到，即便可以也达不到相关的标准。

空中运输的能力已经成为如今快递企业发展的必需品。S 快递公司的航空业务增长幅度年均高达 70%，S 快递公司租赁的波音 737 机型已经不能满足其日益加大的业务量。通常来说，快递企业包机比用自己的飞机更为省心，单价成本也更为低廉，而 S 快递公司有自己的航空公司，可以在产业链条上占据主动，不仅可以自己选择经济性更佳的机型，还可根据市场变化不断推出新的快递产品。

S 快递公司一直追求自身突破，并且其每一次发展都加速了物流行业前进的步伐，而 S 快递公司推出的“跨省即日到”业务，在给客户带来快递新体验的同时也让客户对物流行业有了新认识。

（资料来源：中国物流与采购网，有删改。）

思考：

S 快递公司“跨省即日到”新产品有何特色？

// 第一节 快递目标市场策略

由于客户对快递产品需求的多样性、变动性及快递企业资源的有限性，任何一家快递企业都不可能满足所有客户的所有需求。因此，快递企业在进行市场营销的过程中必须进行市场分析，选择目标市场，做出市场定位，并结合目标市场的特点和结构制订有针对性的市场营销策略。制订快递目标市场策略分为三个步骤，如图 3-1 所示。

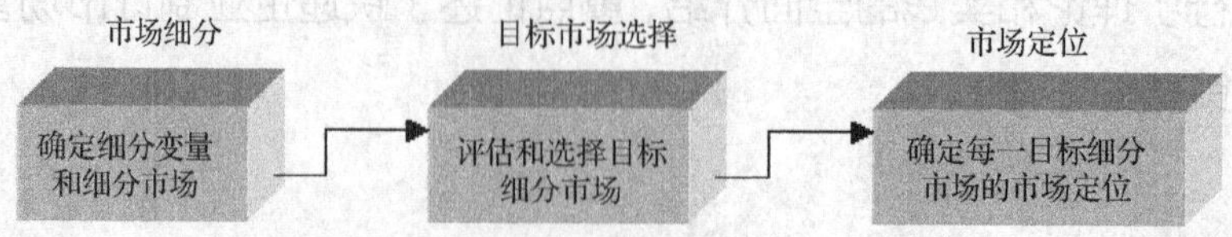

图 3-1 制订快递目标市场策略的三步骤

一、快递市场细分

任何一家企业都无法满足整个快递市场的全部需求。因此在进行快递市场细分的基础上选择快递目标市场，是市场营销的关键。快递企业需要根据客户对某一类快递产品或服务的需求，把客户细分为若干群体，然后结合特定的市场环境和资源条件，选择特定的市场作为快递企业的目标市场，并制订有针对性的快递市场营销策略。

（一）快递市场细分的概念

1. 市场细分的概念

市场细分是美国著名市场学家温德尔·斯密在总结一些企业的市场营销实践经验的基础上，于 20 世纪 50 年代中期提出来的。所谓市场细分，是指企业按照客户的一定特性，运用系统方法，将市场上的客户划分成若干个客户群，每一个客户群构成一个子市场或细分市场。

市场细分的主要目的是为产品设计、选择新市场、探察市场变化并制订新策略提供依据。市场细分为企业选择目标市场奠定了基础。

2. 快递市场细分

随着国民经济的发展，快递市场也不断丰富化、多元化，在其不断壮大的过程中，快递市场需求的差别始终存在，并呈现越来越多样化的态势，快递企业进行市场细分是非常必要的。

快递市场细分指快递企业按照某种标准，将快递市场上的客户划分成若干个客户群，形成不同的细分市场。快递企业可针对细分市场，采取相应的市场营销组合策略，使快递企业营销更符合各个细分市场客户的需要，从而在各个细分市场扩大市场占有率，提高产品的竞争能力。

快递市场细分的作用总结如下：

（1）有利于快递企业发现和利用新的市场机会，选择最有效的目标市场；

（2）有利于快递企业更合理地配置市场营销资源，取得竞争优势和良好的经济效益；

（3）有利于快递企业不断开发新的快递产品，满足不断变化的、千差万别的快递客户需求。

（二）快递市场细分的标准与方法

1. 快递市场细分的原则

快递市场细分是快递市场营销决策制订的基础，在很大程度上决定了快递市场营销的成败。在进行快递市场细分时，必须遵循差异性、可衡量性、可进入性及效益性四项原则。

（1）差异性原则

一般而言，有待细分的快递市场必须是异质的，即在整体市场中确实存在着消费需求与购买行为的差异，这些差异足以构成若干个互不相同的客户群。此时，细分是必要的，也是可行的。反之，如果市场具有高度同质性，就没有必要，也无法进行细分。例如，快递市场可以根据客户的差异，分为高端群体与低端群体，而没有必要根据男、女性别进行划分。

（2）可衡量性原则

可衡量性原则是指细分的快递市场必须是可以识别和衡量的。也就是说，细分之后的市场不仅有明显的范围（可明确包括什么、不包括什么），而且也能估量其规模及客户购买力的大小。因此，快递市场细分的标准也必须是确定的、可以衡量的。通过这些标准，能够明确地区分出客户需求和购买行为的差异，并能对这些差异做出定量分析。

（3）可进入性原则

可进入性原则是指快递企业要能够有效进入细分后的快递市场。也就是说，快递市场的细分和选择必须适应企业本身的营销力量和开发能力，使快递企业可以进入并占有一定的市场份额；否则，就没有现实意义。例如，由于国内民营快递的自身问题，现阶段许多民营快递都把主要精力放在国内小件快递市场上，而较少去开拓国际快递市场。

（4）效益性原则

细分后的快递市场不仅要保证快递企业在短期内盈利，还要使企业在较长时期内获得良好的经济效益；不仅要能保持稳定的收益，还必须有一定的发展潜力；有时不仅要有经济效益，还要有社会效益、生态效益，以确立良好的企业形象。这也是快递市场细分时必须依据的重要原则。

2. 快递市场细分的标准

快递市场之所以可以细分，是由于快递客户的需求存在差异。引起快递客户需求差异的因素众多，可综合考虑有关因素灵活进行市场细分。

（1）按地理位置细分

以地理区域为标准细分快递市场，就是根据客户所需快递服务的地理区域的不同来加以市场细分。由于快递活动所处的地理区域不同，而不同区域的经济规模、地理环境、需求程度等差异非常大，使各区域快递活动的快递成本、快递技术、快递管理、快递信息等方面都存在较大的差异；不同区域的客户对快递服务的需求也各有特色。这就使得快递企业必须根据不同区域的快递需求确定不同的营销手段，以取得最佳经济效益。

（2）按客户所在行业细分

客户所在行业不同，对快递的需求也各不相同；同一行业内的客户，对快递需求又具有一定的相似性。从宏观上看，快递客户行业细分主要可分为农业、制造业、商贸业、服务业等快递细分市场。

（3）按客户业务规模细分

以客户业务规模为标准细分快递市场，就是按照客户对快递服务需求规模的大小来细分市场。快递企业可根据客户对快递服务需求量的大小，选择相应的快递服务方式。

（4）按物品属性细分

以物品属性为标准细分快递市场，就是根据客户需要寄递物品的属性或特征来细分市场。客户寄递物品的属性差异较大，如工业材料、艺术品、古董、电影胶片、医药用品等。快递企业在寄递过程中，处理、运输不同物品的作业量和安全把控均不同，这也会影响企业的经济效益。因此，快递企业可以据此对快递市场进行细分，并根据企业的自身条件选择合适的目标市场。

（5）按照客户利益细分

以客户利益为标准，快递市场可细分为价格需求型、速度需求型、安全需求型。价格需求型市场的客户主要关注快递服务的价格，一般喜欢货比三家，选择价格最低的快递企业；速度需求型市场的客户主要关注快递服务的时限，对时间要求苛刻，而对价格不太敏感；安全需求型市场的客户主要关注交寄的物品能否安全运抵，一般寄递的物品相对较特殊。

3. 快递市场细分的方法

对快递市场进行细分的方法主要有单一变量因素法、多个变量因素法和系列变量因素法三种。企业可采用其中一项标准灵活进行市场细分。

（1）单一变量因素法

单一变量因素法根据影响快递客户需求的某一项重要因素划分快递市场。例如，通过地理区域、客户业务规模、物品属性、客户利益等不同因素划分市场。

（2）多个变量因素法

多个变量因素法根据影响快递客户需求的两种或两种以上的因素对快递市场进行细分。例如，快递企业可以按照客户所在行业、客户业务规模、消费额三个因素对快递市场进行细分。这是目前许多快递企业普遍运用的方法。

（3）系列变量因素法

系列变量因素法就是根据快递企业经营的特点，按照影响客户需求的诸多因素，由粗到细进行市场细分。这种方法可以使目标市场更加明确、具体，有利于企业更好地制订相应的营销决策。例如，快递企业可以先依据地理区域对市场进行细分，然后依据客户的规模进行细分，最后再依据客户所在行业的不同对市场进行细分。

（三）快递市场细分的程序

市场学家麦肯锡提出了细分市场的一整套程序，这一程序包括七个步骤，一般称其为“细分程序七步法”。

第一步，选定产品市场范围，即确定进入什么行业，销售什么产品。产品对应的市场范围应以客户的需求而不是产品本身特性来确定。例如，某一快递公司打算在各大城市推出一种同城速递业务，若只考虑产品特征，该公司可能认为这种产品的需求对象是该城市的居民用户，但从市场需求角度看，许多外来人群也可能是这种快递产品的潜在客户，因为外来人群在城市中也需要借助快递传达文件，从而成为这种快递产品的用户。

第二步，列举潜在客户的基本需求。例如，快递公司可以通过调查，了解潜在客户对快递的基本需求，如安全、方便、快捷、周到。

第三步，了解不同潜在客户的不同要求。对于列举出来的基本需求，不同客户强调的侧重点可能会存在差异。例如，安全、方便、准时、周到可能是所有客户共同强调的，但有的客户特别重视快递的速度，希望快捷；有的客户则对快递的价格比较敏感，希望经济实惠；还有一些客户可能有个性化的要求。通过这种差异比较，不同的客户群体即可初步被识别出来。

第四步，抽掉潜在客户的共同要求，而以特殊需求作为细分标准。客户共同的需求固然重要，但不能作为市场细分的基础，如安全、周到是每位客户的需求，就不能作为细分市场的标准。

第五步，根据潜在客户基本需求所存在的差异，将其划分为不同的群体或子市场，并赋予每一个群体或子市场一定的名称。

第六步，进一步分析每一细分市场的需求与购买行为特点，并分析其原因，以便在此基础上决定是否可以对这些细分市场进行合并或进一步细分。

第七步，估计每一细分市场的规模。即在调查的基础上，估计每一细分市场的客户数量、购买频率、平均每次的购买数量等，并对细分市场的竞争状况及发展趋势做出分析。

二、快递目标市场选择

对快递市场进行细分的目的是为了选择要进入的目标市场。

（一）目标市场的选择过程

1. 目标市场的概念

目标市场就是市场营销者准备为之提供产品和服务，满足其需求和欲望的细分市场，目标市场的选择就是在诸多细分市场中选择最适合本企业进入的细分市场作为目标市场的过程。

2. 快递目标市场的选择过程

快递目标市场的选择过程是快递企业从按各种标准进行市场细分开始，直到确定目标市场的全过程。在这个过程中，要运用SWOT等分析方法，对各个细分市场的发展潜力、增长率、竞争状况及本企业所拥有的资源能力、竞争优势等进行评估，选择的过程就是评估的过程。一般快递企业在选择快递目标市场时需要依据以下几个基本条件。

（1）要有一定的快递需求规模

这是非常重要的条件，如果没有一定的快递需求规模，快递企业就不能充分体现行业的价值，该市场也就构不成企业的目标市场。

（2）要有快递发展潜力

该市场在快递市场上有尚待满足的需求，有良好的发展前景，能保证快递企业的稳定发展。许多国际快递巨头纷纷进驻中国市场就是看准了中国快递市场巨大的发展潜力。

（3）要有足够的吸引力

所谓吸引力，主要指长期盈利能力的大小，一个市场可能具有一定的市场规模和增长潜力，但从盈利上看不一定具有吸引力。决定快递市场是否具有长期吸引力的因素主要有竞争者的数量和质量、快递需求欲望的强弱和专业能力、各类辅助手段的完善程度和质量等。快递企业必须充分估计这些因素对长期盈利所造成的机会和威胁，以便做出明智的抉择。

（4）要符合快递企业的目标和实力

目标市场的选择，还必须结合企业的目标与实力来考虑。有些细分市场虽然规模适合，也具有吸引力，但如果不符合企业自身发展目标，就只能放弃；如果某一细分市场符合企业目标，但企业在人力、物力、财力等条件上不具备相应的实力，无法在市场上夺得一定的市场占有率，则也不应该选其作为最终目标市场。

知识拓展

SWOT 分析法基本介绍

SWOT 分析法是基于内外部竞争环境和竞争条件下的态势分析，就是将与研究对象密切相关的各种主要内部和外部条件，通过调查列举出来，并依照矩阵形式排列，然后用系统分析的思想，把各种因素相互匹配起来加以分析，从中得出相应的结论，而结论通常带有一定的决策性。

运用这种方法，可以对研究对象所处的情景进行全面、系统、准确的研究，从而根据研究结果制订相应的计划、发展战略等。

S（Strengths）是优势，W（Weaknesses）是劣势，O（Opportunities）是机会，T（Threats）是威胁。按照企业竞争战略的完整概念，战略应是一个企业"能够做的"（即组织的优势和劣势）和"可能做的"（即环境的机会和威胁）之间的有机组合。因此，SWOT 分析法常常被用于制订集团发展战略和分析竞争对手的情况，在战略分析中，它是最常用的方法之一。SWOT 分析法主要包含以下几个方面的内容。

1．分析环境因素

运用各种调查研究方法，分析出企业所处的各种环境因素，即外部环境因素和内部环境因素。外部环境因素包括机会因素和威胁因素，它们是外部环境对企业的发展有直接影响的有利和不利因素，属于客观因素；内部环境因素包括优势因素和劣势因素，它们是企业在发展中自身存在的积极和消极因素，属于主动因素。企业在调查分析这些因素时，不仅要考虑历史与现状，更要考虑未来的发展问题。

优势，是企业的内部因素，具体包括有利的竞争态势、充足的财政来源、良好的企业形象、先进的技术力量、一定的规模经济、优质的产品、一定的市场份额、成本优势与广告攻势等。

劣势，也是企业的内部因素，具体包括设备老化、管理混乱、缺少关键技术、研究开发落后、资金短缺、经营不善、产品积压、竞争力差等。

机会，是企业的外部因素，具体包括新产品、新市场、新需求，市场壁垒解除与竞争对手失误等。

威胁，也是公司的外部因素，具体包括新的竞争对手出现、替代产品增多、市场紧缩、行业政策变化、经济衰退、客户偏好改变与突发事件等。

SWOT 分析法的优点在于考虑问题全面，是一种系统思维，而且可以把对问题的"诊断"和"开处方"紧密结合在一起，条理清楚，便于检验。

2．构造 SWOT 矩阵

将调查得出的各种因素根据轻重缓急或影响程度等排序，构造 SWOT 矩阵，如

图 3-2 所示。在此过程中，将那些对企业发展有直接、重要、迫切、长久的影响因素优先排列出来，而将那些间接、次要、不急、短暂的影响因素排列在后面。

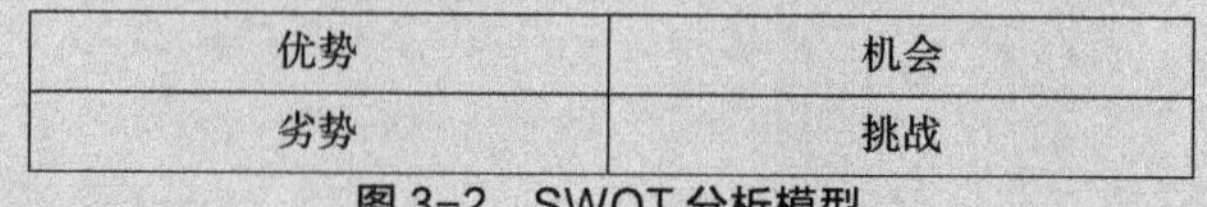

优势	机会
劣势	挑战

图 3-2　SWOT 分析模型

3. 制订行动计划

在完成环境因素分析和 SWOT 矩阵的构造后，便可以制订出相应的行动计划。制订计划的基本思路是：发挥优势因素，克服劣势因素，利用机会因素，化解威胁因素；考虑过去，立足当前，着眼未来。运用系统的综合分析方法，将各种环境因素相互匹配起来加以组合，得出企业未来发展的可选择对策。

应用 SWOT 分析法必须保持该分析法的简洁化，避免过于复杂与过度分析，且运用该分析法得出的结论因人而异。分析人员必须对企业的优势与劣势有客观的认识，必须考虑全面，必须与竞争对手进行客观的比较。

（二）目标市场选择的策略

企业要根据自己的实际情况进行目标市场的选择。目标市场选择策略主要有以下三种。

1. 无差异市场营销策略

无差异市场营销策略，简称无差异营销策略，就是把整个市场看作一个毫无差别的同质大市场，并对市场的各部分同等看待，存小异、求大同，求得共同发展。采用这种策略的快递企业把快递客户看成具有相同需求的整体，力图吸引所有的快递潜在客户，其设计的快递和营销方案针对的是广大的已有和潜在客户。

采用无差异营销策略的企业统一宣传、统一定价，建立较集中的快递网，向整个市场推出单一的快递服务。无差异营销策略如图 3-3 所示。

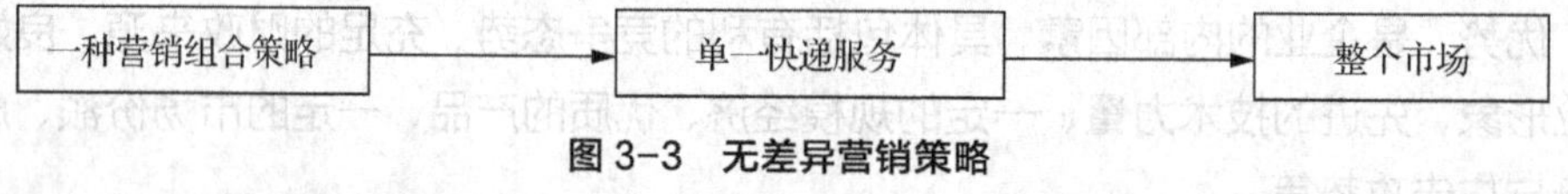

图 3-3　无差异营销策略

无差异营销策略的最大优点在于其成本经济性，可节约研发成本和销售费用。无差异营销策略适用于那些适应性强、差异性小且有广泛需求的快递市场。但是，在买方市场逐渐完善的情况下，这种策略会随着需求的变化而变得不再适用。由于这种策略过分强调无差别，不能满足不同购买者的需求。

2. 差异性市场营销策略

差异性市场营销策略，简称差异性营销策略。这种策略把整个快递市场分成若干个细分市场，选择两个或两个以上的细分市场作为目标市场，分别设计不同的快递服务形式和营销方案，该策略建立在客户需求具有异质性的基础上。快递企业可以针对不同细分市场设计不同的快递服务形式，采取多品种经营的方针。同时，采取不同的营销方案，根据细分市场的销售渠道，制订不同的价格。对快递企业来说，将客户按一定的细分标准进行细分，并从中做出选择，可以使企业所经营的快递服务更有针对性，更能满足不同群体的需要。

该策略能满足各类快递需求者的不同需求，对企业而言，有助于发挥市场潜力，扩大产品销路，增加盈利；有助于提高企业的竞争力和应变能力，树立良好的企业形象。差异性营销策略适用于进行多品种经营的实力雄厚的大、中型快递企业。其缺点是会带来生产成本、销售费用的增加，且受限于企业资源。常见的差异性营销策略有以下几种。

（1）完全差异性策略

完全差异性策略即快递企业将每一个细分市场都作为目标市场，并为目标市场生产和提供不同的产品，如"限时达"系列快递产品、不同重量的快递产品等。

（2）市场专业化策略

市场专业化策略又称市场驱动型策略，是指快递企业为一个目标市场（即同一类的客户群）提供多种产品，满足这一类客户对产品的不同需要。这种策略的优点是适当缩小市场面，有利于发挥企业优势，用多种产品满足目标市场客户的不同需要，扩大销售量，增加销售收入，避免因产品单一可能造成的弊端。例如，某快递企业为零散小客户提供多种经济型快递业务，如当天件、次晨达、次日达等。

（3）产品专业化策略

产品专业化策略又称产品驱动型策略，是指企业将那些有同类产品需求的若干不同细分市场作为目标市场，为不同的目标市场提供同类产品。例如，服装企业可以为军队和武警部队提供军装；也可以同时为工业企业或政府部门提供专用服装等，两个细分市场对快递的需求是类似的。这种策略的优点是产品比较单一，既有利于发挥企业的专业优势，避免多品种生产可能造成的弊端，又使企业保持较宽的市场面，扩大了周旋的余地。其缺点是一旦产品进入夕阳阶段，企业的营销将比较困难。

（4）选择性专业化策略

选择性专业化策略又称散点式专业化策略，指企业在进行市场细分的基础上，结合企业的实际情况，有选择地放弃部分细分市场，选取若干有利的细分市场作为目标市场，并为各目标市场提供不同的产品，实行不同的营销组合策略，如图 3-4 所示。

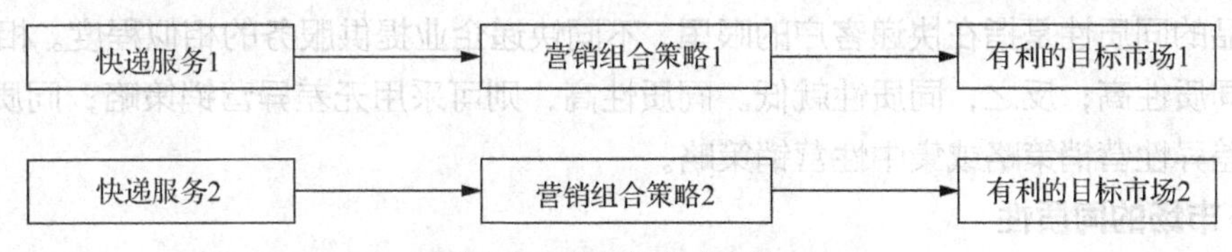

图 3-4　选择性专业化策略

3. 集中性市场营销策略

集中性市场营销策略，简称集中性营销策略，就是把整个市场划分为若干个细分市场后，只选择一个或极少数细分市场作为自己将要为之服务的目标市场，集中精力搞专业化开发和经营。它所追求的不是在较大的市场上占有较小的市场份额，而是力争在较小的市场上占有较大的市场份额。对一些资源有限、实力不够雄厚、新进入市场的快递企业来说，采用这一策略可以更深入地了解细分市场的需要，实现专业化经营，在局部市场创造出独一无二的优势，如图 3-5 所示。

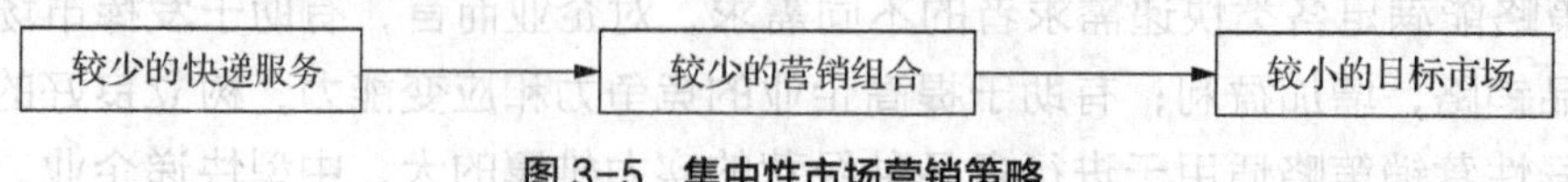

图 3-5 集中性市场营销策略

为了把有限的资源用在最有利的地方，这种策略的经营对象相对比较集中，力求对所提供的快递服务实行专业化经营，争取较高的投资收益率。但是，这种策略的风险较大。由于企业的全部资源与力量均集中在一个或极少的几个细分目标市场上，一旦目标市场风云突变，就可能出现经营危机，使快递企业陷入困境。

（三）选择目标市场营销策略

上述三种目标市场营销策略各有利弊。一家企业究竟采用哪种策略比较有利，必须根据企业具体情况进行通盘考虑，权衡利弊，方可得出最佳的选择。快递企业在选择目标市场营销策略时，必须综合考虑以下几个方面的因素。

1. 企业资源

这是选择目标市场营销策略时应考虑的首要因素。企业资源主要包括生产规模、技术力量、财务能力和经营管理能力等。如果企业实力较强，有可能占有较大的市场，就可采用差异性营销策略或无差异营销策略；如果企业资源有限，无法覆盖整个市场，则宜采用集中性营销策略。

2. 快递产品生命周期

快递产品与其他产品一样，也有生命周期。快递企业根据产品所处的投入期、成长期、成熟期、衰退期的各阶段特点，可采用不同的目标市场营销策略。当产品处于投入期时，同类产品竞争者不多，市场竞争不激烈，企业可采用无差异营销策略；当处于成长期或成熟期时，同类产品增多，竞争日益激烈，为确立竞争优势，企业可考虑采用差异性营销策略；当某类产品步入衰退期，为保持市场地位，延长服务“产品”生命周期，全力对付竞争者，企业可考虑采用集中性营销策略。

3. 产品的同质性

产品的同质性是指在快递客户的眼里，不同快递企业提供服务的相似程度。相似程度高，则同质性高；反之，同质性就低。同质性高，则可采用无差异营销策略；同质性低，可采用差异性营销策略或集中性营销策略。

4. 市场的同质性

它是指各细分市场的客户在需求和购买行为等方面的相似程度。相似程度高，则市场同质性高。如果不同客户对同一营销方案的反应大致相同，则宜实行无差异营销策略；反之，如果客户的需求偏好、态度、购买行为等差异较大，则宜采用差异性营销策略或集中性营销策略。

5. 竞争状况

竞争者的数量和资源是快递企业确定目标市场营销策略时要考虑的重要因素。当竞争者较少或竞争对手较弱时，可采用无差异营销策略；反之，则应该选择差异性营销策略或集中性营销策略。另外，还要考虑竞争对手采取的策略，如当强大的竞争对手采取的是无差异营销策略时，相对弱势的企业则应采用集中性营销策略或差异性营销策略。当然，如果竞争对手实力较弱，也可以采取与之相同的策略，凭借实力取得成功。

以上所述只是一般原则，快递企业应在实践中根据竞争形势和市场具体情况，综合考虑各种因素，权衡利弊做出决策。目标市场营销策略应有相对的稳定性，但是并不意味着目标市场营销策略一经确立就不能改变，当快递企业的内外条件发生重大变化时，目标市场营销策略也需进行调整和转变。

三、快递市场定位

市场定位是设计企业产品和形象的行为，能使企业明确自身在目标市场中与竞争对手有何不同，让本企业的产品在消费者的心目中形成一种独特的形象。

（一）市场定位的概念

市场定位是20世纪70年代由美国学者阿尔·赖斯提出的一个重要的营销学概念。所谓市场定位就是企业根据目标市场上同类产品的竞争状况，以及本企业产品的某些特征或属性，为本企业产品塑造强有力的、与众不同的个性，并将其形象生动地传递给客户，求得客户认同，以适应客户一定的需要和偏好，从而使企业在客户心目中占有特殊的位置。

快递市场定位是指快递企业通过自身的快递服务创立鲜明个性，塑造出与众不同的市场形象，使自身在客户心目中占据一定的位置，从而更好地抓住客户，赢得客户。快递市场定位要体现以“客户为中心”的快递服务精神，以“降低客户的经营成本”为根本的快递服务目标，以“伙伴式、双赢策略”为标准的快递服务模式，以“服务社会、服务国家”为价值取向的快递服务宗旨。

（二）快递市场定位的步骤

快递市场定位包括识别竞争性差异、选择合适的竞争优势（差异）、向客户传播所选定的市场定位三个步骤。

1. 识别竞争性差异

市场上有众多的快递企业通过各自的市场定位形成相对竞争优势，通过设计产品、塑造独特的市场形象来实现企业产品和服务的差异化，以避免与其他企业的直接竞争。而一项快递产品是方便、快捷、技术、包装、品牌、服务质量等许多因素的综合反映，企业在市场定位之前就需要识别这些因素，以便形成与其他企业的差异。企业进行差异化的途径主要包括以下几种。

（1）产品差异化（品牌差异化）。企业可以使自己的产品区别于其他产品。

（2）技术差异化。快递企业可以充分利用运输、信息管理等方面的先进技术，突显技术优势，使自己的产品与众不同。

（3）形象差异化。快递企业可以设计代表本企业形象的工装、统一的营业厅模式，以区别于其他企业，可以开发有企业特色的快件跟踪查询系统，方便客户查询使用，以提升企业形象。

（4）市场差异化。快递企业可以选择不同的目标市场销售产品，根据不同客户的需求设计符合其个性的产品和服务；还可以通过一条龙式的服务和各类营销活动的开展，体现企业的营销能力和水平。

（5）价格差异化。产品的价格差异化主要是通过对产品及其价格的有机组合取得价格优势。

2. 选择合适的竞争优势（差异）

（1）确定产品差异的因素。企业要确定自己向客户推出的产品“在某一方面或者某几方面是最好的”，这样就可以把自己的产品与其他产品区分开来。质量、价格、服务、安全、舒适、技术等都可以是快递企业彰显差异化的因素。

（2）确定产品的具体差异。企业需要对所设计的产品、目标客户的重要性，以及企业实施产品差异的能力（人力、物力、财力等）、所需时间等因素进行综合分析，并在此基础上，结合企业自身及竞争者的实际情况确定产品的具体差异。

3. 向客户传播所选定的市场定位

快递企业的竞争优势最终要被客户认同后才具有现实意义。因此，一旦选择好市场定位，企业就必须采取有效措施把市场定位传达给目标客户，以求得客户的认同，如某快递企业确定了向快递市场传播的内容后，就应该通过公司广告、员工着装、行为举止、服务态度等各种方式将其传递出去。

（三）快递市场定位的具体策略

1. 避强定位

避强定位策略是指快递企业应力图避免与实力最强的或较强的其他快递企业直接发生竞争，而是应定位于另一市场区域内，使自己的产品在某些特征或属性方面与最强或较强的对手有比较显著的区别。避强定位策略的优点是能使企业较快地在市场上站稳脚跟，并能在客户心目中树立形象，风险较小。缺点是避强意味着企业必须放弃某个最佳的市场位置。

2. 迎头定位

迎头定位策略是指快递企业根据自身的实力，为占据较佳的市场位置，不惜与市场上占支配地位的、实力最强或较强的竞争对手发生正面竞争。这种定位策略在竞争过程中往往相当引人注目，甚至产生轰动效应，企业及其产品可以较快地为客户所了解，有利于企业树立市场形象，但具有较大的风险性。

3. 创新定位

创新定位策略是指快递企业寻找新的尚未被占领但有潜在需求的市场，提供市场上没有的、具备某种特色的产品，从而填补市场上的空缺。采用这种定位策略时，快递企业应充分评估创新定位所需的产品在技术、经济上是否可行，有无足够的市场容量，能否为企业带来盈利等。

4. 重新定位

快递企业在选定了市场定位的目标后，由于定位不准确或因为市场发生变化造成原有的定位需要调整，就应考虑重新定位。重新定位策略是以退为进的策略，目的是为了实施更有效的定位。

快递企业在进行市场定位时，应慎之又慎，要通过反复比较和调查研究，找出最合理的突破口，避免出现定位混乱、定位过宽或定位过窄等情况。

// 第二节 快递产品营销策略

快递企业的市场营销活动是以满足客户的快递需求为中心的，而客户需求的满足必须通过提供某种快递产品来实现。因此，快递产品是快递企业市场营销组合因素中的首要因素，快递企业要致力于产品质量的提高和组合结构的优化，才能提高企业的竞争力，取得更好的经济效益。

一、快递产品概述

（一）快递产品的概念

快递产品是快递企业为客户提供的服务。所谓"服务"是指能够满足客户的某种需求，给客户带来便利、好处、满足感的各种活动。快递产品是一种以服务为主的无形产品。客户使用产品的过程即感知快递服务的过程，过程包括与快递活动相关联的取件、包装、运输、信息查询、保管、配送、送件等具体活动。每种独立的快递服务形式或几种快递服务的不同组合都是一款新的快递产品形式。

（二）快递产品的层次

快递产品作为一种服务具有自身的特点，为了有效地开展营销活动，可将快递产品划分为以下三个层次。

1. 产品核心

产品核心即向客户提供的产品的基本效用和客户的根本利益，也是客户真正要购买的东西。客户购买某种产品，并不是只为了占有或获得某种产品本身，更是为了满足某种需求。快递产品核心是按照一定标准和客户的需求而确定的，如迅速、准确、安全与便捷等方面。

2. 形式

形式是产品核心借以实现的基本形式，是产品核心的载体。快递产品的形式一般是指快递服务的质量、品牌、包装、服务设备等，这些通常都能在快递活动中展现出来，是可以被客户感知的。产品形式往往直接决定快递产品核心的质量。

3. 附加产品

附加产品是客户购买快递产品时所获得的全部附加服务和利益，包括快递寄递过程以外的其他各种服务，如各种优惠、折扣、赠品和保险等，包括能体现客户个性化需求的增值服务。随着快递市场竞争的日趋激烈，为产品提供附加价值便成了快递企业竞争的有效手段。未来快递市场竞争的关键，在一定程度上，不在于企业能生产什么样的产品，而在于企业能为产品提供什么样的附加价值。

（三）快递产品组合

1. 快递产品组合的概念

（1）产品项目。产品项目是指产品大类中各种不同品种的产品。每一个产品项目又包含若干不同规格、特色的具体产品。

（2）产品线。产品线是指产品组合中包含的产品大类。每一产品大类中的不同产品都有类似的功能，可满足客户同质的需要，只是在规格、档次、款式等方面有所不同。每条产品线又由若干产品项目组成。

（3）产品组合。产品组合就是快递企业为了满足不同客户的需求所开发的服务种类及服务产品的组合，是企业经营的全部产品线、产品项目的组合，又称产品结构。

快递产品组合将各个独立的或单一的快递产品进行有效的捆绑与组合，使之新生出其他不同形式的产品或服务的过程，如 A 组合“收寄+运输+仓储+配送”，B 组合“收寄+仓储+流通加工+配送”等。

产品组合一方面反映了企业的经营范围，另一方面又反映了企业的市场开发深度。产品组合一般包括若干产品线，每一条产品线内又包括若干产品项目。一个产品项目往往具有一个特定的名称、型号或编号。

2. 快递产品组合因素

快递产品组合取决于三个因素：产品组合的宽度（或称广度）、深度和关联性。宽度（广度）是指一家快递企业经营的快递产品线的数目，深度是指每一个快递产品线所拥有的产品项目的数目，关联性是指快递产品之间的联系程度。

图 3-6 所示是某快递企业的产品组合，从图中可以看出，该产品组合为 4 个产品线，产品线 1、2 各有 3 个产品项目，产品线 3、4 各有 4 个产品项目，共有产品项目 14 个。即产品组合宽度为 4 个，产品组合深度为 14 个，平均深度（产品组合深度/产品组合宽度）为 3.5 个。

宽度

产品线1	A1	B1	C1	
产品线2	A2	B2	C2	
产品线3	A3	B3	C3	D1
产品线4	A4	B4	C4	D2

深度

图 3-6 快递企业产品组合

3. 快递产品组合策略

快递产品组合策略就是根据快递企业的目标，对快递产品组合的宽度、深度及关联程度进行组合决策。企业在调整产品组合时，可以针对具体情况，灵活选用以下产品组合策略。

（1）扩大产品组合策略

扩大产品组合策略即开拓产品组合的宽度和加强产品组合的深度。开拓产品组合宽度是指增添一条或几条产品线，扩展产品经营范围；加强产品组合深度是指在原有的产品线内增加新的产品项目。具体方式有：

① 在维持原产品品质和价格的前提下，增加不同的规格、型号或款式；

② 增加不同品质和不同价格的产品；

③ 增加与原产品类似的、有关联的产品；

④ 增加与原产品毫不相关的产品。

（2）缩减产品组合策略

缩减产品组合策略是削减产品线或产品项目，特别是要取消那些获利小的产品，以便集中力量经营获利大的产品线或产品项目。缩减产品组合的方式有：

① 减少产品线数量，实现专业化经营；

② 保留原产品线，削减产品项目；

③ 停止经营某类产品。

（3）产品延伸策略

任何企业的产品都有其特定的市场定位，如将产品定位在高档、中档或低档。但这种定位不是一成不变的，而是随着市场环境的变化而调整的。产品延伸策略就是指全部或部分地改变企业原有产品的市场定位，具体做法有以下几种。

① 向下延伸。这种策略是把企业原来定位于高档产品市场的产品线向下延伸，在高档产品线中增加低档产品项目。

② 向上延伸。即把企业原来定位于低档产品市场的产品线向上延伸，在原有的产品线内增加高档产品项目，使企业进入高档产品市场。

③ 双向延伸。即指原来定位于中档产品市场的企业掌握了市场优势后，决定向产品线的上下两个方向延伸，一方面增加高档产品，另一方面增加低档产品，扩大市场面。

二、快递产品生命周期

（一）产品生命周期概念

产品生命周期是指一种产品通过市场开发，从投入市场经营（销售）到最后被市场淘汰为止的全部过程。需要注意的是产品生命周期指的是产品的市场寿命，而不是使用寿命。产品生命周期一般有四个不同的阶段。

① 投入期（开发期+引进期），是产品进入市场之后销售额缓慢增长的时期。由于产品开发、引进费用高昂，此时企业几乎没有利润。

② 成长期，是产品迅速为市场所接受并产生利润的时期。

③ 成熟期，销售额增长趋于缓和的时期，因为这时产品已经被大多数潜在购买者所接受。为在竞争中保护自己的产品占有率，快递企业的营销费用增加，导致利润增长停滞，甚至开始下降。

④ 衰退期，是销售额迅速减少、利润快速下降的时期。

在整个生命周期里，销售额和利润额的变化表现为类似 S 形的曲线，如图 3-7 所示。

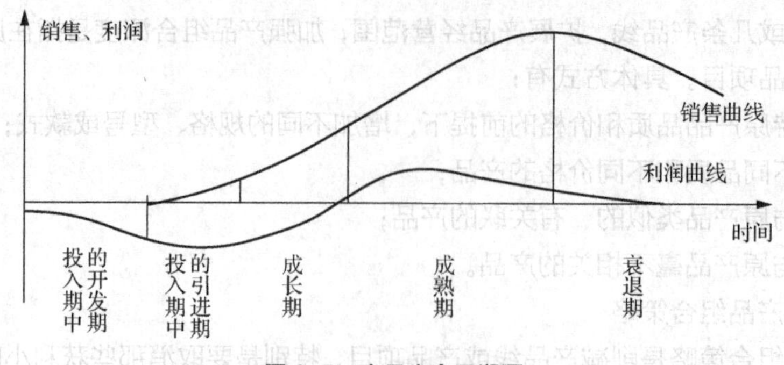

图 3-7　产品生命周期图

（二）产品生命周期的市场策略

企业应根据其产品生命周期灵活采用相应的市场营销策略，以获得最大的经济效益。例如，随着社会分工的深化和市场需求的个性化，快递企业的生产经营活动对技术和管理的要求也越来越高，快递企业所提供的一些传统业务，已越来越不适应客户需求，使这类产品获得的利润越来越少，此时企业就必须对自己的业务进行重新整合，不断延长产品的生命周期。

① 投入期（开发期+引进期）。此时的企业营销思路应突出一个“短”字，就是要尽量缩短投入期的时间、迅速打开市场，加快向成长期过渡。企业主要可以从促销与价格两个方面给予考虑，如注重早期的市场推广、加大广告的宣传力度、稳定产品的性能与形象等。

② 成长期。成长期的产品，其性能基本稳定，大部分客户对产品已经比较熟悉，销售量快速增长，竞争者不断进入，市场竞争加剧。此时，企业营销策略的核心是尽可能地延长产品的成长期，重在突出一个“稳”字，如继续进行广告宣传、提高产品质量、提高售后服务质量、提供增值服务和开发新客户等。

③ 成熟期。处于成熟期的产品，企业只要保住其市场占有率，就可以获得稳定的收入和利润，此时期企业要解决好运营与销售之间的矛盾。此时，企业应主动出击，努力使成熟期延长，企业的营销策略重点应突出一个“改”字，采取积极的对策，做到有效的改革，如重新细分市场，开拓新的市场、改进产品、吸引新客户、创新营销组合手段等。

④ 衰退期。在这个时期，企业面临销售量和利润直线下降，消费者的消费习惯已发生转变等情况。此时，企业应突出一个“转”字，认真分析研究，决定采取什么策略，在什么时间退出市场。

三、快递新产品开发

（一）新产品开发概述

随着新技术的应用和市场的变化，快递企业必须善于开发新产品，包括新开发的产品、改良的产品、调整的产品以及新的品牌等。例如，国内某大型集团公司连续推出了“全夜航”“次晨达”等新业务形式。一个完整的新产品开发过程要经历新产品构思、筛选创意、形成新产品、制订营销策略、商业分析、产品开发、新产品的市场试销和批量上市等八个阶段，如图 3-8 所示。

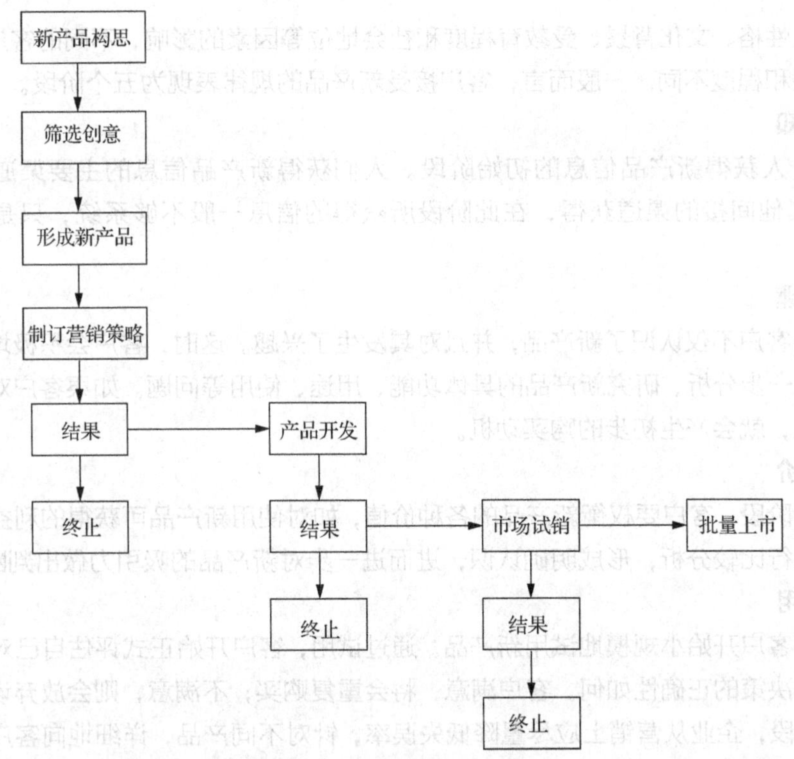

图 3-8　新产品开发流程图

（二）新产品开发策略

1.“先发制人”领先式策略

“先发制人”领先式策略是指企业率先推出新产品，利用新产品的独特优点，占据市场上的有利地位，利用先入为主的优势，最先建立品牌效应，从而取得丰厚的利润。

2.“迟人半步”模仿式策略

“迟人半步”模仿式策略是指当看到别的企业推出新产品后，立即加以仿制和改进，然后推出自己的产品。

3.“借船出海”扩张式策略

第一种是与优势的快递资本合资，把别人的产品变成自己的产品，扩大自己的产品线；第二种是购买其他企业现成的资源，实现快递产品的快速开发和扩张。

4. 系列式产品开发策略

系列式产品开发策略就是围绕产品进行延伸，开发出一系列类似的、但又各不相同的产品，形成不同类型、不同规格、不同档次的产品。采用该策略开发新产品，企业可以尽量利用已有的资源，设计开发更多的相关产品，如开发有时间差异的快递系列产品，以适合城市与农村、高收入与低收入等不同客户群的需要。

（三）新产品扩散

所谓新产品扩散，是指新产品上市后，随着时间的推移，不断地被越来越多的客户所使用的过程。在新产品扩散的过程中，客户使用新产品在客观上存在着一定的规律性，并且由于个人性格、文化背景、受教育程度和社会地位等因素的影响，不同的客户对新产品的接受快慢和程度不同。一般而言，客户接受新产品的规律表现为五个阶段。

1. 认知

这是个人获得新产品信息的初始阶段。人们获得新产品信息的主要渠道是广告，或者通过其他间接的渠道获得，在此阶段所获得的信息一般不够系统，只是一般性的了解。

2. 兴趣

兴趣指客户不仅认识了新产品，并且对其发生了兴趣。这时，客户会积极地寻找有关资料，并进一步分析、研究新产品的具体功能、用途、使用等问题。如果客户对这些方面均比较满意，就会产生初步的购买动机。

3. 评价

在这一阶段，客户要权衡新产品的各种价值，如对使用新产品可获得的利益和可能承担的风险进行比较分析，形成明确认识，进而进一步对新产品的吸引力做出判断。

4. 试用

试用指客户开始小规模地试用新产品。通过试用，客户开始正式评估自己对新产品的认识及购买决策的正确性如何。客户满意，将会重复购买；不满意，则会放弃该产品。因此，这一阶段，企业从营销上应尽量降低失误率，针对不同产品，详细地向客户介绍产品的性质、使用及保养方法。

5. 采用

客户通过试用，收到了理想的使用效果，就会放弃原有的产品，完全接受新产品，并开始正式购买、重复购买。从某种意义上说，从试用阶段到正式采用阶段，客户彼此之间的信息沟通比广告的作用更大。

针对客户采用新产品的程序，快递企业应采用不同的营销策略，促使快递新产品的扩散过程顺利进行。

四、快递产品品牌策略

（一）快递产品品牌概述

对于快递企业而言，在激烈的市场竞争中，成本、技术、网络等要素都是可以模仿和取代的，只有企业的品牌、信誉是不可替代的。快递企业要赢得市场，赢得客户，就需要在企业品牌和服务上，拿出实质性的对策。那么究竟什么是品牌呢？品牌是一种名称、术语、标记、符号、设计，或它们的组合应用，用以辨认企业提供的产品或服务，它是企业区别于其他竞争者的重要标志。

品牌主要包括品牌名称、品牌标志和商标。品牌名称是指品牌中可以用语言称呼的部分，如全球邮政特快专递、申通快递、圆通速递、联邦快递等。品牌标志是品牌中可以被辨认，但无法用语言表达的部分，包括符号、图案、颜色或其他特殊的设计等，如中国邮政 EMS 的“跑道”图案、顺丰速运的“SF”、申通快递的“STO”、圆通速递的“YTO”、中通快递的“ZTO”等。部分快递企业的品牌标识如图 3-9 所示。

图 3-9 部分快递企业的图标

品牌的概念可以从以下六个方面理解。

1. 属性

品牌首先要给客户带来特定的属性。例如，中国邮政的 EMS 品牌表明，EMS 提供全心、全速、全球的快递服务。

2. 利益

客户重视的不仅是品牌传递的属性，他们更注重品牌带来的利益。

3. 价值

品牌价值是品牌管理要素中最为核心的部分，也是品牌区别于同类竞争品牌的重要标志，是品牌精髓所在。品牌的价值主要体现在差异化的竞争优势上，是由产品的质量、规格、包装、设计、样式等所带来的性能、耐用性、可靠性、便捷性等差异。

4. 文化

品牌一旦成长起来，它就变成了一定的文化载体，或者承载一种文化、一种生活方式。

5. 个性

品牌还代表一定的个性。个性是品牌的最高层面。

6. 使用者

品牌还体现了购买或使用这种产品的客户是哪一类客户。这类客户也代表一定的文化和个性。

（二）快递企业的品牌策略

1. 统一品牌策略

统一品牌策略即快递企业所提供的全部产品都统一使用一个品牌名称。

2. 个别品牌策略

这种策略指的是快递企业提供的不同产品采用不同的品牌。

3. 企业名称与个别品牌并用策略

企业名称与个别品牌并用策略即快递企业对其各种不同的产品分别使用不同的品牌名称，在各种产品的品牌名称前冠以企业名称。用企业名称表示由谁生产，用品牌表示具体产品的特点。

4. 品牌延伸策略

品牌延伸策略即快递企业利用其成功品牌的声誉来推出新产品或改良产品。

5. 多品牌策略

多品牌策略是指同一企业在同一产品上设立两个或两个以上的相互竞争的品牌。

6. 品牌再定位策略

即使一种品牌在进行最初的市场定位时非常准确，但随着时间的推移，市场情况不断变化，以致企业不得不对品牌进行重新定位。

// 第三节 快递产品价格策略

快递产品价格是营销组合因素中最活跃的因素，它直接关系到快递产品为客户所接受的程度、市场占有率、需求量和利润。快递企业不仅需要充分了解快递产品价格策略在营销组合中的地位和作用，更要深刻认识制约定价的各种因素，方能灵活地运用价格策略。

一、影响快递产品定价的主要因素

快递产品价格的形成自有其内在逻辑，同时也受外部因素的影响，是多种力量共同作用的结果。主要因素包括企业营销目标、成本因素、竞争因素、需求因素、其他因素等五个方面。

（一）企业营销目标

快递企业可以根据实际情况选择恰当的经营目标，如追求利润最大化、获得投资报酬、维持或扩大市场占有率、应对竞争等。快递企业应当根据既定的营销目标，制订定价策略。

（二）成本因素

成本是快递产品价值的基础部分，它决定着产品价格的最低界限。如果价格低于成本，企业便无利可图。快递产品的成本可以分为固定成本和变动成本两种。

1. 固定成本

固定成本是快递企业在一定规模内生产经营支出的固定费用，是在短期内不会随着产量的变动而发生变动的成本费用，如固定资产折旧费用、房屋租金、办公费用、市场调研费用、人员工资等，不论快递业务量多少，这些费用都必须支出。快递企业固定成本与具体产品的销量不直接发生联系，它是通过分摊的形式计入单位产品价格中的。

2. 变动成本

变动成本是指随着快递产品产出的变化而变化的成本，如燃料费、搬运费、邮寄费等。在快递行业中，固定成本在总成本中所占的比例较大，如航空运输业的固定成本所占比重高达 60%（因为它们需要昂贵的设备和大量的人力资源维持公司运营）；而变动成本在总成本中所占的比重往往很低。单位产品的平均变动成本会直接计入产品价格中，它对产品价格有直接影响。

（三）竞争因素

市场竞争状况直接影响企业价格策略的制订。在产品差异性较小、市场竞争激烈的情况下，企业制订价格的自主性也相应缩小。快递企业应积极了解竞争者的价格和产品，并将这些信息作为制订自己产品价格的基点。企业除了要从竞争对手那里获得价格信息外，还要了解它们的成本状况，这将有助于企业分析评价竞争对手在价格方面的竞争能力。毫无疑问，向竞争对手全面学习，对于任何企业都十分重要，这有助于企业自己制订灵活、适宜的价格策略。

（四）需求因素

市场需求是制订营销价格策略的主要参考因素，当产品的价格发生变化时，需求也会随之发生相应的变化。一般情况下，价格和需求量之间呈反方向变动的关系，即价格上升、需求减少，价格降低、需求增加，这里可以用需求的价格弹性来分析和揭示两者的关系。需求的价格弹性表示需求量的变动对产品价格变动的反应程度。

假设 Q 为某个产品的需求量，P 为该产品的价格，则计算需求的价格弹性 E_d 的公式为：

$$E_d=-\frac{\Delta Q/Q}{\Delta P/P}=-\frac{\Delta Q}{\Delta P}\cdot\frac{P}{Q}$$

快递企业在进行产品定价时，可以依据需求的价格弹性了解市场需求对价格变动的反应。价格变动对需求影响小，称为需求缺乏弹性；价格变动对需求影响大，则叫作需求富有弹性。在现实生活中，不同快递产品需求的价格弹性是不尽相同的，如果需求是富有弹性的，那么该产品的定价就特别重要，此时快递企业可以考虑采取降价的价格策略，因为较低的价格会带来更多的总收益。

（五）其他因素

当营销环境急剧变化时，快递企业制订定价策略还应考虑许多相关因素的影响，如利率、汇率、政策法令、时间与空间、消费者心理等。对于快递企业而言，行业特征也是影响快递产品价格的重要因素，而且不同的快递产品和市场状况对应的价格策略也不同。

二、快递产品定价的主要方法

快递企业为实现其销售目标所采取的产品定价方法可以归纳为成本导向、需求导向和竞争导向三类。

（一）成本导向定价法

快递企业以快递产品的成本为主要依据制订价格的方法统称为成本导向定价法。这是应用相当广泛的一种定价方法。由成本导向定价法又衍生出了总成本定价法（成本加成定价法和目标利润定价法）、边际成本定价法、盈亏平衡定价法等几种具体的定价方法。

1. 总成本定价法

其分为成本加成定价法与目标利润定价法两种。

（1）成本加成定价法，即按快递产品单位成本加上一定比例的毛利定出销售价格。其计算公式为：

单位产品价格=单位总成本×（1+成本加成率）

（2）目标利润定价法根据企业总成本和预期销售量，确定一个目标利润率，并以此作为定价的标准。目标利润定价法的要点是使产品的售价能保证企业达到预期的目标利润率。其计算公式为：

单位产品价格=总成本×（1+目标利润率）/预计销售量

需要说明的是目标利润定价法与前面介绍的成本加成定价法是有区别的，区别在于成本加成定价法公式中的成本只是制造成本，不包括期间其他费用；而目标利润定价法公式中的成本包括制造成本和期间其他费用。

2. 边际成本定价法

边际成本定价法也叫边际贡献定价法，该方法以变动成本作为定价基础，只要定价高于变动成本，企业就可以获得边际收益（边际贡献），用以抵补固定成本，剩余即为盈利。其计算公式为：

$$P=(CV+M)/Q，M=S-CV$$

式中：P 为单位产品价格；

CV 为总的变动成本；

Q 为预计销售量；

M 为边际贡献；

S 为预计销售收入。

如果边际收益等于或超过固定成本，企业就可以保本或盈利。这种方法适用于产品供过于求、市场竞争激烈的情况。在这种情况下，与其维持高价，导致产品滞销，丧失市场，不如以低价保持市场，尽量维持生产。

3. 盈亏平衡定价法

考虑到销售额变化后，成本也在发生变化。盈亏平衡定价法是运用损益平衡原理实行的一种保本定价法。具体是指在销量既定的条件下，企业产品的价格必须达到一定的水平才能做到盈亏平衡、收支相抵。科学地预测销量和已知固定成本、变动成本是盈亏平衡定价法的前提。

（二）需求导向定价法

需求导向定价法是指根据市场需求状况和客户对产品的感觉差异来确定价格的定价方法。

1. 理解价值定价法

该法也称觉察价值定价法，是以客户对产品价值的感受及理解程度作为定价的基本依据，重视买方的价值判断。快递企业定价时，首先要做好产品的市场定位，拉开本企业产品与市场上同类产品的差异，突出自身产品的特征，并综合运用营销手段，加深客户对产品的印象，使客户感到购买这些产品能获得更多的相对利益，从而提高他们接受价格的限度。快递企业可据此提出一个可行价格，进而估算在此价格水平下产品的销量、成本及盈利状况，最后确定实际价格。

2. 反向定价法

反向定价法是指企业依据客户能够接受的最终销售价格，计算自己从事经营的成本和利润后，逆向推算出产品的批发价和零售价。这种定价方法不以实际成本为主要依据，而是以市场需求为定价出发点，力求使价格为消费者所接受。分销渠道中的批发商和零售商多采取这种定价方法。

3. 需求差异定价法

需求差异定价法以不同时间、地点、产品及不同客户的消费需求强度差异为定价的基本依据，针对每种差异决定其在基础价格上是加价还是减价。

4. 习惯定价法

习惯定价法是仿照长期被客户接受和承认的已成为习惯的价格来定价的一种方法。当客户已经习惯于以一定价格消费这种产品时，他们只愿付出这么大的代价，对这种快递产品的定价，一般应依照习惯确定，且不要随便改变价格，以免引起客户的反感。

（三）竞争导向定价法

快递企业在定价时，主要以同类竞争对手的定价为依据，而不是过多地考虑成本及市场需求因素，这就是通常所说的竞争导向定价法。

1. 随行就市定价法

这是以行业的平均水平或竞争对手的价格为基础制订价格的方法。该定价方法主要适合于同质产品市场，目的是为了与同行业企业和平共处，避免发生激烈竞争。

2. 密封投标定价法

密封投标定价法又称投标竞争定价法，是指在招标竞标的情况下，企业在对其竞争对手了解的基础上定价。这种价格是企业根据对其竞争对手报价的估计确定的，其目的在于争取合同，所以它的报价应低于竞争对手的报价，同时企业需要通过市场调查及对过去投标资料的分析，大致估计中标概率。

3. 主动竞争定价法

与随行就市定价法相反，主动竞争定价法不是追随竞争者的价格，而是以市场为导向，以竞争对手为参照物主动追求竞争的一种常用的定价方法。

三、快递产品定价的程序

快递产品的定价程序，就是根据快递企业的营销目标，确定适当的定价目标，综合考虑各种定价因素，选择适当的定价方法，具体确定快递产品价格的过程。一般来说，快递产品的定价程序可分为以下几个步骤。

（一）选择快递产品定价目标

快递产品的定价目标首先要从企业的营销目标出发，对快递产品的供需状况、竞争状况、定价策略和市场营销的其他组合因素综合考虑后加以确定。

（二）估算快递成本

快递企业要科学、合理、准确测算出生产运营的产品成本。快递产品的整个成本费用就是制订其价格的最低限度。

（三）测定需求状况

快递产品的需求受其本身的价格、相关产品价格及客户的收益水平等因素影响。快递企业要根据这些因素影响的程度与趋势，预测快递产品的销售量，并制订相应的定价策略。

（四）了解国家有关物价的政策法规

企业了解和执行国家有关物价的政策法规，不仅可以根据国家有关物价的政策明确快递产品定价的指导思想，利用其为企业产品定价服务，还可以避免不必要的损失。

（五）分析竞争对手的价格

现实的或潜在的竞争会对定价产生重大的影响，甚至连新产品也不能避免竞争，尤其某些经营利润可观的产品，潜在竞争的威胁最大。快递企业要深入分析、研究竞争对手的价格情况，为合理定价提供依据。

（六）制订具体的价格

按以上定价程序经周密考虑后，快递企业即可开始制订自己的定价策略，最终确定企业快递产品的销售价格。

四、快递产品定价的策略与技巧

快递产品定价是一个复杂的过程，企业采取不同的定价方法进行定价，得到的只是产品的基本价格。此外，企业还需根据具体的市场环境、产品条件、市场供求、企业目标等灵活地运用适当的定价策略和技巧，制订最终的销售价格。

（一）快递新产品定价策略

新产品与其他产品相比，可能具有竞争程度低、技术领先的优点，但同时也有不被客户认同和产品成本高的缺点，因此，在为新产品定价时，既要能尽快收回投资，获得利润，又要能吸引客户接受新产品。实际中，常见的新产品定价策略有以下两种。

1. 撇脂定价

这种策略也称高价策略，是指企业以大大高于成本的价格将新产品投入市场，以便在短期内获取高额利润，尽快收回投资，然后再逐渐降低价格的策略，如电器产品在投入市场之初，大都采用了该策略。

一般情况下，撇脂定价策略适合市场需求量大而且需求的价格弹性小，客户愿意为获得产品价值而支付高价的细分市场；或企业是某一新产品的唯一供应者时，采用撇脂定价可实现企业利润最大化。但高价会吸引竞争者纷纷加入，一旦有竞争者加入，企业就应迅速降价。

2. 渗透定价

渗透定价与撇脂定价恰好相反，是在新产品投放市场时，将价格定得较低，以吸引大量客户，提高市场占有率。采取渗透定价策略不仅有利于迅速打开产品销路，抢先占领市场，提高企业和品牌的声誉；而且由于价低利薄，从而有利于阻止竞争对手的加入，保持企业一定的市场优势。

通常渗透定价适合于产品需求的价格弹性较大的市场，低价可以使销售量迅速增加；其次，渗透定价要求企业生产经营的规模经济效益明显，成本能随着产量和销量的扩大而明显降低，从而通过薄利多销获取利润。

（二）心理定价策略

心理定价策略是为适应和满足客户的购买心理所采用的定价策略，具体包括尾数定价、整数定价、声望定价、招徕定价和分档定价等策略。

1．尾数定价

尾数定价，也称零头定价，即给产品定一个零头数结尾的非整数价格，如0.99元、9.98元等。客户会认为这种价格经过精确计算，购买不会吃亏，从而产生信任感，这样定价也符合客户求廉的心理愿望。

2．整数定价

整数定价与尾数定价正好相反，企业有意将产品价格定为整数，以显示产品具有一定质量。整数定价策略适用于需求的价格弹性小、价格高低不会对需求产生较大影响的中高层次快递产品。由于其客户多属于高收入阶层，能接受较高的价格，因此，整数定价得以大行其道。

3．声望定价

声望定价即针对客户“便宜无好货、价高质必优”的心理，对在客户心目中享有一定声望，具有较高信誉的产品制订高价。购买这些产品的人，往往不会过多在乎产品价格，反而产品的价格越高，其心理满足的程度越大。

4．招徕定价

这是适应客户求廉的心理，将产品价格定得低于一般市价，个别的甚至低于成本，以吸引客户、扩大销售的一种定价策略。采用这种策略，虽然几种低价产品不赚钱，甚至亏本，但从总的经济效益看，由于低价产品带动了其他产品的销售，企业还是有利可图的。

5．分档定价

这是指把同类商品简单地分成几档，每一档定一个价格，以简化交易手续，节省客户时间。

（三）折扣定价策略

折扣定价是指对基本价格做出一定的让步，直接或间接地降低价格，以争取客户，扩大销量。其中，直接折扣的形式有数量折扣、现金折扣、功能折扣、季节折扣、回扣和津贴。

1．数量折扣

数量折扣指按购买数量的多少，分别给予不同的折扣，购买数量越多，折扣越大，其目的是鼓励客户大量购买，或集中向本企业购买。数量折扣包括累计数量折扣和一次性数量折扣两种形式。

运用数量折扣策略的难点是如何确定合适的折扣标准和折扣比例。因此，企业应结合产品特点、销售目标、成本水平、企业资金利润率、需求规模、购买频率、竞争者手段及传统的商业惯例等来制订科学的折扣标准。

2. 现金折扣

现金折扣是给予在规定的时间内提前付款或用现金付款者的一种价格折扣，其目的是鼓励客户尽早付款，加速资金周转，降低销售费用，减少财务风险。采用现金折扣一般要考虑折扣比例、给予折扣的时间限制和付清全部货款的期限三个因素。

提供现金折扣等于降低价格，所以，企业在运用这种手段时要考虑产品需求是否有足够的需求弹性，要保证能通过需求量的增加使企业获得足够利润。运用这种手段的企业必须结合宣传手段，使客户更清楚自己将得到的好处。

3. 功能折扣

中间商在产品分销过程中所处的环节不同，其所承担的功能、责任和风险也不同，企业据此给予的不同折扣称为功能折扣。功能折扣的比例，主要考虑中间商在分销渠道中的地位、对产品销售的重要性、购买批量、承担的风险、服务水平、履行的商业责任，以及产品在市场上的最终售价等。

鼓励中间商大批量订货，扩大销售，争取客户，并促进其与企业建立长期、稳定、良好的合作关系是企业实行功能折扣的一个主要目标。功能折扣的另一个目的是对中间商经营的有关产品的成本和费用进行补偿，让中间商有一定的盈利。

4. 季节折扣

有些产品的生产是连续的，而其消费却具有明显的季节性。为了调节供需矛盾，这些产品的生产企业便采用季节折扣的方式，对在淡季购买产品的客户给予一定的优惠，使企业的生产和销售在一年四季能保持相对稳定。

季节折扣比例的确定，应考虑成本、储存费用、基价和资金利息等因素。季节折扣有利于减轻库存，加速产品流通，迅速收回资金，促进企业均衡生产，充分发挥生产和销售的潜力，避免因季节需求变化所带来的市场风险。

5. 回扣和津贴

回扣是间接折扣的一种形式，它是指客户在按价格目录将货款全部付给企业以后，企业再按一定比例将货款的一部分返还给客户。津贴是企业为特殊目的，对特殊客户以特定形式所给予的价格补贴或其他补贴。例如，当中间商为企业产品提供了包括刊登地方性广告、设置样品陈列窗等在内的各种促销活动时，生产企业会给予中间商一定数额的资助或补贴。

（四）差别定价策略

差别定价是指企业以能够反映成本费用比例差异的两种或两种以上不同的价格来销售一种产品，即价格的不同并不是基于成本的不同，而是企业为满足不同消费层次的要求而构建的价格结构。

1. 客户细分定价

企业把同一种产品按照不同的价格卖给不同的客户。例如，公园、旅游景点、博物馆将客户分为学生、年长者和一般客户，对学生和年长者收取较低的费用；铁路部门对学生、军人售票的价格往往低于一般乘客；自来水公司根据用水需要把用水分为生活用水、生产用水，并收取不同的费用；电力公司将用电分为居民用电、商业用电、工业用电，并收取不同的费用。

2. 产品形式差别定价

企业按产品的不同型号、不同式样，制订不同的价格，但不同型号或式样的产品，其价格之间的差额和成本之间的差额是不成比例的。例如，33 英寸彩电的价格要远远高于 29 英寸彩电的价格，可其成本差额远没有这么大；一件裙子 70 元，成本 50 元，可是在裙子上绣上花，追加成本 5 元，但裙子的价格却可定到 100 元。

3. 形象差别定价

有些企业根据形象差别对同一产品制订不同的价格。这时，企业可以对同一产品采取不同的包装或商标，塑造不同的形象，以此来消除或削弱客户的固有认识，不让他们认为不同细分市场上的产品实质上是同一产品。例如，香水商将香水装入一只普通瓶中，赋予其某一品牌和形象，定价为 20 元；而同时用更华丽的瓶子装同样的香水，赋予不同的品牌和形象，可定价为 200 元。企业也可以用不同的销售渠道、销售环境来实施这种差别定价。

4. 地点差别定价

企业对处于不同位置或不同区域的产品和服务制订不同的价格，即使每个区域的产品或服务的成本是相同的。例如，影剧院不同座位的成本费用都一样，却按不同的座位收取不同的价格，因为客户对不同座位的偏好不同；火车卧铺从上铺、中铺到下铺，价格逐渐增高，也是同样的定价策略。

5. 时间差别定价

价格随着季节、日期甚至钟点的变化而变化，如一些公用事业公司，根据不同时间（周末和平常日子）按不同标准来收费；晚上、清晨的长途电话费用可能只有白天的一半；航空公司或旅游公司在淡季的价格便低，而旺季一到，价格立即上涨。这样可以促使消费需求均匀化，避免企业资源的闲置或超负荷运转。

差别定价法是一种进攻性的定价方法，要具备以下条件：市场能够根据需求强度的不同进行细分；细分后的市场在一定时期内相对独立，互不干扰；高价市场中不能有低价竞争者；价格差异适度，不会引起客户的反感。

五、快递产品调价策略

快递企业在确定了产品或服务价格后，仍需要根据环境和市场形式的变化，对既定价格进行调整。调价策略就是指企业根据客观环境和市场形势的变化而对原有价格进行调整的策略。当快递企业在竞争中对自身公司的快递产品供求状况已有较准确的预测时，为了取得竞争的主动权，其一般会主动或被动地实施调价策略。

1. 调高价格

在市场营销中，快递企业为了适应市场环境和自身内部条件的变化，可能会把原有快递产品的价格调高。

（1）调高价格的方式

快递企业采用主动调价策略时，一般直接提高快递产品的价格，如提高快件的首重价格，或提高快件的续重价格。也可以采用间接调高的方式，即企业采取一定方法使快递产品价格保持不变但实际隐性上升。例如，某公司某快件产品 3 千克以内 20 元全国包邮，后调整为 2.5 千克以内全国 20 元包邮。

（2）调高价格的原因

调高价格的原因主要有：快递产品的成本上涨，妨碍了企业合理利润的取得，企业只能通过涨价来转嫁负担，这是企业调高价格的最主要原因；快递企业通过改进产品的质量、性能、结构来提高市场竞争力，或者出于竞争策略的需要，以产品的高价位，来显示产品的高品位；产品供不应求，企业通过提价来抑制部分需求，以缓解市场压力。

一般降价容易涨价难，调高产品价格往往会遭到客户的反对。因此，在使用调高价格的策略时必须慎重，尤其应掌握好涨价幅度、涨价时机，并注意与客户及时进行沟通。

2. 降低价格

快递企业为了适应市场环境和内部条件的变化，可能会把原有快递产品的价格调低。

（1）调低价格的方式

因快递产品所处的地点、环境不同，降价原因也不同，快递企业降价的方式也会各不相同，具体来说有以下两种：一是直接降价，即直接降低产品价格；二是间接降价，即企业保持价格目录表上的价格不变，通过赠送礼品或增大折扣、回扣力度等各种手段，在保持名义价格不变的前提下，降低快递产品的实际价格。

（2）降低价格的原因

企业降低价格的原因比较复杂，有市场因素，也有企业内部因素，还有社会其他方面的因素。其原因主要有：一是在强大的竞争压力下，企业的市场占有率下降，迫使企业降低价格来维持和扩大市场份额；二是企业通过销售量的扩大来进一步降低成本费用，从而降低价格；三是根据产品寿命周期阶段的变化进行调整，相对于导入期时较高的价格，在产品进入成长期后期和成熟期后，随着市场竞争不断加剧，企业需要通过下调价格来吸引更多的客户。

3. 调价时应注意的问题

适当的价格变化能够产生良好的效果。但是，若变化不当，则会适得其反。无论是调高价格还是降低价格，企业都应注意以下几个方面。

（1）客户对调价的反应

衡量企业定价成功与否的重要标志是客户能否在认可其定价的基础上接受其产品。当企业准备调价时，首先应考虑的是调整后的价格能否为客户所接受。一般情况下，客户对调价会做出多种反应，对于那些价值高或经常购买的产品的价格变动较为敏感，而对于那些价值低或不经常购买的产品的价格变动则不大注意。分析客户对调价的反应主要看两个方面：一是看客户的购买量是否增加；二是要了解客户如何理解这次调价，以便采取相应措施。通常，企业在调价前，要着重分析客户可能出现的各种反应，并在调整的同时，及时与客户进行沟通。

（2）竞争者对变价的反应

快递企业在调价时，既要考虑客户的反应，还要考虑同行竞争者对调价的反应。竞争者的反应直接决定着企业制订某种价格、采用某种价格策略的效果。当竞争者的策略保持不变时，企业降价可能会起到扩大市场份额的作用；而当竞争者也随企业同幅或更大幅度降价时，企业降价的效果就会被抵消，销售利润也会不如调价前。同样，在企业调高价格后，如果竞争者并不随之提价，那么企业的业务量减少，可能导致提高价格带来的利润增加抵充不了因业务量减少而导致的利润减少。因此，企业预先必须对竞争者的反应进行估计，仔细分析竞争者的企业目标、财务状况、生产、销售及消费者的忠诚程度等状况。

换一个角度来分析，如果竞争者首先调整了价格，可能会迫使快递企业随之实施调价策略。一般而言，目前快递产品呈现较大的同质化现象，当竞争者在同质市场上降价时，其他快递企业可能会采取以下几种反应：一是降低价格，企业可将价格降低到竞争对手的价格水平，以便与竞争对手的价格相匹配，甚至推出低价进攻性产品；二是维持原价，企业可能会维持原价，以免降价使利润减少过多；三是提高价格并改善质量，企业可以改进产品、服务和沟通方法，强调与竞争者的低价产品相比，自己的产品具有更高的质量。

案例阅读

“双十一”前夕，六大快递集体跳出价格战，不约而同提高派送费

接近“双十一”，随着圆通速递的最后一纸内部通知落地，中通快递、申通快递、圆通速递、韵达快递、百世快递、天天快递六大加盟型民营快递日前同时宣布提高快递员派送费。研究者分析认为，这将直接引起快递价格的上涨。

1. 不约而同，派送费涨三成

原本水火不容大打价格战的快递企业似乎达成了某种“共识”，先后发布内部通知，要求加盟的企业网点将派送费提高到 2 元/票，涨幅在 10%~33%不等。

记者在内部人士提供的快递企业提价通知上看到，各企业在提价核心问题上要求一致：现行派送费标准低于 2 元/票的派件网点，统一上调派送费至 2 元/票，高于 2 元/票的网点，派送费标准暂时不变。

对于此事，记者得到了快递公司的确认，但他们对达成“共识”给予否认，均表示为企业自身行为。在快递行业内，不仅各公司派送费不同，各个网点也存在差异。据了解，目前行业派送费主要在 1.5 元/票左右，但也有部分效益好的网点在 2 元/票以上。

2. 成本激增，快递费将上涨

“提升服务”是各家快递企业对提高派送费给出的原因解释。记者从知情人士处得到一张圆通涨价通知单，通知上称，提价是为了确保旺季正常运营，提升旺季期间网络服务质量，同时进一步促进网络平衡发展。

不过，有行业内人士表示，根据市场规律可以肯定，派送费的上涨最终将由消费者买单，即快递终端价格将上涨。在快递专家赵小敏看来，这与近年来人力、房租等成本激增，快递价格处于“逆增长”状态有直接关系。在日前由北京商报社、北商研究院联合主办的“互联网+物流新格局”论坛上，各业内专家不约而同地提到了成本难题。数据也显示，中国物流业的成本几乎是发达国家的两倍。

其实，快递企业酝酿涨价已有多时。早在 2011 年年底，快递企业就在旺季宣布由免费派送调整为有偿派送，即每票快件增加 0.5~1 元的派送费。

3. 利润五毛，跳出价格战

六大民营快递企业不约而同地提高派送费，背后的无奈是以往的价格战终于打不动了。深陷价格战泥潭多时的快递业急需从中摆脱出来。

经过近几年激烈的价格战，快递行业已经进入“五毛”时代，即每票快件利润不超过 0.5 元。有统计数据显示，2014 年快递行业件均收入是 14.65 元/件，2013 年是 15.69 元/件，2012 年是 18.6 元/件，而早在 2005 年这个数字是 27.7 元/件。据记者了解，京东到家在开放众包模式时透露，派送费为 6 元/单；餐饮外卖等 O2O 业务派送费在 8 元/单左右。

中国物流与采购联合会副会长在“互联网+物流新格局”论坛上表示，企业要通过提升服务质量来提高竞争力。圆通在涨价通知中也表示，调整费用的资金要落实到提升服务和实效中去。

赵小敏认为，六大快递企业提高派送费也意味着给其他同行提供了可乘之机，“其他企业必将通过低价来抢夺市场，此时，六大快递企业更需要通过涨价带来的服务质量提升来保障市场份额”。

（资料来源：北京商报网，有删改。）

// 第四节 快递企业促销策略

促销是企业营销组合的重要策略之一。快递市场营销不仅要求快递企业提供满足客户需求的各种快递产品，制订有竞争力的价格，选择快捷、高效的分销渠道，而且要求快递企业塑造并保持其公众形象，设计并传播快递产品及其能给客户带来的利益等各方面的信息，进行沟通和促销活动。因此，快递企业要获得经营上的成功，应制订正确的促销策略。

一、快递促销概述

（一）快递促销的概念与作用

促销是促进销售的简称，是指快递企业将有关企业及产品的信息，通过各种方式传递给客户，以促进客户了解和信赖并购买本企业的产品，实现扩大销售的目的。

快递企业的促销活动实质上是快递企业作为信息的沟通者，借助于某种渠道把向客户提供快递产品或服务的方式、内容及其相关信息传播给客户，从而试图影响客户购买态度与购买行为的过程。

快递促销的作用主要表现在以下几个方面。

1. 传递信息，提供情报

快递企业通过各种促销活动可以及时地向客户提供产品信息，以引起他们的注意。

2. 刺激需求，增加销售

通过促销活动向客户介绍快递产品的特点以及所能提供的完善服务，诱发客户需求，促使客户购买，有时还可以创造新的需求，提高销售量。

3. 突出产品特点，树立良好形象

企业可以通过促销活动，着力宣传本企业产品与竞争企业产品的不同特点及它能给客户带来的特殊利益，适当突出售后服务及维护客户权益的各种保证，不仅可以刺激需求、增加销售，而且有助于提高产品的声誉，并为企业树立良好的社会形象。

（二）快递促销的主要方式

1. 人员推销

人员推销是指快递企业派专门人员，亲自向目标客户进行快递产品或服务的介绍、宣传和销售的方式。目前快递企业比较流行的顾问式销售就属于人员推销。

2. 广告宣传

广告宣传是指企业通过一定的媒介物，公开而广泛地向社会介绍快递企业的营销形式和快递产品或服务的方式、内容、特点等信息。

3. 营业推广

营业推广也称销售促进，是指快递企业的营业人员，通过与客户进行多种形式的接触，运用各种短期诱因，引导客户购买本企业的产品。

4. 公共关系

公共关系是指快递企业通过各种公共活动使社会各界了解本企业，以取得他们的信赖和好感，从而为企业创造良好的舆论环境和社会环境。

（三）快递促销组合

快递企业为实现自己的促销目标，应该选择多种促销方式和工具，通过不同的促销组合实现营销目标。促销组合是为了有效地沟通信息，达到预定的营销目标，对人员推销、广告宣传、营业推广、公共关系等促销方式的选择、组合和运用，如图 3-10

所示。四种促销方式互相配合、协调一致，才能最大限度地发挥整体效果，从而顺利实现企业目标。

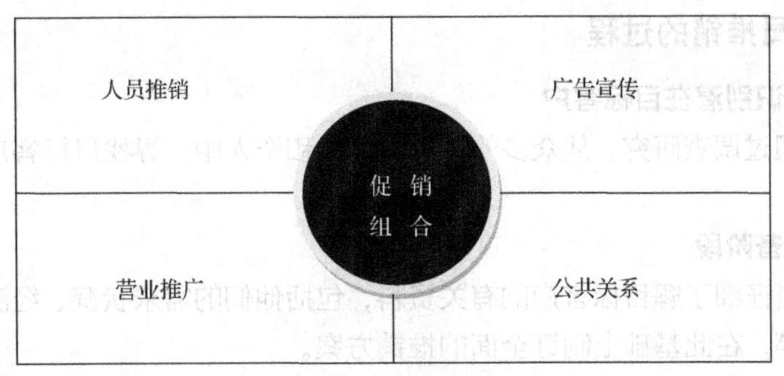

图 3-10 快递促销组合

企业在做促销组合决策时，需要考虑一些实际因素，如促销目标、产品因素、市场环境、目标客户、企业自身资源情况、竞争因素等，要根据具体情况对各种促销手段进行正确的选择与组合。

二、快递人员推销

（一）人员推销的基本形式

1. 区域推销式

这是一种简单的推销形式，它将快递企业目标市场划分成若干区域，每个区域指派一名快递推销员负责该区域的快递产品推销。这种方式最适合同质性较大的快递产品的推销。其优点一是推销员的责任明确，有利于激发其工作积极性，当快递企业能够正确估计各个区域的销售潜力时，这种方式更为有利；二是有利于推销员与当地客户建立广泛联系，便于推销业务的连续；三是相对节省了销售费用开支。

2. 产品推销式

这是按快递产品种类来组织的一种推销形式。快递企业将经营的快递产品分成若干种类，每个推销员只负责一种或一类快递产品的推销工作。这种方法适用于快递产品比较复杂，技术性、专业性比较强的情况。其优点是有利于实行销售业务专业化，有利于推销员熟悉快递产品，为客户提供高质量的服务，从而促进企业产品的销售。其不足是不利于快递企业掌握区域性的市场行情。

3. 客户推销式

这是指快递企业按客户的行业不同、规模不同、分销渠道不同分配推销人员（如大客户经理）有针对性地开展推销活动的一种推销形式。其优点是有利于推销员深入了解特定客户的需求，在推销中有的放矢，提高工作效率。其不足是如果客户分散在不同区域，不仅推销工作会很不便利，推销费用也会相应增加。

4. 复合推销式

这通常是指上述三种推销形式的混合运用。通常情况下，快递企业一般采用复合式推销组织形式，按“区域—产品”“区域—客户”“产品—客户”，或按“区域—产品—客户”

来分派推销员。其主要优点是适应性和灵活性较强，其不足是这种形式对推销员的要求很高，对推销员的管理也比较复杂。

（二）人员推销的过程

1. 寻找和识别潜在目标客户

推销员应通过调查研究，从众多的单位、机构和个人中，寻找目标客户。这是推销过程的首要环节。

2. 前期准备阶段

推销员应当仔细了解目标客户的有关资料，包括他们的需求状况、经济实力、购买方式、购买数量等，在此基础上制订全面的推销方案。

3. 试探性接触

推销员根据前期掌握的客户资料，创造一个良好的开端，引起客户的兴趣，并根据客户反应逐步引入推销产品的话题。

4. 介绍与示范

在打开话题后，推销员可以向目标客户推荐合适的快递产品，重点介绍产品的优点、能给客户带来的利益等，并主动进行一些示范，增强客户对产品的信任。

5. 异议处理

在推销过程中，遇到异议是很正常的事情，推销员必须正确处理客户异议，对症下药，越过障碍，为下一步的成交奠定基础。

6. 及时促成

推销员在产品推荐和异议处理后，如果客户表现出兴趣但犹豫不决，这时就需要运用良好的相关技巧，从语言、表情等方面密切关注客户发出的成交信号，及时促成客户下决心达成交易。

7. 有效跟进

交易达成后，并不意味着推销工作的结束，推销员应当制订客户维持计划，以确保该客户不会被忘记以致失去该客户。

（三）人员推销的策略与技巧

人员推销是直接与客户面对面进行的促销活动，作为快递推销员应该掌握一定的人员推销策略与技巧。

1. 推销策略

（1）试探性策略

该策略亦称刺激—反应策略。这种策略是推销员在不了解客户需要的情况下，事先准备好要说的话，对客户进行试探，同时密切注意对方的反应，然后根据其反应进行说明或宣传。

（2）针对性策略

该策略亦称配合—成交策略。这种策略的特点，是推销员事先基本了解客户的某些方面的需要，然后有针对性地对其进行“说服”，当讲到“点子”上引起客户共鸣时，就有可能促成交易。

（3）诱导性策略

该策略也称诱发—满足策略。这是一种创造性推销，即推销员首先设法引起客户需求，再说明自己所推销的这种服务产品能较好地满足这种需求。这种策略要求推销员有较高的推销技术，在“不知不觉”中促成交易。

2. 推销技巧

（1）上门推销技巧

① 找好上门推销的对象。推销员可以通过商业性资料手册或公共广告媒体寻找重要线索，也可以到商场、门市部等商业网点寻找客户名称、地址、电话。

② 做好上门推销前的准备工作。推销员尤其要对产品、服务的内容材料充分了解并牢记，以便推销时做到有问必答；同时，应尽可能地了解客户的基本情况和需求。

③ 掌握“开门”的方法。推销员要选好上门时间，以免吃“闭门羹”，可以采用电话、微信、电子邮件等，事先与目标客户交谈或传送文字资料给对方，并预约面谈的时间、地点；也可以采用请熟人引见、用名片开道、与对方有关人员交谈等方式，取得目标客户的欢迎。

④ 把握适当的成交时机。推销员应善于体察客户的情绪，在给客户留下好感和信任时，抓住时机争取签约成交。

（2）洽谈艺术

推销员首先要注意自己的仪表和服饰打扮，给客户一个良好的印象；同时，言谈举止要文明，懂礼貌、有修养，做到稳重而不呆板、活泼而不轻浮、谦逊而不自卑、直率而不鲁莽、敏捷而不冒失。

① 在开始洽谈时，推销员应巧妙地把谈话转入正题，做到自然、轻松、适时。可以关心、赞誉、请教、探讨等方式入题，顺利地提出洽谈的内容，以引起客户的注意和兴趣。

② 在洽谈过程中，推销员应谦虚谨言，多让客户说话，认真倾听，表示关注与兴趣，并做出积极的反应。遇到障碍时，要细心分析，耐心说服，排除疑虑，争取推销成功。在交谈中，语言要客观、全面，既要说明自身产品的优点所在，也要如实反映缺点，切忌“王婆卖瓜、自卖自夸”，让客户反感或不信任。

③ 洽谈成功后，推销员切忌匆忙离去，这样做会让对方误以为上当受骗了，从而使客户反悔违约；应该用友好的态度和巧妙的方法祝贺客户做成了一笔好生意，并指导对方做好合约中的重要细节和其他一些注意事项。

（3）排除推销障碍的技巧

① 排除客户异议障碍。如果客户欲言又止，推销员应主动少说话，或直截了当地请对方充分发表意见。对于客户一时难以纠正的偏见，可以善意解释或将话题转移。

② 排除价格障碍。当客户认为价格偏高时，推销员应充分介绍和展示产品、服务的特色和价值，使客户感到“一分钱一分货”；当客户对低价有看法，应介绍价低的原因，让客户感到物美价廉。

③ 排除习惯势力障碍。推销员要实事求是地介绍客户不熟悉的产品或服务，并将其

与他们已熟悉的产品或服务相比较，让客户乐于接受新的消费观念。

三、快递广告宣传

广告是企业通过传播媒体向目标市场和社会公众进行的一种信息沟通活动。广告作为一种高度大众化的信息传播方式，传播范围广、速度快、重复性好，因充分利用文字、声音和画面而极富表现力，特别适合于向分散在各地的众多目标客户传递信息。

快递企业进行广告宣传，要对产品特性、传播对象、媒体性质、传播成本、竞争态势等进行分析研究，选出宣传成本低、效果好的广告媒体，然后再通过广告媒体向目标客户传递企业既定的广告内容，引导和影响目标客户购买本企业的产品。

（一）确定广告目标

广告目标明确，将直接影响广告效果。快递企业的广告目标主要有以下几种。

1. 以提高产品知名度为目标

以提高快递产品知名度为目标的广告，称为通知性广告。通知性广告主要用于某种快递产品的开拓阶段，其目的在于激发客户对快递产品的初步需求。

2. 以建立需求偏好为目标

以建立需求偏好为目标的广告称为诱导性广告或竞争性广告。诱导性广告旨在建立客户的选择性需求，致使客户从选择竞争对手的产品转向选择本企业的产品。

3. 以提示、提醒为目标

以提示、提醒为目标的广告，其目的是保持客户对产品的记忆。提示性广告在产品生命周期的成熟期十分重要。与此相关的一种广告形式是强化广告，目的在于使产品现有的客户相信他们所做的选择是正确的。

（二）编制广告预算

在确定了广告目标之后，快递企业应着手为拟进行宣传的产品编制广告预算。广告预算是快递企业为从事广告活动而投入的资金的计划安排。由于广告收益只能在市场占有率的增长或者利润率的提高上反映出来，因此，一般意义上的广告预算是企业从事广告活动前预计支出的费用。

（三）确定广告信息

广告信息是实现企业广告宣传目标、获得广告宣传成功的关键。最理想的广告信息应能引起人们的注意，提起人们的兴趣，唤起人们的欲望，导致人们采取购买行动。

（四）选择广告媒体

广告媒体是广告主为推销商品，以特定的广告表现，将自己的意图传达给客户的工具或手段。广告媒体不同，其传播范围、时间，能够采用的表现形式、接受的对象都是不同的。不同的广告媒体有不同的特点，会限制广告主意图的表达和目的的实现。快递企业通过广告媒体把自己的意图在他们所希望的时间、地区传递给客户时，需要根据广告媒体所能传播的信息量的多少，以及占用客户时间与空间的多少，支付不同的费用。选择广告媒体的关键在于寻求最佳的传播方式，以期在目标市场影响范围内，达到期望的展示数量，并实现最佳的成本效益。主要广告媒体的特点如表 3-1 所示。

表 3-1 主要广告媒体的特点

媒体	优点	缺点
报纸	传播范围广、传播速度快、选择性强、传播信息详尽、简便灵活、便于存查	时效性短、注目率低、印刷效果欠佳、感染力差
杂志	针对性强、有效期长、广告内容含量大、印刷精美	成本费用高、灵活性小、受众局限
广播	传播速度快、覆盖面广、灵活性强、成本低廉、移动性强	广告信息易逝、形象性差
电视	形象生动、说服力强、辐射面广，渗透力强、传播迅速、时空性强、直观真实，理解度高、表现手法多样，艺术性强	信息时效短、信息量相对较少、广告费用高、选择性低
网络广告	覆盖面广、信息容量大、形式多样、投放较准确、动态实时、易统计性、广告投入效率高	对受众硬件要求高、受众上网费用高、主动性差、视觉效果不佳
户外广告	重复出现、强化印象、成本低廉、选择性强	广告信息量有限、形象性差
交通广告	易引起客户的注意、成本低廉、选择性较好	受众范围有限、信息容量小、不能引起立即购买

（五）评价广告效果

广告效果是通过广告媒体传播之后所产生的影响。这种影响可以分为对客户的影响（广告沟通效果）、对企业经营的影响（广告销售效果）。测定和评价广告效果，是完整的广告活动过程中不可缺少的重要内容，是企业上期广告活动结束和下期广告活动开始的标志。

四、快递营业推广

营业推广是指快递企业运用各种短期诱因，鼓励客户购买企业产品或服务的促销活动。其目的既是为了开拓快递市场、扩大销售，同时也是为了与竞争对手争夺客户，加快信息反馈，提高经济效益。

（一）营业推广的方法

① 赠送样品（试用品）或小礼品。快递企业向客户赠送样品（试用品）或小礼品是介绍新产品最有效的方法，缺点是费用高。样品（试用品）或小礼品可以在商店或闹市区散发，或在其他产品销售中附送，也可以入户派送。

② 折价券。客户在购买某种快递产品时，持券可以免付一定额度的费用。折价券可以通过广告或直邮的方式发送。

③ 包装促销。以较优惠的价格提供各种包装。

④ 抽奖促销。客户购买产品后可获得抽奖券，凭券可进行抽奖。

⑤ 现场演示。企业派相关人员在销售现场进行演示，向客户介绍产品的特点、用途和使用方法等。

⑥ 联合推广。企业与合作伙伴联合促销，将一些能显示企业优势和特征的产品集中展示销售。

⑦ 参与促销。客户通过参与各种促销活动，如技能竞赛、知识比赛等活动，获取相关奖励。

⑧ 会议促销。在各类展销会、博览会、业务洽谈会期间，进行现场产品介绍、推广和销售活动。

（二）营业推广方案

① 确定推广目标。营业推广目标的确定，就是要明确推广的对象是谁，推广要达到的目的是什么。只有知道这些，才能有针对性地制订具体的推广方案。

② 选择推广工具。营业推广的工具很多，但如果使用不当，会适得其反。因此，选择合适的推广工具是取得营业推广效果的关键因素。企业一般要根据目标对象的接受习惯和产品特点，以及目标市场状况等综合分析选择来推广工具。

③ 推广的安排与配合。营业推广要将各种推广方法整合起来，相互配合，共同使用，才能取得良好的效果。

④ 确定推广时机。营业推广的市场时机选择很重要，如季节性产品、节日产品、礼仪产品，必须在季前、节前做营业推广，否则就会错过市场时机。

⑤ 确定推广期限。即确定营业推广活动持续时间的长短。推广期限要恰当，如果过长，客户容易丧失新鲜感，产生不信任感；过短，一些客户还来不及了解营业推广的实惠。

五、快递公共关系

公关宣传作为快递促销的组合因素之一，可加强企业与公众的联系。企业应从公众利益的角度确定企业的经营方针和经营活动，通过合理的宣传推广活动改善公共关系，刺激客户对快递产品或服务的需求，增加销售，改善企业形象，提高知名度。

（一）加强新闻宣传

利用新闻媒体宣传企业及产品是快递企业乐于运用的公关手段。快递企业的公共关系部门可编写有关快递企业、产品和员工的新闻或举行相关活动，创造机会吸引新闻界的注意并进行宣传报道，新闻宣传的客观性和真实感带来的社会及经济效益往往高于单纯的商业广告，快递企业应善于将自身的生产经营活动和社会活动结合为新闻，充分利用这种效果好而且免费的广告。

（二）积极参与公益类社会活动

快递企业在从事生产经营活动的同时，还应积极参与广泛的公益类社会活动，在广泛的社会交往中发挥自身的主观能动作用，赢得公众的爱戴。例如，参与社会各界组织的各种文化、娱乐、体育活动，赞助办学、扶贫、救灾活动等。支持公益事业，一方面，能充分表现快递企业对社会的一片爱心，展示快递企业良好的精神风貌；另一方面，广交朋友，以快递企业对社会的爱心换来社会对快递企业的关心。

（三）组织专题公众活动

快递企业可举行快递产品的新闻发布会，举行快递产品和技术的展示会、研讨会，举行演讲会、报告会和纪念会；举办各种庆典活动和联谊活动；举办技术交流活动。通过这些活动吸引公众，提高快递企业及产品的知名度。

（四）编写书面和音像宣传材料

快递企业可编写企业的书面资料、音像视频、幻灯片等，内容可以是快递企业历史、企业优秀人物、企业取得的成就、产品特色等。这些材料可用于宣传、展览，从多个不同侧面充分展示快递企业的形象。

（五）建立快递企业的统一形象识别体系（CIS）

为了在公众心目中创造独特的企业形象和较高的认知度，快递企业可以通过周密的策划和设计，确定统一的形象识别体系。快递企业的统一形象识别体系可以从理念识别、行为识别和视觉识别三个方面着手建立。

（六）与当地政府机关，有关的行业团体、协会建立良好关系

快递企业应努力与政府建立良好关系，配合政府的发展规划，争取其在政策、资金、土地等各方面的扶持；同时还必须与相关行业团体、协会保持密切联系，可以适当加入一些重要的快递行业协会，如中国快递协会等，参加协会组织的各种活动，借以扩大本企业在行业内的影响，还可以参加与快递相关的各种会议，如快递年会、快递研讨会等，以便提升自身的知名度与企业形象。

六、顾问式销售

（一）顾问式销售概述

顾问式销售起源于 20 世纪 90 年代，是一种全新的销售概念与销售模式，是指推销员站在专业角度和客户利益角度，运用分析能力结合客户的现状和需求，提出积极建议和解决方案的销售方法。

顾问式销售认为，客户是朋友、是与企业存在共同利益的群体。顾问式销售将推销员定位在客户的朋友、销售者和顾问三个角度上。如何扮演好这三种角色，是实现顾问式销售的关键所在。随着快递客户的需求越来越多样化、个性化，为客户定制个性化的解决方案成为顾问式销售的常见方式。

（二）顾问式销售的实施

客户的购买行为可分为产生需求、收集信息、评估选择、购买决定和购后反应五个过程。因此，顾问式销售的实施可以针对客户的购买行为分为挖掘潜在客户、拜访客户、筛选客户、掌握客户需求、提供解决方案、成交、销售管理等几个步骤来进行。具体概括如下。

1. 细分客户，选出服务对象

并不是所有的客户都乐意接受企业为其制订的快递服务，交易是一个双向沟通、达成协议的过程，需要客户对公司品牌和形象认可，对推销员专业技能信任，对具体产品有依赖等。这些都需要通过快递推销员细致入微的沟通服务工作来实现。在专业能力和专业形象与其他人相仿的情况下，如果推销员是客户的贴心朋友，那他获得成功的机会可能就会比别人更大。

2. 提高推销员的专业素质

使客户踏入快递服务的门槛绝非易事，而客户入门后的服务更是难上加难。一旦获得客户认同达成交易，快递服务就会显得尤为突出和重要，这也是顾问式营销成功与否的关键和核心。合理的快递服务组合策划、恰到好处地满足客户的需求，这都要求快递企业的推销员和后台的咨询体系有很强的咨询规划能力以及比较专业的相关知识。因此，必须提高推销员的专业水准和技能。

3. 前、后台的密切合作

前台的推销员和后台的咨询体系要有充分沟通。首先，前台的推销员将客户的想法充分反馈给后台人员，然后前、后台一起设计解决方案，使得快递服务能够满足客户的需求，实现客户的愿望。这是整个工作流程中的难点，也是一个团队合作协调的关键。由于顾问式营销工作专业性强，对员工的素质要求起点高，在个人能力有限的情况下，势必要打破原有的服务模式，形成团队服务的格局。要使团队的工作效率和能力发挥正常，团队的各项考核安排合理是关键。这首先需要团队领导人具备优秀的领导能力，通过恰到好处的引导，使团队中的每一个人都明白，只有放弃个人成见，才能获得整个团队的成功。

（三）实施顾问式销售的注意事项

1. 推销员在销售过程中要占据主动

在从事顾问式销售的过程中，推销员必须具有相应的专业知识和行业知识，在销售过程中要表现出充分的自信，要善于引导客户，把客户的思维引导到自己想要表达的内容上来；在开始的时候应尽量避开比较敏感的价格问题；当客户对产品有足够的兴趣后，再从客户需求的角度出发，自然过渡到价格话题，告知他们产品的价格及变动范围。

2. 开展顾问式销售，最应避免的是对客户的欺骗

推销员应充分认识到，没有任何一个产品是十全十美的。当客户提到产品存在的不足时，推销员要坦白承认，并积极做好引导工作，让客户意识到购买产品是买其所长，而非其短。面对客户的质疑，客服人员应根据所掌握的专业及行业知识，为客户找到相应的解决方案，帮助客户消除疑虑。

3. 客户投诉时，要在最短时间内解决问题

如果推销员自己解决不了客户的问题，要及时通过其他渠道寻求帮助。不管取得什么结果，即使暂时没有找到解决问题的办法，也要告知客户自己正在做什么，让客户感到推销员非常关心自己，正在为他的事情想办法。决不能让客户感到你对他的问题毫不在乎，如果这样，客户会因为推销员的冷漠而改用其他企业的产品。所以，推销员要了解沟通的价值，善于聆听客户的心声乃至批评，这是一个优秀的推销员的基本素质。推销员与客户沟通时表达要简单明确，不要含糊其辞，尽量使用客户能理解的语言，尽可能不使用反问句，以避免不必要的误解，问题要尽可能简单以便于客户回答，使客户感到满意。

4. 了解利润来源，把重点放在核心业务上

利润永远都来自客户。顾问式销售的目的就是通过营销人员的专业知识，向客户提出良好的建议，为客户提供增值服务，从而获得相应的利润。如果推销员为客户提供比竞争对手更优质的增值服务，为客户创造更多的价值，自己也会获得更大的利润。

在从事顾问式销售的过程中，推销员还有许多技巧可以掌握。例如，推销员要了解产品知识和技术，了解目标客户，甄选目标客户，消除客户的抗拒心理，在最适当的时机引导客户购买；在销售时做到有效的开场、有条理的询问、真诚的聆听、专业的记录、有策略的谈判、坦诚的处理拒绝等，营销工作就会事半功倍。

思考与练习

一、问答题

1. 快递市场细分的标准有哪些？请举例说明。
2. 快递目标市场选择的策略有哪些？
3. 请举例说明某一个具体的快递企业的市场定位。
4. 快递企业应如何建设快递品牌？
5. 快递企业如何进行顾问式销售？

二、案例分析

S 速运公司低调调价引发快递行业精细化定价机制起锚

涨价一直是快递企业多年不敢触碰的痛点。S 速运公司执行新价格体系后，没有一家快递企业选择跟进。这更印证了行业的判断：涨价这事只有S速运公司敢做。专家认为，S 速运公司此番调价虽然尽量选择在淡季以降低影响，但实质上这一举措却是一步战略棋，表面上看是梳理自己的价格体系，丰富价格层级，背后却是S速运公司利用自己在O2O上的布局快速甩开跟跑者，强化其行业领导地位和高端品牌形象的定位。

1. 低调调价引发快递行业精细化定价机制起锚

尽管S速运公司是行业内公认具有资历率先涨价的企业，但此番涨价仍进行得谨慎低调。时间上，选择在春节前这个时间点，消息会被淡化。同时，春节前业务量会

明显下滑，属于淡季。淡季是对市场影响最小、最有利的涨价时间点，同时也可以给客户充分的缓冲时间。

同时，S速运公司多次对外强调此次执行新价格体系是有升有降，强调按距离和地域为综合考量因素，使价格更精细化。然而，时隔4年微涨2%，也立即引发行业的集体围观和热议，但共识是这并不会引发行业的跟风效应，其他快递企业仍不敢涨价。记者联系多家快递企业的相关人员，都表示目前没有调整价格的计划。

2. 价格精细化是行业方向

对于调价的主要目的，S速运公司对外的一致口径是，新价格体系以距离为基础，更接地气，价格更为精细，有利于提升人力、资源有效配置，提高整体服务质量，进一步增强和巩固S速运公司以服务质量为首的核心竞争力。

能体现“精细”二字的例子很多，如新价格体系中以广州为圆心将全国到达地共分为16个区域，每个区域对应不同的价格。有关专家表示，S速运公司之所以这样做，首先是因为S速运公司已经是以快递业务为主的多元化的集团，除快递业务外，还有生鲜电商网站优选和线下O2O门店嘿客，且在多元化方面，S速运公司近几年还在加快脚步。此外，之前采取二元化的价格体系更容易抢占市场，而现在客户群体日渐成熟，S速运公司品牌也深入人心，对客户需求进行细分，并对企业的经营线路进行优化，深度配置资源，正是恰当的时机。

业内专家认为今后国内快递企业调价，对价格进行精细化管理也会成为常态。而企业也会将客户进行更为精细化的划分，如对于追求速度和服务品质的客户，企业会提供价格更高的优质服务，对要求价格便宜但不在乎速度的客户，企业会提供价格更低的快递产品。

3. S速运集团甩开跟跑者

针对全国快速增长的包裹业务量，不同的企业选择了不同的发展路径。多数快递企业始终把抢占更多的市场份额放在首位。因此，价格战成为各企业主要的竞争手段，但其带给企业的是微利甚至亏损，使企业没有空间和资本进行其他布局，更无暇通过创新技术来降低成本、提升运营效率。

S速运公司在行业内以运营规范、资本实力强著称，因此有更多的余力来进行布局，其2014年上半年在全国同时开出500多家嘿客门店，就是S速运公司进行O2O布局的地面部队，模仿美国、日本成熟的“便利店+快递”的形式建立的，嘿客除可作为常规的配送终端外，还可通过生鲜配送和虚拟商品，以及社区便利化服务实现赢利。而最终嘿客门店节省出的送货到门的人工成本，会让S速运公司与其他快递企业相比更有优势。

（资料来源：物流北京网，有删改。）

讨论：

1. 该公司为什么进行此番价格调整？

2. 查阅相关资料，结合案例分析该公司的精细化定价机制。

三、实训操作

某快递企业根据市场新的竞争环境，开始在产品和服务上发力。从 2016 年 1 月 1 日起，率先启动“同城当日递”服务，以期提高快递服务效率。

据《第一财经日报》记者了解，该公司“同城当日递”的服务内容是 12:00 前揽收收寄，当天 18:00 前送达。该业务的第一批客户主要来自企业，服务范围覆盖了上海主要的 CBD 商圈，并计划于次年覆盖全上海。在此之前，业内的服务标准一般是 11:00 前揽收收寄，当天 20:00 前送达。

据记者了解，为了推出上述产品，该企业还特意把 100 多名专职快递员纳为公司的正式员工。

（资料来源：新浪网，有删改。）

假如你是该公司的相关业务人员，你会如何向客户推荐“同城当日递”这款新产品？

04 Chapter

第四章 快递客户维护

学习目标

- 了解快递客户维护的内容
- 掌握优质客户服务的基本要求
- 了解客户关系管理系统的内容与建立的步骤
- 掌握快递呼叫中心的工作内容
- 熟练掌握电话沟通的技巧
- 掌握减少客户流失的方法与技巧
- 掌握客户投诉的处理技巧

学习内容

本章主要介绍客户关系管理，从如何向客户提供优质服务入手，介绍如何提高客户满意度，有效防止客户流失，赢得客户忠诚，实现客户与企业的双赢。

案例导读

国家邮政局关于2017年5月邮政行业消费者申诉情况的通告

2017年5月，国家邮政局和各省（区、市）邮政管理局通过“12305”邮政行业消费者申诉电话和申诉网站共受理消费者申诉事件97330件。申诉中涉及邮政服务问题的有4105件，占总申诉量的4.2%；涉及快递服务问题的有93225件，占总申诉量的95.8%。受理的申诉中有效申诉（确定是企业责任的）为13252件，比上年同期下降0.9%。有效申诉中涉及邮政服务问题的有758件，占有效申诉量的5.7%；涉及快递服务问题的有12494件，占有效申诉量的94.3%，均依法依规做了调解处理，为消费者挽回经济损失372.6万元。2017年5月，消费者对邮政管理部门申诉处理工作的满意率为98.0%，对申诉邮政企业的处理结果的满意率为97.3%，对申诉快递企业的处理结果的满意率为96.2%。其中，消费者关于快递服务的有效申诉为12494件，环比增长4.6%，同比下降1.4%，相关数据如表4-1所示。

表4-1　2017年5月消费者申诉快递服务的主要问题及所占比例统计表

序号	申诉问题	申诉件数	所占比例（%）	环比增长（%）	同比增长（%）
1	投递服务	5296	42.4	12.4	-7.2
2	丢失短少	2683	21.5	-8.6	-1.4
3	延误	2505	20.0	5.0	33.4
4	损毁	1331	10.6	4.0	-11.0
5	收寄服务	425	3.4	13.6	-16.7
6	违规收费	150	1.2	17.2	1.4
7	代收货款	79	0.6	-1.3	-41.5
8	其他	25	0.2	-43.2	-68.4
9	合计	12494	100.0	4.6	-1.4

可见，消费者对快递服务申诉的主要问题集中在投递服务、丢失短少和延误等方面，占比分别为42.4%、21.5%和20.0%。

（资料来源：国家邮政局网站，有删改。）

思考：

1. 消费者对快递服务申诉比较集中的问题有哪些？

2. 查阅相关资料，了解2017年其他各月消费者申诉快递服务的主要问题及所占比例情况，并对比上述材料进行分析。

第一节　快递客户维护概述

一、快递客户维护

（一）快递客户维护的含义

快递客户维护是指快递企业通过从不同角度与快递客户进行深层次接触，分析快递客户的需求，改善客户关系，创造客户价值的联络行为。

（二）快递客户维护的意义

（1）通过客户维护，可以提高客户服务水平，改善客户服务质量，为客户提供主动的客户关怀，根据客户个性化需求提供更加专业化、个性化和人性化的服务。

（2）通过客户维护，可以提高快递企业的工作效率，创造客户价值，实现快递企业资源的集中管理和统一规划，实现企业内部的客户信息共享，提高企业员工的工作效率，从而降低企业和客户双方的成本，实现客户和企业价值的最大化。

二、客户满意与客户忠诚

（一）客户满意

客户满意是指客户对某一产品或服务的可感知效果与期望值进行比较后，所形成的愉悦或失望的感觉状态。如果效果低于期望，客户就会不满意；如果效果与期望相匹配，客户就会满意；如果效果超过期望，用户就会高度满意或欣喜，这也就产生了一种对品牌的情感共鸣，而不仅是理性偏好，正是这种共鸣创造了客户的高度忠诚。快递企业不断追求客户的高度满意，原因就在于一般满意的客户一旦发现更好或更便宜的快递产品和服务后，就会很快更换快递企业，只有高度满意的客户才不会轻易更换快递企业。

1. 客户满意的特点

（1）客户满意着眼于客户的终身价值，通过使客户满意来达到客户对企业的忠诚。

（2）客户满意的价值观是以客户为中心，其战略目标是客户满意，体现了现代营销理念。

（3）客户满意是以信息为支撑的战略，它要求企业随时掌握客户及其需求信息，了解客户满意状况，并根据所掌握的信息进行决策。

（4）客户满意是动态互动型战略，是企业与客户的一系列博弈过程，追求客户满意与企业获利的双赢。

（5）客户满意实施数量化的战略管理，采取适当的方式进行客户满意度测评，根据测评，得出满意度结果，根据结果进行相应的整改，并为相关决策提供依据。

客户满意包括三个逐次递进的满意层次：一是物质满意层次，即客户对产品的核心层，如产品的功能、质量、设计和品种等所产生的满意；二是精神满意层次，即客户对企业产品的形式层和外延层，如产品的外观、色彩、装潢、品位和服务等所产生的满意；三是社会满意层次，即客户对在消费过程中所体验到的社会利益的满意程度，它要求企业在提供产品和服务的过程中，能体现维护社会整体利益的道德价值、政治价值和生态价值。

2. 客户满意的决定因素

客户满意是由客户获得的总价值及客户付出的总成本两项因素共同决定的。

客户获得的总价值包括产品价值、服务价值、人员价值与形象价值。客户付出的总成本则包括货币成本、时间成本、精神成本与体力成本。总价值越大、总成本越低，客户的满意程度就越高。

当客户接受了品质优异的产品，还享受到了非常舒适的服务、得到了尊重时，客户就会感受到物超所值。而客户的付出总成本不仅包括客户的经济支出，还包括客户在此过程中花费的时间、精神和体力成本。这也就不难解释为什么等候时间过长，会让客户不满，客户耗费时间和精力来投诉也往往会使客户的成本加大，如果在这期间，企业未能创造出附加的价值，客户的心理就去失衡，对企业产生不满。

3. 客户满意度

客户满意度是测量客户满意水平的量化指标，就快递行业而言，影响客户满意度的因素很多，主要包括快递产品质量、快递产品价格以及条件因素和个人因素。著名市场营销学家菲利普·科特勒认为，企业的一切经营活动要以客户满意度为指针，要从客户角度，用客户的观点而非企业自身利益的观点来分析考虑客户的需求。因此，企业应重视对客户满意度的研究，通过提高客户满意度来尽可能地留住客户。

快递客户满意度调查表如表 4-2 所示。

表 4-2 快递客户满意度调查表

调查项目	解释
基本项目	快递客户基本情况、使用的快递产品或服务、产品取得方式及时间等
产品特征	快递产品的名称、性能、价格等
服务质量	包括服务内容、响应时间、服务人员态度等
沟通与客户关怀	沟通渠道、是否主动服务等
与竞争对手比较	快递产品、快递服务等方面的比较
客户再次购买意向及向其他人推荐意向	从中可分析客户忠诚度
客户总体满意度	客户对企业总体的满意度评价
问题与建议	让客户提出开放性问题，并对企业提出宝贵建议

4. 提高客户满意度的方法

（1）明确客户的需求和期望。实现客户满意首先要明确客户的需求、期望。企业应该了解市场上客户的需求和期望，包括竞争对手的客户，然后再进行产品定位。客户需求和期望不是一成不变的，它呈现出多元化、动态性的特点，企业可以通过建立客户信息数据库对客户需求进行分析。

（2）提高产品质量。产品质量是客户满意的基础。一般情况下，产品质量总是客户考虑的第一要素。因此，快递企业要实现全面、全过程的质量管理，而快递产品的质量主要反映在快递服务上。越来越多的快递企业把目光聚焦在服务上，希望通过优质的服务来提高客户满意度，增进与客户的关系。服务成为快递企业寻求差异化、赢得竞争优势的主要途径。

（3）认真评估客户的反馈。企业应该主动探寻和收集客户的反馈信息，而不能被动等待，客户反馈系统必须精心计划、周密组织，使客户信息能源源不断地流入企业。另外，公司应该建立客户满意评估系统，这个系统应该建立在两套资料的基础上，一套是来源于客户调查和客户反馈系统的外部信息反馈，另一套是公司对员工服务工作的数量、质量的评估。

（4）建立以客户满意为导向的企业文化。企业文化是企业的灵魂，对企业内部具有导向、凝聚和规范的作用。企业要想把以客户满意为导向的理念植根于员工的思想中，并在其行为中体现出来，必须先要把这种观念融入企业文化中。企业文化是一种柔性管理，虽然无形，但具有极强的约束力，它向全体员工提供一套共有的观念、信仰、价值观。企业文化让员工引以为荣，并自觉地履行这种文化背后的行为准则，成为引领员工和整个组织不断前行的力量所在。

（5）建立以客户满意为导向的组织结构及业务流程。以客户满意为导向的企业文化是软件保证，它构筑了员工的价值观和行为模式。但仅有软件支撑是不够的，企业必须具有合理的组织结构、通畅的业务流程来确保以客户满意为导向的目标得以实现。合理的组织架构能保证业务流程效率，而通畅的业务流程能增加客户的满意度。企业在设计组织结构和业务流程时，必须从客户角度出发，一切以能给客户增加价值为准绳。企业必须持续对组织结构和业务流程中不利于增加客户满意度的环节进行改进，确保企业具有卓越的执行力。

每个企业都有自身的特色，具体方法的选择和使用有一定的差异。但是不管对于哪个企业，提升客户满意度都是一项系统工程，是企业发展的必然趋势。当企业发现自己的产品或服务不能令客户满意时，要综合考虑各个方面的因素，进行综合的、系统的、一体化的改进。

（二）客户忠诚

客户忠诚是指客户购买行为的持续性。客户出于对企业产品和服务的信赖和认可，坚持长期购买和使用该企业的产品和服务，在思想上和感情上表现出一种对企业的高度信任和忠诚。在激烈的竞争中，保护现有的客户至关重要，这就需要企业长期不断地对企业客户满意度进行调研分析，及早发现并解决问题。

1. 客户忠诚的类别

（1）垄断性忠诚。这种忠诚源于产品或服务的垄断。一些企业在行业中处于垄断地位，在这种情况下，无论客户满意与否，都别无选择，只能够长期使用企业的产品或服务。

（2）利益性忠诚。有些客户属于价格敏感型，较低的价格对于他们有很大的吸引力，因此在同类产品中，他们对于价格较低的产品保持着一种忠诚，这种类型的忠诚源于企业给予客户的额外利益，称为利益性忠诚。需要指出的是，这类客户的忠诚极其不稳定。

（3）懒惰性忠诚。有些客户出于方便或是因为懒惰，会长期地保持对企业的忠诚，这种懒惰性忠诚在一些服务行业中尤其突出。

（4）信赖性忠诚。当客户对企业的产品或服务感到满意，并逐步对企业建立起一种信赖关系后，他们往往会形成一种忠诚。这种忠诚不同于前面的几种，它是高可靠性、长持久性的，也是企业渴求的客户忠诚。

（5）潜在性忠诚。潜在性忠诚指客户虽然拥有但是还没有表现出来的忠诚。通常的情况是，客户可能很希望继续购买企业的产品或服务，但是企业的一些特殊规定或一些额外的客观因素限制了客户的继续购买行为。

以上各种类型的忠诚，其客户的依赖性和持久性是不同的。信赖性忠诚的客户依赖性和持久性是最高的，因而是企业最终追求的客户忠诚，也是客户关系管理的最终目标。我们也可以简单地认为，客户忠诚在狭义上是信赖性忠诚，其他类型的忠诚，企业应想方设法地将其向信赖性忠诚方向引导。

2. 影响客户忠诚的主要因素

客户忠诚建立在多个因素之上，要培育客户忠诚，需要深入了解客户忠诚的各个要素。

（1）信任。信任是客户忠诚的决定性因素。从本质上来说，信任支持了客户“可以在交易或者服务中得到积极成果”的信念，即客户相信商家可以“把事情做好”。只有在客户产生了对产品、品牌和商家的信任之后，重复购买和忠诚才能产生。大致说来，信任由三个部分构成，即商家提供产品和服务的能力、善意和信誉。只有这三个部分合一，才能让客户产生信任。因此，企业必须在和客户接触的早期就向客户表现出这三个方面，并且在和客户的长期接触中不断深化客户对这三个方面的认知。

（2）感知价值。在影响客户忠诚建立的因素中，感知价值是仅次于信任的要素。感知价值是指客户在交易中，对收益和成本的总体评价。客户满意度在相当程度上来源于感知价值。

（3）情感。实际上，客户的所有购买决定都在某种程度上和情感因素有关。细分开来，情感主要包括信赖感、信誉感、自豪感和激情。信赖感和信誉感来源于企业为构建信任付出的努力。自豪感则属于一个更高的层次，反映了客户对于企业的深层次认同。激情则反映了品牌、产品和服务对于客户的不可替代性，体现了企业对客户需求的完美满足，这对企业的要求更高，一般来说在高端产品或服务领域相对比较容易发生。

（4）客户的转移成本。客户的转移成本是客户为更换产品或服务的供应商所需付出的各种代价的总和。它包括货币成本、心理成本、体力成本和时间成本。转移成本是阻止客户关系倒退的缓冲力，转移成本的加大有利于客户忠诚的建立和维系。因为转移成本越高，客户在更换品牌时就会越慎重考虑，不会轻易背叛，而会尽可能地忠诚。

（5）企业员工的素质。由于员工的文化素质和个人修养参差不齐，可能出现员工服务态度不佳、与客户发生争吵甚至激烈冲突等现象，这将严重影响企业形象，降低客户满意度，阻碍客户忠诚度的建立。

（三）客户满意和客户忠诚的关系

客户满意是指客户在消费后心理上产生的满足感，这种满意并不会直接给企业带来后续的利润。客户忠诚则表现为一种持续交易行为，客户日后会重复消费，能够直接为企业持续创造利润。

客户满意与客户忠诚是紧密相关的。客户满意是实现客户忠诚的基础，只有对企业产品或服务感到满意的客户才会忠诚于企业，满意客户经过累积可最终转化为忠诚客户。

在高度竞争的行业中，只要客户满意度稍稍下降一点，客户忠诚度就会急剧下降，企业必须使客户完全满意，否则就不容易吸引客户再次购买。在低度竞争的行业里，客户完全满意与否对客户忠诚度的影响较小，但这只是一种表面现象，因为在低度竞争的情况下，客户的选择空间有限，即使不满意，他们往往也会出于无奈而继续使用企业的产品和服务，表现出一种虚假忠诚，而随着技术的扩散、分销渠道的共享、产品差异的消失等，虚假忠诚就会通过客户大量流失表现出来。这表明无论竞争情况怎样，客户忠诚与客户满意的关系都十分密切，只有客户完全满意，才有可能会产生客户忠诚。

忠诚的客户是企业宝贵的资源，他们不会因为外界的影响而转变对企业的信赖，而是一如既往地使用企业的产品或服务，甚至成为企业的义务推销员，将企业的产品介绍给自己的亲朋好友或同事。

（四）维护客户满意和客户忠诚的途径与方法

提高客户满意度，赢得客户忠诚是一项复杂的系统工程，没有一成不变的方法可以遵循，以下途径与方法可供参考。

1. 从思想上认识到客户的重要性

快递企业要想真正做到“尊重客户，以客户为中心”，必须从思想上认识到客户的重要性，要认识到客户是企业的利润源泉，满足客户的需求是企业的荣耀，真正将“以客户为中心”贯彻到行动中去，而不应流于形式，只注重口号的宣传。

企业管理人员首先应在重视客户方面做出表率，经常参加与客户交流有关的活动或会议，与接触客户的企业一线员工进行深入交流，从更高层次制订赢得客户的各项企业标准。

2. 培养忠诚的员工

员工忠诚是客户忠诚的基础。为了赢得客户，企业必须首先赢得员工，一方面要赢得员工在工作中的忠诚，另一方面又要避免员工的频繁跳槽现象。如果一家企业的员工频繁跳槽，这个企业就很难保证向客户提供一贯质量的服务，几乎不可能与客户建立长久而稳定的合作关系，无法了解客户的喜好和偏向。所以企业首先要培养忠诚的员工，然后忠诚的员工才能提高客户满意度，创造忠诚的客户。

3. 与客户主动接触并发现他们的需求

快递企业应当制订详细的计划，主动和客户接触，建立起一种合作伙伴式的“双赢”关系，通过这种接触也可以了解客户当前的需求，以便于制订更有针对性的措施，更好地为客户服务。客户在不经意间所提出的一些建议和需求，就会给企业带来新的商机。常见的主动与客户接触的方式如下：

（1）主动发函给客户，询问客户的意见和需求；

（2）定期派专人访问客户；

（3）时常召开客户见面会和联谊会等；

（4）将企业新开发的产品和发展目标及时告知客户；

（5）把握每一次与客户接触的机会，一点一滴地赢得客户的欢心。

4. 建立有效的反馈机制

一次交易的结束正是下一次合作的开始。事实上，客户非常喜欢把自己的感受告诉企业，只要客服人员友善而耐心地倾听，就能够极大地拉近企业与客户的距离。反馈机制就像建立在企业和客户之间的桥梁。通过它，双方能够更好地沟通感情，建立起相互信任的关系。而成功的企业善于倾听客户的意见，并善于发现这些意见中有用的市场信息和客户需求，并转化为新的商机。

反馈机制还包括对客户满意度的调查，通过调查，可发现企业存在的问题，以及客户的评价情况，从而获得有效信息，不断改进，让客户了解到企业在真心实意为其着想，从而自然而然地产生满意和忠诚。

5. 赢得老客户的满意和信赖

企业的市场份额主要有两个来源：一是发掘新客户，二是维持老客户。在快递市场迅猛增长的情况下，快递企业往往采用进攻型的市场策略，通过迅速发掘新客户来抢占市场份额。随着市场的不断成熟和竞争的加剧，获得新客户的难度越来越大，成本也越来越高。随着快递市场竞争的日益加剧，快递企业的目标也逐渐发生了变化。以前快递企业的主要目标是增加新的客户，而现在企业更关注的是提高客户的满意度和赢得客户忠诚。

特别需要注意的是，快递企业利润的大部分都掌握在小部分客户手中，如果牢牢抓住这部分客户，并且把他们培养成为忠诚客户，对于企业的增长和营销战略都具有非同寻常的意义。

6. 妥善处理客户的抱怨

在倾听了客户的意见，并对他们的满意度进行了调查之后，还要及时妥善地处理客户的抱怨，这也是赢得客户满意和忠诚的极为有效的方法。客户抱怨说明公司产品或服务确实存在一些不足，这相当于客户给企业的免费建议，是企业进一步完善自己，增强产品竞争力的契机。企业妥善处理客户的抱怨，可以“化危为机”，既因为尊重和关怀赢得了客户，也可给企业带来新的发展机会。

7. 提供差异化产品和个性化服务

为了提高客户满意度，赢得客户忠诚，企业可以为客户提供差异化产品和个性化服务。在快递服务迅速发展的今天，快递行业内的运营和产品成本已经接近平均，期望通过价格战来赢得客户已经变得越来越不可能。在这种情况下，为客户提供差异化产品和个性化服务就显得尤为重要。

差异化产品主要强调快递产品的特色，这里的特色是指立足于快递产品的基本功能，尽可能多地向客户提供符合客户个性化需求的增值服务。企业可通过提供这些差异化的产品和个性化服务来吸引客户，赢得客户的满意和忠诚。

三、优质客户服务的基本要求

（一）优质客户服务含义

优质客户服务是快递企业根据市场竞争策略，以最大限度地满足客户需求、赢得客户信赖为导向所展开的服务活动。

优质客户服务不仅要解决客户的问题和满足客户的物质需求及精神需求，更重要的是留住客户，让客户愿意再次把寄递的物品交给企业，成为忠诚的"回头客"。

（二）优质客户服务的内容

优质客户服务意味着尽力做好客户服务工作，优质客户服务的内容也体现在服务的过程中。其基本要求如下。

1. 对客户表示热情、尊重和关注

"客户是上帝"，对于快递客户服务工作来说更是如此，当客户需要寄递快件时，他希望得到的不仅是方便快捷，还有足够的热情和尊重。只有做到充分尊重客户，满足客户的每一项需求，客户才有可能对企业的服务感到满意，企业才能在市场竞争中处于有利地位。

2. 帮助客户解决实际问题

客户接受快递服务，其根本目的就是需要快递企业妥善完成快件寄递或帮助解决寄递过程中出现的问题，因此快递企业要着力帮助客户解决这些实际问题。

3. 迅速响应客户的需求

优质客户服务的一个重要要求就是能迅速地响应客户需求。当客户表达其需求后，快递客服人员应当在第一时间做出迅速反应。

4. 始终以客户为中心

快递客服人员在为客户提供服务的过程中，要始终以客户为中心，关注客户的心情和需求。始终以客户为中心不能只是一句口号或是贴在墙上的标语，应是一种具体的行动和带给客户的一种感受，如为客户倒上一杯水、真诚地向客户表示歉意、主动地帮助客户解决问题、在客户生日时主动寄一张贺卡或打电话问候、在客户等候时为他准备书籍杂志等。

5. 换位思考

作为一名快递客户服务人员，换位思考是非常重要的，设身处地为客户着想就意味着你能站在客户的角度思考问题、理解客户的观点、知道客户最需要的和最不想要的，只有这样才能为客户提供优质服务。

6. 提供个性化的服务

每个人都希望能获得与众不同的"优待"，如果客户能得到与众不同的服务和格外尊重，服务工作将能更顺利地开展。个性化的服务还包括对客户的一些特殊的要求，快递企业也能加以特殊对待、及时酌情予以满足。

7. 持续提供优质服务

为客户提供一次优质的服务，甚至一年的优质服务，这都可以做到，难的是能为客户提供长期的、始终如一的高品质服务。如果真能做到这一点，快递企业就会逐渐形成属于自己的品牌，在竞争中就能取得优势地位。

（三）优质客户服务的质量要求

快递企业的优质客户服务可以从以下五个方面进行评价。

1. 有形性

有形性与快递企业的服务设施、设备、材料等物质因素有关，也与快递服务人员所表现出的素养有关，如快递服务人员的工作服装是否统一、是否美观，这些因素都可以从侧面体现出快递企业的服务水平。

2. 可靠性

可靠性意味着快递企业能及时准确地为客户提供快递服务，不会发生快件延误、损毁、丢失等情况。

3. 回应性

快递客服人员应该具有帮助客户的主观愿望，并能迅速、有效地帮助客户解决问题，提供优质的客户服务。

4. 可信性

快递客服人员为客户提供的信息要可信，提出的解决问题的措施要尽可能地被客户采用，以增强客户对企业的信心；要使客户产生亲切感，而不是戒备和产生逆反心理。

5. 同理性

快递客服人员要能够设身处地为客户着想，对客户表示关注和个人关怀，最好能和客户进行情感上的交流。

（四）快速客服人员的服务心态和服务意识

1. 服务心态

快递客服人员的良好服务心态包含以下方面。

（1）拥有积极乐观的人生态度。积极的思想会产生积极的行动，得到积极的结果；消极的思想会导致消极的行动，得到消极的结果。

（2）能正确认识工作的目的。快递客服人员的工作目的是给快递客户带来便捷，而不是整天想从客户那里赚取多少利润。

（3）要有主动服务客户的心态。客服人员与客户的关系是合作伙伴而不是对手。客服人员要主动向客户提供优质服务，而不是等待客户来使用服务。

（4）要尊重客户、关怀客户、重视客户，有效解决客户目前存在的问题。

（5）要感同身受，理解客户，心怀宽容，想客户所想，理解“客户是上帝”“以客户为中心”的服务理念，脚踏实地做好客户服务工作。

2. 服务意识

服务意识是指快递客服人员自觉主动做好服务工作的一种观念和愿望。提高快递客服人员的服务意识，应从以下几个方面入手。

（1）真正理解客户服务的价值，通过帮助他人获得自身能力的提升；遵守服务规范，培养良好的职业服务习惯；快乐服务，感受服务的愉悦，在服务中体现自我价值；尊重客户，为客户着想。

（2）重视每次服务的细节，要有详细的客户服务档案，并能及时补充和更新；定期主动地上门收集和分析客户的评价；定期向客户提供信息，让客户尽快了解公司的动态；乐意为客户提供必要的额外服务。

（3）耐心倾听客户的抱怨，并能恰当地处理与反馈，能认真分析客户流失的原因，并总结经验提升自己的服务水平。

// 第二节 呼叫中心管理

一、呼叫中心概述

（一）呼叫中心的含义

从传统的意义上来说，快递企业的呼叫中心（Call Center）是以电话为渠道和载体，为客户提供电话呼叫、业务咨询、自助式下单、快件状态查询、投诉建议等服务功能的客户服务部门。呼叫中心服务的准则是提供高质量、高效率、全方位的电话客户服务。

呼叫中心把传统的柜台业务用电话的方式代替。呼叫中心能够每天 24 小时不间断地提供服务，并且有比柜台服务更友好的服务界面，客户不必跑到营业厅，只要通过电话就能迅速获得信息，解决问题方便、快捷，可增加客户对快递服务的满意度。

（二）呼叫中心的发展

最早的呼叫中心仅限于提供一些快递业务咨询和查询服务，业务范围也只包含快递企业开展的业务，以被动等待客户呼入为主。随着快递企业的业务从单一化向多元化发展，呼叫中心也从最初的单一电话服务，逐步转变成通过电话、短信、电子邮件、互联网等多种媒介的协同，为客户提供企业层面的统一的服务，形成客户体验的联络中心或称客户交互中心。随着呼叫中心服务范围的拓展，在客户得到更多实惠的同时，也增强了快递企业的竞争力。

计算机电话集成技术（CTI）的应用，使现代呼叫中心的服务功能大大加强。接入呼叫中心的方式可以是客户电话拨号接入、传真接入、计算机及调制解调器拨号连接，以及互联网网址（IP 地址）访问等，客户接入呼叫中心后，就能收到任务提示音，按照任务提示音操作，就能接入数据库，获得所需的信息服务，甚至还可以通过呼叫中心完成交易。

二、呼叫中心在客户服务管理中的作用

在提高快递客户服务水平方面，呼叫中心主要有以下作用。

（一）提高客户的满意度和忠诚度

对于企业来说，如何将客户与企业有机地结合起来，建立畅通快捷的沟通渠道，让客户感受到企业的关注，并且不断增加使客户感到满意的服务内容，已成为企业在当今时代取得成功的一个重要因素。

呼叫中心可使快递企业与客户保持广泛、密切的联系，提供超过客户期望的服务，帮助企业保留老客户，争取潜在客户，将满意客户发展为忠诚客户，提高客户的满意度和忠诚度。

（二）成为连接快递企业与客户的桥梁和纽带

呼叫中心客服人员是企业与客户之间的沟通桥梁，客户对快递企业的认同，很大程度上来源于对呼叫中心服务人员的服务质量的认同。因为客户的许多问题，都需要通过与客服人员沟通来协调与解决。

（三）有效地管理资源和降低成本

呼叫中心是一个庞大的系统，对外连接着客户，对内连接着快递企业各部门，先进的管理思想也越来越多地融入呼叫中心的核心设计中，这使得企业对资源的管理变得更加有效。实践证明，呼叫中心的引入完善了快递企业的管理系统，降低了生产成本，大幅度提高了企业的工作效率和客户服务水平。

（四）保持现有客户，挖掘新的市场资源

呼叫中心客服人员在接到客户的投诉和抱怨时，可以及时解答客户的问题，维护企业与客户的关系，也可以通过访问数据库信息，将客户的问题转化为新的销售机遇。在许多情况下，客服人员可以通过向客户介绍新增的服务项目和业务，解决客户的提问。另外，呼叫中心还能够主动联系客户，向客户宣传推广企业的产品，挖掘潜在的客户。

（五）为企业提供市场分析数据

呼叫中心直接面向客户，接触的是最真实的市场需求，可以收集和积累大量的数据。这些数据是每个企业梦寐以求的，也是呼叫中心能在运营中不断升值的原因之一。企业可以将这些市场数据加以统计分析，用于快递产品的开发。

三、呼叫中心座席员的常规操作流程

（一）呼叫中心座席员日常行为规范

呼叫中心客服人员主要是座席员，座席员的日常行为规范如下。

1. 心态积极

呼叫中心座席员要保持积极的心态，以使声音听起来富有活力，让客户感受到自己服务的热情。

2. 态度诚恳

要真诚地对待客户，帮助客户解决问题，而不是推诿责任。要面带微笑地进行谈话，这样既能使自己充满自信，也会感染客户，把欢乐带给客户。

3. 语气自信

要充分自信，在语气、措辞等方面不要模棱两可。

4. 内容简练

尽量不要谈及太多与业务无关的内容，为了与客户建立关系，适当地谈些与个人有关的内容十分必要，但要注意适可而止。

5. 业务精湛

呼叫中心座席员对本快递公司的所有产品及业务都要烂熟于心，以便能够随时准确迅

速地回答客户问题，满足客户需求。

（二）呼入电话处理流程

呼入电话处理流程如图 4-1 所示。

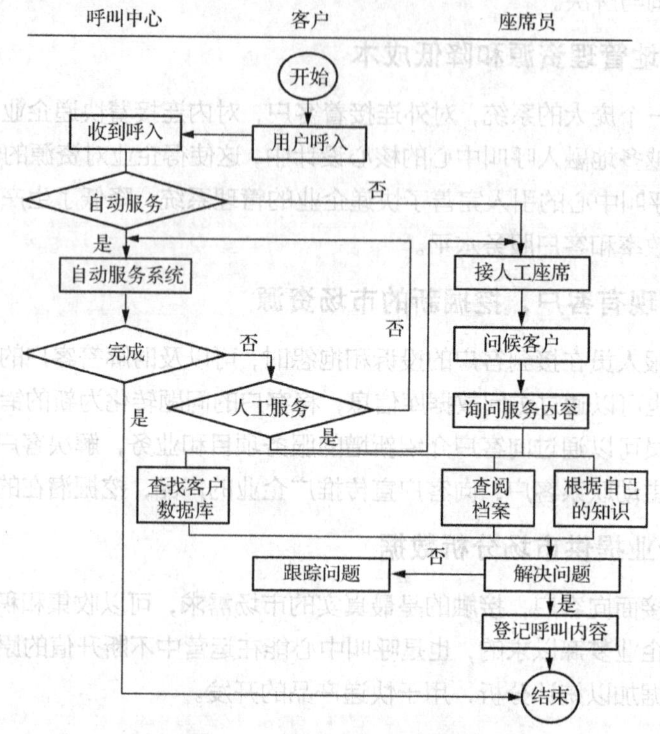

图 4-1　呼入电话处理流程图

座席员在处理呼入电话时要注意以下几个方面。

1．电话开场

客户打入电话，呼叫中心座席员要礼貌地进行电话开场。电话开场语气要平和，以拉近与客户之间的距离，让客户感受到自身强烈的服务意愿。开场白参考如下。

“您好！××号为您服务，请问有什么可以帮您？”

如果是在节日期间，可以在前面加上“××节日快乐!”，如果客户等待时间较长，可以加上“很抱歉让您久等了”，这样可使客户感受到亲切和真诚。

2．客户需求探寻

呼叫中心座席员在倾听电话时要伴以“嗯”“是的”等回应来肯定客户，表明自己在认真倾听，使客户感到被尊重；并适当进行提问引导以获得与客户沟通的主动权，迅速了解客户需求。

3．提出解决方案

呼叫中心座席员在确认客户的需求后，要尽量提出完整、精练、双赢的解决方案，如不能马上解决问题，在征得客户同意后，可转交相关部门解决。

4．确认咨询内容

呼叫中心座席员应随时准确记录咨询沟通内容，并确认记录内容是否与客户的需求相吻合，确认过程中可使用如下语句："您看这个问题可以这样吗……""请问还有其他问题吗？"

5. 结束电话

呼叫中心座席员应在客户先挂电话后，方可挂电话，以防客户在咨询接近尾声时突然想起其他咨询内容。

（三）呼出电话处理流程

呼出电话处理流程如图 4-2 所示。

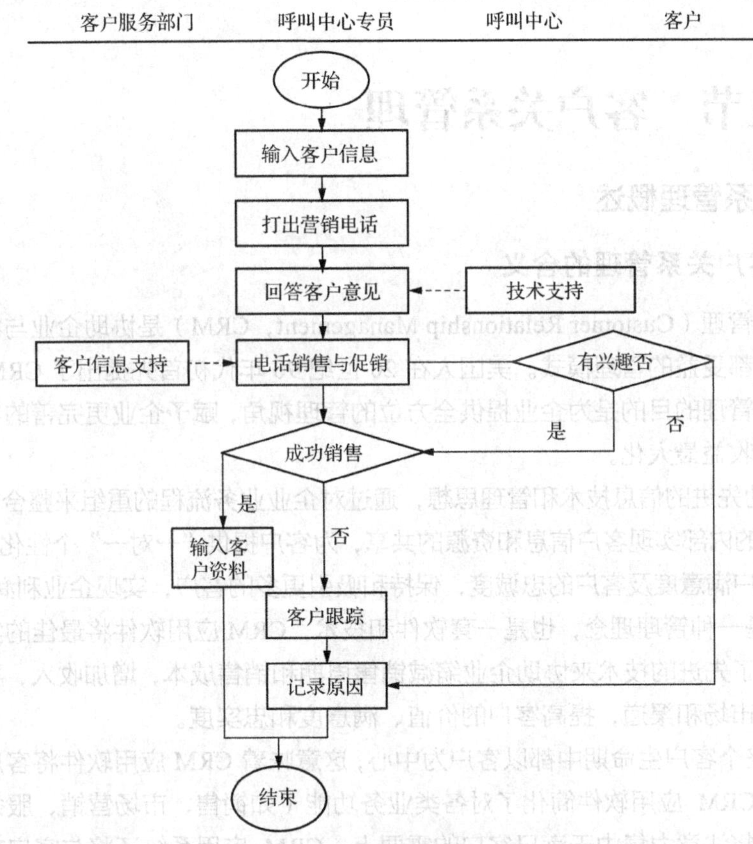

图 4-2　呼出电话处理流程图

1. 做好沟通前的准备

呼叫中心座席员根据业务需要设立呼出沟通的目标，明确希望通过沟通要达到的目的，然后选择需要沟通的客户对象，并了解其具体信息，包括姓名、电话号码、地址、工作单位等。

2. 电话开场

跟呼入电话处理流程中的电话开场一样，呼叫中心座席员在呼出电话后也要礼貌地进行电话开场。语气要平和，以拉近与客户的距离，让客户感受到真诚的服务意愿，消除客户的戒备心理。

参考开场白如下。

"您好，我是××公司客服人员，请问是×先生（女士）吗？"

"您好，请问是×先生（女士）吗？我是××公司××，上次在×地见过您。"

3. 电话沟通

简要说明呼出电话的意图，对客户的问题进行细致耐心的解答。如客户有其他事情要处理，应约好下次沟通的时间，并守时、主动地进行下一次沟通。如客户拒绝此次沟通，也要礼貌致谢。

4. 电话结束

电话结束时，要真诚地向客户表示感谢。

// 第三节 客户关系管理

一、客户关系管理概述

（一）客户关系管理的含义

客户关系管理（Customer Relationship Management，CRM）是协助企业与客户建立关系，使得双方都受益的管理模式。美国人在 20 世纪 90 年代初首先提出了 CRM 的概念，认为客户关系管理的目的是为企业提供全方位的管理视角，赋予企业更完善的客户交流能力，实现客户收益最大化。

CRM 借助先进的信息技术和管理思想，通过对企业业务流程的重组来整合客户信息资源，并在企业的内部实现客户信息和资源的共享，为客户提供"一对一"个性化服务，提升客户价值、客户满意度及客户的忠诚度，保持和吸引更多的客户，实现企业利润最大化。

CRM 既是一种管理理念，也是一套软件和技术。CRM 应用软件将最佳的实践过程具体化，并使用了先进的技术来协助企业缩减销售周期和销售成本，增加收入，寻找扩展业务所需的新的市场和渠道，提高客户的价值、满意度和忠实度。

CRM 在整个客户生命期中都以客户为中心，这意味着 CRM 应用软件将客户当作企业运作的核心。CRM 应用软件简化了对各类业务功能（如销售、市场营销、服务和支持）的协调过程并将注意力集中于满足客户的需要上。CRM 应用系统还将与客户交流的多种渠道，如面对面、电话接洽以及 Web 访问融为一体，这样，企业就可以按客户的喜好使用适当的渠道与之进行互动性交流。CRM 应用系统通过对所收集的客户特征信息进行智能化分析，可为企业的商业决策提供科学依据。

总之，CRM 是通过赢得、发展、保持有价值的客户，增加企业收入，提高客户满意度的商务战略。

（二）客户关系管理的功能

CRM 的基本功能包括客户管理、时间管理、联系人管理、销售管理、潜在客户管理、营销管理、客户服务，有的还涉及呼叫中心、合作伙伴关系管理、商务智能、知识管理、电子商务等。CRM 的根本作用就是为了提高客户满意度，通过提高客户满意度整合企业内部的经营要素，使原本各自为战的销售人员、市场推广人员、电话服务人员、售后维护人员等真正地协调与合作，更合理地利用以客户资源为主的企业资源。它的实施可有效降低成本，为企业新增价值。CRM 的具体功能如下。

1. 提高市场营销效果

企业可通过 CRM 的营销管理模块，对市场营销活动加以计划、执行、监测与分析，通过调用企业外部的各种资源，与客户发生关联；同时通过 CRM 的销售功能模块，提高企业销售过程的自动化水平，协调企业其他经营要素，使企业内部达到资源共享，提高企业销售部门的整体反应能力和事务处理能力，从而为客户提供更快速、周到的优质服务，吸引和保持更多的客户。

2. 为生产、研发提供决策支持

CRM 的成功还在于数据存储和数据挖掘。企业通过 CRM 所收集的资料了解客户，发现具有普遍意义的客户需求，合理分析客户的个性需求，从而挖掘具有市场需求而企业未提供的产品品种和产品功能，并通过对原料供应、社区环保、金融贸易政策等各种信息的收集与分析，结合盈利模型测算，为企业确定产品品种、产品功能及性能、产品产量等提供决策支持。

3. 技术支持的重要手段

CRM 使企业有了一个基于电子商务的面向客户的前端工具，企业通过 CRM，借助通信、互联网等手段，利用本企业的资源及销售商、服务商等合作伙伴的共享资源，为已有客户提供个性化的技术解答、现场服务、产品修理等支持和服务。

4. 为财务策略提供决策支持

企业通过中介机构和其他途径获得客户的信用状况，通过 CRM 系统的处理，反馈出企业对不同客户提供的不同的财务策略，企业销售人员可据此在与客户的前期洽谈、合同签订、货款回收等过程中采取合理的对策。

5. 为适时调整内部管理提供依据

企业的 CRM 应用系统是企业整个内部管理体系的重要部分，企业通过 CRM 应用系统的反馈信息可以检验企业已有内部管理体系的科学性和合理性，以便及时调整内部管理的各项制度。

6. 优化企业的业务流程

CRM 的成功实施必须对业务流程重新设计，使之更趋合理化，才能更有效地管理客户关系，降低企业成本。

（三）客户关系管理解决的问题及思路

客户关系管理解决四个维度的问题，其思路如图 4-3 所示。

（四）客户关系管理的目标

快递是一种“门到门”的服务，因此，“以客户为中心”成为快递企业生存的基础和理由，快递企业的客户关系管理必须围绕客户进行组织结构设计和流程设计，以便更好地满足客户的个性化需求。与传统的第三方物流和货运代理相比，快递业务具有动态性、实时性、地域分布广等特点，要避免快递企业陷入混乱有两个较为有效的手段：其一，必须有一条主线串起所有业务环节，这条主线就是“以客户为中心”；其二，要进行全方位的信息化管理，这同样也要通过“以客户为中心”展开。

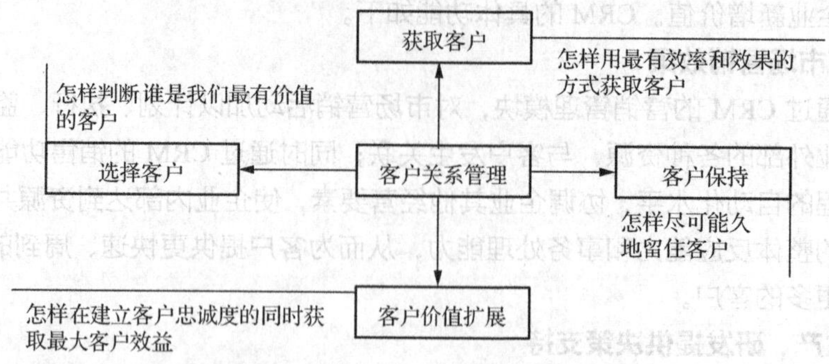

图 4-3　客户关系管理解决问题的思路

通过“以客户为中心”的理念开展客户关系管理可以达到以下目标。

（1）使组织结构更加紧凑合理，流程更加顺畅高效。通过采用信息技术，可以提高业务流程处理的自动化程度，实现企业范围内的信息共享，提高企业员工的工作能力，并有效减少培训需求，使企业内部能够更加高效地运转。

（2）通过主动服务、自动服务等手段大幅度节省费用、节约人力成本，通过新的业务模式（电话、网络）扩大企业经营活动范围，及时把握新的市场机会，占领更多的市场份额。

（3）提升服务。客户可以自己选择喜欢的方式，同企业进行交流，方便地获取信息以得到更好的服务。客户满意度的提高，可帮助企业保留更多的老客户，并更好地吸引新客户。

二、基于 CRM 应用系统的客户关系管理内容

（一）客户信息管理

CRM 应用系统的客户信息管理内容包括客户的名称、所属行业及组织机构、各种形式的通信方式，以及客户的业务记录，如客户的不足、优势、信用状况、结算方式等。

（二）业务跟踪和控制管理

CRM 应用系统还会记录客户最近的快递使用情况，包括使用的时间间隔和业务记录；客户与其他快递企业业务往来的情况；客户与本企业的业务关系及合作态度。

（三）内部客户管理

CRM 应用系统还存储内部客户的信息，如姓名、住址、电话、爱好、文化程度、毕业院校、所学专业、进入本企业的时间，以及工作履历、工作部门、培训记录、业绩考核、工作计划、总结与建议。

（四）客户保持管理

客户保持管理的内容包括每次拜访客户的时间、地点与成效等；客户交接情况的详细记录，如内部客户及外部客户的交接情况；客户投诉记录；客户流失预警、处理及跟踪；黑名单客户的管理。这也是 CRM 应用系统的一部分。

（五）客户理赔管理

客户理赔管理内容包含理赔的客户名称与单号、事故缘由记录、保险情况、理赔交接、理赔统计等。这也是 CRM 应用系统的一部分。

（六）企业决策分析

企业决策分析主要包含数据分析与处理、CRM 应用系统计算客户开发和维护的成本与利润，可为企业的下一步决策做数据支撑。

三、客户关系管理实施

CRM 给企业增加的价值可主要从两个方面来体现：通过对客户信息资源的整合，在企业内部达到资源共享，从而为客户提供更快速周到的客户服务，吸引和保持更多的客户；通过对业务流程的重新设计，更有效地管理客户关系，降低企业成本。因此，成功的 CRM 实施离不开系统资源和企业文化两方面，只有这两方面同时满足，才能达到增加企业盈利和改善客户关系的效果。

（一）CRM 的构建步骤

1. 确立客户关系管理系统的目标

为了获得战略上的成功，企业在考虑部署其方案之前，首先要确定利用 CRM 要实现的具体目标，如提高客户满意度、缩短产品销售周期，以及增进合同的成交率等。

2. 明确使用人员的实际需求

在充分了解快递企业的业务运作情况后，接下来需从业务经理和客户经理的角度出发，确定 CRM 所需的功能。就快递企业而言，CRM 存在两大客户群：营销人员和客服人员，在构建 CRM 时应考虑这些使用人员的实际需求。

3. 选择供应商

确保所选择的供应商对快递企业所要解决的问题有充分的理解，了解供应商所提供的 CRM 的功能及应如何使用其客户关系管理系统，确保供应商所提交的每一个软、硬件设施都有详细的文字说明。

4. 优化业务流程

确保利用 CRM 能识别出哪些客户导致了企业成本的发生，哪些客户对企业快递服务提出过抱怨，要对客户进行差异化分析。同时与客户保持积极接触，向客户提供多种可行的联系渠道。

5. 开发与实施

客户关系管理方案的设计，需要企业与 CRM 供应商两个方面的共同努力，为了使方案得以迅速实现，企业应首先开发当前最迫切需要的功能，然后分阶段不断添加新的功能。此外，企业还应根据业务需求，不断对使用者进行培训。

（二）CRM 成功实施的要素

1. 企业高层领导的支持

成功的 CRM 项目都有一个项目支持者，从总体上把握这个项目，为项目提供战略方向和指导思想，保障这个项目的顺利开展。

2. 适当调整组织结构

项目组要根据对当前业务流程的调查与分析，从企业内外征求改进业务流程的好建议，进行业务运作流程的重组。

3. 快递企业积极参与

在 CRM 项目的各个阶段（需求调查、解决方案的选择、目标流程的设计等），快递企业要积极参与，使这个项目成为对客户负责的项目。

4. 以客户为中心

在实施过程中，要从客户的角度出发，一切为了客户，为客户创造方便。

（三）CRM 系统的有效构建

1. 整合企业的信息系统

企业的信息系统是企业管理思想的体现，在建立 CRM 系统时，应将客户关系管理的思想融入企业的信息化建设中，对已有信息系统进行改进，建立统一的客户信息数据库供企业各部门共享。建立统一的客户信息数据库需对企业业务流程进行改造，在流程改造过程中，要充分考虑客户的价值，减少非增值活动，简化任务，提供客户满意的产品和服务，快速响应客户需求。

2. 建立企业客户分类标准

快递企业应针对不同客户提供不同的服务，并根据客户的不同需求，提供不同的服务，制订不同的营销策略，建立客户分类标准。

快递企业客户分类标准可采用近期购买次数、购买频度和购买的金额，企业还可根据自身特点，加入其他指标，如消费方式、地理位置等，另外还可应用数据挖掘技术，在企业已有客户信息中根据企业所关心的客户特征，通过聚类分析，得到企业新的分类标准。

根据分类标准对企业客户信息进行分类处理后，在同类客户中根据信息进行统计分析，发现共同特点开展销售，做到在客户下单前，就了解客户需要，有针对性地进行产品推荐，实现营销。

3. 规范客户信息使用，有效收集客户信息

CRM 系统能有效应用的一个重要因素就是客户数据的有效性，企业建立 CRM 系统后，往往会设计各种表格并通过各种渠道收集客户信息，在收集信息时，要从客户的角度出发，避免无效信息的收集。企业应尊重客户个人信息的隐私性，只有对客户信息进行保护，才能建立企业与客户间的信任关系，才能有效地开展与客户的相关活动。一个不尊重客户信息隐私性的企业，是不可能做好客户关系管理的。

在客户信息的使用上，企业应根据企业员工的工作性质设置不同的使用权限，客户信息只有部分是在全企业内可公开共享的。例如，企业根据其内部各部门的工作需求对客户反馈的问题、售后服务的记录等设置了相应的使用权限。

4. 客户投诉信息的有效收集与使用

客户信息不仅能帮助企业有效制订营销策略，提高产品销售，还可以帮助企业更好地实现客户关怀，建立与客户的长期合作关系，并将客户信息应用于企业经营决策中。值得注意的是，在企业实施 CRM 的过程中，无论客户是以何种渠道（呼叫中心、电子邮件、信函，或与企业员工直接接触）向企业反馈投诉意见，企业都要认真收集这些投诉意见，并记录到数据库中。

企业应教会每一位员工正确处理客户的抱怨与投诉，学会聆听客户意见，并想办法解决客户问题。

5. 建立基于 Web 和计算机系统的集成呼叫中心

呼叫中心是企业为了密切联系客户，利用电话作为交互的媒体，为客户提供及时的咨询与技术支持的服务。现阶段的呼叫中心基于计算机与通信技术，具备互联网访问功能，能提供电话呼叫、E-mail 应答、基于 Web 对客户请求进行应答等服务，不仅对外部客户提供服务，也为企业内各部门的合作提供技术平台，将企业连为一体、完整的综合信息服务系统。

为提高呼叫中心的工作效率，CRM 系统还应具有电子邮件的辅助回复功能，建立常见问题回复模板，对客户邮件自动扫描识别关键字，自动选择所需模板进行回复，减轻客服人员的工作量。

呼叫中心的建立还可与企业的办公自动化建设结合起来，在企业内的局域网中通过 OA 平台有效进行客户信息的发布和收集。

（四）CRM 与电子商务的整合

电子商务是从 20 世纪 90 年代中期才开始蓬勃发展起来的，并正在以令人难以想象的速度进入社会、经济、生活，成了各界人士关注的重点，而客户关系管理则是电子商务的一个重要环节。电子商务利用信息技术，使企业各经营环节的信息及时、充分、有序地在企业内部和客户之间流动，提高客户价值、客户满意度和忠诚度，与客户建立起长期、稳定、相互信任的密切关系，实现客户资源的有效利用。

CRM 的核心思想是把客户群体看作企业宝贵的资源，并尽可能地将其纳入企业的控制范围内，以增加客户价值为中心，有效满足客户的个性化需求，改善客户关系，提高企业的市场竞争能力。

在电子商务环境下，理解客户的需求、满足客户的期望是企业面临的最大的挑战。网络环境的便利可以使客户在几秒内成为竞争对手的客户。客户的需求随时都在变化，但根据 CRM 系统过去的客户变化情况，营销人员仍然可以通过调出 CRM 系统以前的历史数据进行比较，总结出客户需求变化的特点，以便预测客户需求的变化，做出准确决策。

（五）E-CRM 与 M-CRM

1. E-CRM

基于互联网平台和电子商务战略的客户关系管理系统统称为电子客户关系管理（简称为 E-CRM）。

如今，电子商务的快速发展已成为必然的走向，电子商务的产生对传统 CRM 的做法提出了重大的挑战与质疑，传统的 CRM 逐渐显露了其不足之处。E-CRM 能为企业在电子商务时代创造更大的竞争优势，提出更适合的解决方案。E-CRM 有以下特色。

（1）统合性。它是前端与后端的统合，更重要的是，不论是人工服务还是自动化服务，企业所提供的解答都相当一致。

（2）一对一。E-CRM 是以每一个客户作为一个独立的单元的，所以客户行为的追踪或分析也以单一客户为单位。同时，应对策略或行销方案也依照每个客户的个别状况来提供。

（3）迅速性。网络时代客户能快速地接收大量信息，所以客户的偏好也不断地改变，企业必须不断地观察客户行动的改变，并立即调整应对策略，才能掌握先机，赢得客户。

2. M-CRM

无线通信技术与无线互联网的发展为客户关系管理系统插上了“移动”的翅膀。移动客户关系管理系统（以下简称 M-CRM）是一套基于短信技术的客户关系管理软件，适合对客户关系管理中的会员管理需求高的服务型企业使用，可提供如短信入会、积分管理、信息发布等功能，能极大地帮助企业掌握商业机会。

移动客户关系管理系统有效地解决了快递企业未能建立有效的客户资料数据库，无法进行客户细分、客户关怀及有针对性的客户营销、即时广告宣传、即时沟通等这些在传统客户关系管理中所面临的问题。它将会员卡与手机号码绑定，手机的双向功能保证了企业与客户之间的沟通与联系，保证了企业可以将促销与优惠信息直接发布到客户手机中。同时，M-CRM 具有强大而简便易用的后台数据库及应用功能，可以方便地录入客户资料，定时进行客户关怀，根据行业需要、客户消费习惯等细分客户，从而帮助企业对客户进行个性化营销。

M-CRM 的特点包括：

（1）无须印制会员卡，会员卡与手机号码绑定；

（2）提供客户细分功能，企业能迅速、直接、有效地发布促销信息，效果远高于“派传单”等传统方式；

（3）与会员沟通费用更低；

（4）流程清晰易懂，操作简便高效。

// 第四节　客户流失分析

一、快递客户流失概述

（一）快递客户流失的概念

快递客户流失是指快递客户放弃目前使用的快递企业的服务。对快递客户流失的界定可以从以下四个方面着手：一是客户因为自身某种原因放弃目前提供过快递服务的企业；二是客户由于不道德行为等原因被目前提供快递服务的企业主动剔除；三是客户从目前提供快递服务的企业转向其他快递企业；四是客户从高价值客户成为低价值客户。

（二）客户流失的代价

研究数据显示，一般企业每 5 年就会失去半数的客户，一个满意的客户会将自己愉快的体验告诉 4～5 个其他的人。而一次糟糕的体验将会有 7～13 人知道。一个企业获取一个新客户的成本是保留一个老客户的 5 倍，一个企业如果每年降低 5%的客户流失率，利润每年可增加 25%～85%，所以有效预防客户流失，相当于给企业创造了一笔可观的利润。

快递客户流失会导致快递企业的收入损失，失去大量客户会对快递公司的财务状况造成极为不利的影响。同时，当出现客户流失时，快递企业通常还会为了挽留老客户或吸引新客户而增加广告投入。

快递客户流失不仅会给快递公司带来经济上的重大损失，而且会给快递企业内部的工作环境带来恶劣影响，同时也会使企业的工作计划和财务预算产生混乱。如果在快递企业业务总量中占很大比例的重要客户突然离开企业，企业将无法测算当年的收入及人员安排、设备配备。

快递客户流失所产生的更重大的代价是影响快递企业的声誉，长期居高不下的客户流失率势必会大大影响快递企业在市场上的声誉，这种影响使企业很难通过其他营销方法或广告再次赢回声誉。

（三）客户流失分析的意义

通过有效的客户流失分析，总结出客户流失的原因，归纳客户流失的类型，有利于增加客户对快递企业的品牌认同，同时也能为快递企业再次赢回客户，赢回的客户已经对企业的产品和服务非常熟悉，快递客服人员对这些老客户的个性化需求非常了解，因而可以向其提供更有针对性的服务。

二、快递客户流失的原因

对于快递客户流失，一般而言可以从快递企业和客户两个方面寻找原因。

（一）快递企业方面的原因

1. 服务质量不好

服务质量不好是导致快递客户流失的最重要的原因。服务是快递客户购买产品时最主要的附加值，如果快递客户在购买的过程中，客服人员在某一环节的服务不到位，如收派员的态度蛮横无礼，呼叫中心座席员的工作效率低下，企业管理人员处理问题拖拉，都会让客户情感受到伤害，对快递企业产生不信任感，导致客户流失。

据调查统计，客户回头率 90%以上取决于客服人员是否有礼貌，而不是价格、产品等，服务不好会造成 94%的客户离去，没有解决客户的问题会造成 89%的客户离去。通过较好地处理客户的投诉可挽回 75%的客户，如果企业尽最大的努力处理客户投诉，将有 95%的客户继续接受企业的服务。

2. 企业内部客户流失

快递企业内部客户即企业员工的流动导致外部客户流失，这是现今快递客户流失的重要原因之一，特别是高级营销管理人员的离职变动，很容易带来相应客户群的流失。客户与企业之间的关系往往由客户与营销人员的关系维系，而企业自身对客户的影响相对乏力。营销人员是每个快递企业最大且最不稳定的“大军”，如果控制不当，在他们流失的同时，往往会伴随着客户的大量流失。这种内部客户和外部客户的双流失的现象在快递企业里比比皆是。

3. 企业创新不足

任何快递产品都有自己的生命周期，当今世界，随着经济发展、社会进步、市场竞争，客户对快递产品的品质要求不断提高，客户选择的范围不断扩大，视野也更开阔。如果企业固步自封，不能跟随市场推陈出新，进行产品的升级换代，客户在企业产品范围内找不到适合自己的产品，则很容易寻求其他快递企业来替代。

4. 市场监控不力

快递企业对市场监控力度不足，导致快递产品价格混乱，营销方式不够规范，这些都将严重打击客户信心，导致客户流失。

5. 竞争对手抢夺

快递客户毕竟是有限的，特别是优秀的快递客户，更是弥足珍稀，20%的优质客户能够给一个企业带来80%的销售业绩，这是个恒定的法则。所以，优秀的客户往往会成为各大快递企业争夺的对象。

6. 企业与客户沟通不畅

有些快递企业在管理上不规范，长期与客户缺乏沟通联系。快递企业的市场营销和管理不到位，不能够与客户进行充分的沟通，甚至连客户工作变动等重大信息都不清楚，在这种情况下，就很容易产生客户流失。

（二）客户方面的原因

1. 客户遭遇了新的诱惑

在激烈竞争的快递市场中，各快递企业都使出了浑身解数，为客户的个性化需求提供差异化的快递服务，为了能在市场上获得竞争优势，快递企业的竞争对手们往往不惜一切代价以优厚的条件打动客户，吸引那些资源丰富的客户。客户的选择是自由的，当有其他企业提供了更大的客户让渡价值时，客户可能会因此投向竞争对手。

2. 大众客户受到了轻视

大多数快递营销人员都知道二八定律，很多快递企业都设立了大客户管理中心，广告促销政策也都向大客户倾斜。而企业对大众客户则采取不闻不问的态度使得很多大众客户缺乏忠诚甚至离去。其实不要小看大众客户20%的销售量，如一个年销售额为10亿元的快递企业，其大众客户产生的销售额也有2亿元左右，且从大众客户身上所能赚取的纯利润率往往比大客户高。而且由于快递大众客户的分布广，口碑效果非常明显。当客户受到了轻视后，往往就会重新选择那些能给予他们充分重视的企业，而这种重视有时就是客服人员的一句温馨问候。

3. 客户不合理要求没有得到满足

少数快递客户为获得快递企业更多的优惠，以主动流失来要求企业让利，当企业不能满足他们的要求时，客户选择真正流失。

4. 客户内在需求的转变

客户自身的客观条件改变，如消费观念改变、生活方式改变或工作调动等方面的原因，造成了自身需求的变化，从而选择了其他能满足其新需求的快递企业的产品及服务。

在客户流失的过程中，快递企业要密切关注流失客户的数量和类型，以此掌握企业的营销情况，并且尽量了解客户流失的真正原因，以便有针对性地调整相关的策略措施，改善服务中存在的不足。

如果在流失的客户中，优质客户的数量有上升趋势，要引起企业的高度重视，并深入了解、分析原因。快递企业要善于听取客户的意见，通过设立客户反馈机制等各种方法来听取客户的心声，获取对企业发展有价值的信息。

三、快递客户流失的类型

快递客户流失类型可以根据不同的方法分类，最实用的分类方法是按照客户流失的原因分类。

（一）无意客户流失

无意客户流失是指客户非计划性地终止原来使用的服务或产品，无意客户流失包括财务状况变化导致的客户流失、地点变化导致的客户流失等。

财务状况变化导致的客户流失是指客户失业、破产、大笔钱款用尽或遭遇其他种类的财务灾难，也可能是客户收入提高造成的消费水平升高等。

地点变化导致的客户流失是指客户因为地点变化，在新的工作环境及生活环境中没有使用原快递企业的服务。

（二）蓄意客户流失

多数情况下，无意客户流失是任何行业中都会存在的一种自然客户流失现象。而蓄意客户流失发生的原因主要有价格、服务质量，以及社会心理等方面的因素。

因价格原因造成的客户流失是一种较为常见的客户流失类型。不少快递客户更换快递企业的重要原因就是价格。由于客户对价格极其敏感，所以快递企业必须对来自竞争者的价格压力予以回应，可以采用比较灵活的促销活动，向客户暗示他们会得到的利益，避免针锋相对的价格竞争。

服务质量不好是造成客户流失的另一重要原因。快递客户服务人员态度不太友好、对企业的业务不精、对抱怨和投诉不理不睬等情况都可能导致客户流失，服务质量不好还可能是因为客户服务人员缺少客户的资料，缺少关于促销、活动和服务问题方面的资料，缺少培训以及在总体上让他们熟悉快递业务的时间。

除了价格和服务质量造成客户流失外，还有一些其他因素对客户流失的形成有一定影响，如社会心理因素。如人们经常因为受朋友和家人的影响而改变使用某家快递企业产品的决定。

四、预防客户流失的举措

（一）建立良好的客户关系

客户包括内部客户和外部客户，企业要致力于提高其忠诚度，建立完善的客户关系管理体系，增强企业与客户的沟通和联系，减少内部、外部客户流失。

感情是维系客户关系的重要方式。快递企业可通过日常拜访、节日问候、有针对性的专访等方式加强与客户的沟通，多了解客户的意见和需求，及时发现问题并立即采取措施处理，及时调整企业的经营策略，保证流通渠道的有序运作，有效降低经营风险，留住客户。

（二）加强服务质量管理

树立“客户至上”的服务意识，为客户提供优质服务。提高服务质量是维护快递客户忠诚的最佳保证，是保持增长和盈利的有效途径，也是对付竞争者的有力武器。在快递服务质量上下大功夫，保证快递产品的安全性、便捷性、准确性，才能真正吸引客户、留住客户。在处理客户的投诉等问题上，要正面应对，不要推诿，要积极解决问题，并勇于承担自身责任。在服务过程中，要摆正态度，正确处理与客户的冲突，耐心、诚信、专业地化解矛盾，最大限度地留住客户，保持客户满意度。

（三）塑造良好的企业形象

良好的企业形象可以增加客户对快递企业所提供的产品和服务的信赖度，有助于增强客户对快递企业的忠诚度，从而让快递企业在行业中处于领先地位。快递企业形象的塑造主要包括以下几个方面。

1. 内部客户形象塑造

快递企业内部客户（即员工）是塑造和传播企业形象最活跃的决定性因素。内部客户是企业中基层的实践者，企业的产品质量、服务质量、工作水平的状况，最终取决于内部客户的素质、责任心和敬业精神。内部客户是企业形象的代表者和展示者，他们的一言一行、一举一动随时都在传播企业的有关信息。

领导形象塑造也是内部客户形象塑造的内容之一，领导形象既包括领导外在形象，如领导的仪表、气质、工作方法、作风、交际方式等，又包括领导的内在素质形象，如理论水平、决策能力、创新精神、道德水平、信念和意志力等。

2. 快递产品形象塑造

快递产品是企业的直接象征，是企业形象最重要的缩影或代表。快递产品的形象是最直观、最具体的形象，是公众认识企业形象的第一个接触点。塑造产品形象的目标是塑造一个内在质量和外观质量相一致的，使客户满意、称心的产品形象。快递产品的设计重在体现其实用性、便捷性及准确性。

塑造快递产品形象时要注重品牌塑造。品牌是市场竞争的产物，是企业管理水平、产品质量、企业文化及营销方略等综合素质的全面体现，也是企业具有旺盛生命力的标志。品牌价值是产品质量、客户心理感受等的综合反映。

同时，快递企业要做好快递产品的创新。快递企业的产品一旦不能根据市场变化及时做出调整与创新，就会落后于市场。要走在市场前面来引导客户，适应市场的发展，才能取得成功。

3. 竞争形象塑造

在现代市场经济条件下，竞争构成了经济运动的大潮，任何一个企业都无法摆脱竞争环境，竞争环境就是企业的生存环境。因此，以良好的竞争形象展现在其他社会组织及公众面前，是塑造快递企业形象的重要内容。塑造竞争形象应注意遵循竞争规则、注意相互协作、相互理解、平等竞争。在塑造竞争形象时要把握竞争中的摩擦，正确处理竞争矛盾，寻找合作机会。

4. 信誉形象塑造

企业信誉是在长期的业务往来和商品交换中形成的客户对商品生产企业的一种信任感。作为一种重要的企业无形资产，企业信誉（也可称为商誉）是企业在其有形资产上能获取高于正常投资、报酬的能力的一种价值。从客户的角度看，企业信誉是能给他们以某种信任、荣誉、感情、个性、爱好等方面的满足，满足他们情感渴求和心灵认同的无形价值。企业塑造信誉形象要注意，在经营活动中应重合同、守信用，勇于承担社会责任，努力为公众办实事。

5. 环境形象塑造

企业环境是客户认识和识别企业形象的窗口。优美、整洁、高雅的环境，能给外部公众留下企业管理水平高、企业有内在活力和蓬勃生机、企业成员精神风貌好的印象。一个脏乱不堪、秩序紊乱的企业是没有能力做出好的工作业绩，生产出高质量的产品和提供优质服务的。因此，环境形象塑造要在优美高雅、整洁有序、个性鲜明等方面下功夫。

// 第五节 快递客户维护的技巧

卡特・罗吉斯说过："如果我能够知道他表达了什么，如果我能知道他表达的动机是什么，如果我能知道他表达了以后的感受如何，那么我就能信心十足地断言，我已经充分了解了他，并能够有足够的力量影响并改变他。"

一、与客户的有效沟通技巧

（一）沟通的分类

沟通是指各方围绕某一目标，为达成共识而进行的有效信息交流活动。实质上，沟通就是一种信息交换的活动。在快递服务中，沟通应该以客户为主体。在某种意义上，对客服人员来说，沟通已经不再是一种职业技能，而是一种生存方式。

依据不同的划分标准，可以把沟通分为不同的类型。

1. 根据信息载体的不同

根据信息载体的不同，沟通可分为语言沟通和非语言沟通。语言沟通建立在语言文字的基础上，又可分为口头沟通和书面沟通两种形式。人们之间最常见的交流方式是交谈，也就是口头沟通。书面沟通包括信件、备忘录、期刊、布告栏及其他任何与书面文字或符号有关的沟通手段。

非语言沟通指通过某些媒介而不是通过讲话或书面文字来传递信息。如快递业务员的精神面貌、与快递客户交流时的眼神和表情等都属于此类。非语言沟通内涵十分丰富，包括身体语言、语调、动作等多种形式。语言学家艾伯特·梅瑞宾的研究表明，人与人之间的沟通 93%是通过非语言沟通进行的，只有 7%是通过语言沟通进行的。在非语言沟通中，有 55%是通过面部表情、形体姿态和手势等肢体语言进行的，38%是通过音调的高低进行的。

2. 按信息传递途径的不同

按信息传递途径的不同，可以把沟通分为正式沟通和非正式沟通。正式沟通是指在一定的组织系统中通过明文规定的渠道，进行信息的传递与交流。例如，上级向下级下达指示，发送通知，下级向上级呈送材料，汇报工作，以及定期的会议制度等。由于正式沟通受组织的监督，发出信息的人谨慎从事，接收者严肃认真，所以沟通的信息真实、准确，缺点是沟通速度较慢，因为这种沟通往往必须逐级进行，有可能延误时间。

非正式沟通指在正式组织系统以外进行的信息传递与交流，如人们私下交换意见，议论某人某事等都属非正式沟通。其优点是沟通不受组织系统的监督和限制，可自行选择沟通渠道，所以沟通灵活方便，速度快，可以提供正式沟通难以获得的某些消息，人们的真实思想和意见也往往能在非正式沟通中表露出来，其缺点是信息的可靠性稍差。

当今，客户沟通方式正朝着电子化的方向发展，并且这种趋势发展得非常迅速。这种通过计算机向客户或世界上任何一个地方极其快速地传送信息的方式，不仅改变了传统的沟通方式，而且改变着工作环境本身。

（二）沟通的目的

沟通旨在更真实地了解客户的信息和客户的真实想法，进一步了解客户目前面临的问题和客户需求，排除实力较弱的竞争者，相对于较强的竞争者，取得更大的竞争优势。

（三）服务沟通的基本功

沟通是客服人员与客户建立和谐关系的开始，快递客服人员服务沟通基本功包括如下方面：记住客户姓名、观察客户言行、倾听客户声音、注意谈话技巧、发自内心的微笑、做好后续服务等。

尝试熟记客户姓名是建立和谐关系最强有力的方式，在与客户第二次打交道时，客户服务人员能在打招呼的同时唤出客户的姓名，这会让客户有种备受关怀重视的感觉，无形中会拉近与客户的关系。

学会从客户的言行举止中寻找谈话的切入点，以拉近与客户的关系。

要做一位出色的听众。一个好的听众才是一个懂得说话的人，只有完全听懂了客户需求后，提供的服务才会被视为珍宝。

微笑待人，微笑是世界上通用的语言，用笑容与人接近，即使对方情绪不稳定，也会因为你的笑容而有所缓和。真挚的微笑是人与人之间沟通的桥梁，所以微笑必须是真诚的、发自内心的。

做好客户的后续跟踪服务是快递客服人员不可忽视的工作。市场竞争日趋激烈，客服人员应变被动为主动，在积极开发新客户的同时，努力做好现有客户的巩固工作。

客服人员应尽量去了解客户的心理，并且试着去迎合客户的兴趣来展开舒适而愉快的谈话，谈话要把握好以下几个原则：主动打开话题；不要争论；少说多听，做个好听众；谈话不单调；不谈自己的私事；宁可谈理想，不要谈论人；不背后论人长短；尽量避免敏感话题；介绍快递产品和快递服务时，应用简单易懂的言辞，不要太专业化。

二、电话沟通技巧

（一）电话沟通的流程与要求

快递客服人员在给快递客户打电话或者接电话时，应遵循图 4-4 所示的服务流程。

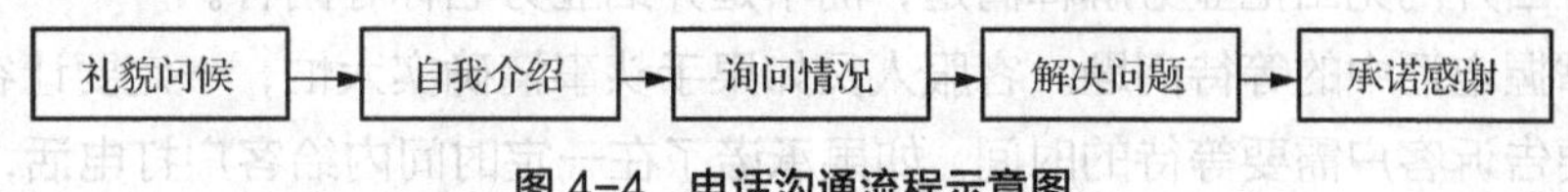

图 4-4 电话沟通流程示意图

在向快递客户问候的时候，鉴于电话沟通缺乏身体语言的表现，难以准确地表达复杂的思想和信息，客服人员要做到声音亲切、热情、自然，身体要坐端正，以避免声音受压抑，说话要清晰，语调要平和亲切，开场白要消除客户的顾虑，自我介绍要简洁明了，自己企业的名字应说得清晰而且缓慢，便于突出强调。在询问了客户之后，要迅速记下了解到的内容和捕捉到的信息，确定问题的实质和客户的真实想法。要认真倾听客户的倾诉，并在思考后迅速做出回应，表示出对客户的处境和心情的理解。

（二）电话沟通前的准备

列出需要电话沟通的目标客户清单，并根据不同客户合理安排打电话的时间表。将最重要的沟通电话安排在最合理的时段。准备流程如下。

（1）先熟悉客户的基本信息，如姓名、性别、年龄、职业与行业等。

（2）准备好开场白，并设计好自己要与对方电话沟通的内容。

（3）调整自己的心情，积极热情准备，并做好被拒绝的心理准备和语言准备。

（4）将要与客户沟通的内容要点以书面形式置于眼前，并准备好纸和笔，便于实时记录谈话时的一些要点。将尽可能多的客户资料、同事信息、竞争对手信息，以及业务宣传资料放在手边备用。

（三）电话沟通技巧

良好的电话沟通技巧可以帮助客服人员与每个人建立更稳固的关系。无论是接听电话还是拨打电话，下面介绍的这些技巧都非常适用。

（1）礼貌用语、热情问候。不管是接听电话，还是呼出电话，都要做到礼貌用语、热情问候。从电话沟通开始到结束，都要让对方感觉到备受关心。当然，客服人员不必表现得过分热情和兴奋，关键是要有一个积极的态度。

（2）微笑并保持语言平和。即使是通过电话沟通，也应让对方感觉到客服人员的微笑，可以在办公桌上放一面镜子，这样可以提醒自己一定要对客户微笑。在打电话时，要注意自己的语气，恰当的语气能够创造良好的气氛，而不要生硬地问候或回答客户，如“我是某某公司收派员”“是我，你有什么事？”

（3）沟通结束，后于客户挂机，并礼貌道谢。通话快要结束时，要再次重复电话中的重要内容，确保客户同意将要采用的方案，对客户表示感谢，并询问客户是否还有其他需要，一定先等客户挂机后方可挂机，挂机后，应立即记下有关的重要信息以免忘记。

（4）与客户交谈时，要避免使用一些企业内部或技术方面的专业词汇。过于专业的词汇会让客户理解起来很困难，而且还会让客户感到很不舒服。此时，他们可能就会觉得自己无话可说；或者会感到很有挫败感，变得很不耐烦，如某快递公司推出了一项快递新业务 2D1200，表示在前一天寄递的物品将会在第二天上午送达到客户的手中，作为客户服务人员，应当开门见山把业务解释清楚，而不是介绍业务名称等内容。

（5）掌握电话中的等待问题。客服人员如果手头事情确实太忙，一定要让客户等待，那么一定要告诉客户需要等待的时间。如果承诺了在一定时间内给客户打电话，那么就一定要遵守承诺。

（6）电话转接。如果你将电话转接给其他的人，一定要确保此人有时间接听电话，千万不要把电话反复转接；更不能随意把问题推给领导，如“我们公司就是这样规定的，要不你找我们领导”。这些都是电话沟通中所忌讳的。

（7）应对异议，换位思考，诚信从容。电话沟通中，客户常常表达异议，针对这些异议，快递客服人员要换位思考，一切为客户着想，诚信从容应对。如客户态度较差，客服人员务必不能对客户生气，要知道客户并不是针对客服人员本人。客服人员问清楚客户生气的原因以表示关心，避免客户情绪恶化。客服人员可引导并用心倾听客户重复描述事情的经过。

（8）在与竞争对手的情况进行比较时，应做到客观公正。评价对手不仅要客观公正，不诋毁对手，语气平和，不带主观色彩；更要做到扬长避短，突出本企业产品或服务的优势。

（9）要做好电话沟通的后续工作。电话沟通后，要整理好记录的表格，按照沟通确定的具体事项进行实施，并总结电话沟通中的经验教训。

三、客户抱怨与投诉的处理技巧

随着网上购物、电视购物等新型消费方式的兴起，加上经济的快速发展所带来的商务信函的日渐增多，快递服务已经越来越成为人们工作和生活不可或缺的服务。然而，由于各种客观原因，目前快递企业面临的投诉问题较多。如果快递客户能将对服务的不满通过抱怨或投诉的方式表达出来，使快递企业从中发现自己的不足，进行积极的弥补和改进，从而规范企业管理。如果快递客户的抱怨和投诉得不到应有的重视和及时解决，越积越多，将会对快递企业造成很大的损失。快递企业应正视客户的抱怨和投诉，做好相应的安抚工作。

（一）识别客户抱怨与投诉的心理动机与需求

1. 发泄的心理

有些客户在接受快递服务时，可能受到了某些挫折，导致其忧郁或心情不快，如快递客服人员不能妥善处理，他们可能会带着怒气抱怨和投诉。因此，快递客服人员要尽量制造愉悦的氛围，耐心倾听客户的不满，切忌打断客户，要及时引导客户摆脱低落的情绪。

2. 尊重的心理

有些客户由于在接受快递服务的过程中产生不快，投诉时希望获得道歉，且要求快递企业立即采取相应的措施等。因此对待抱有尊重心理的投诉客户，只要客户服务人员耐心多一点，态度好一点，诚意强一点，行动快一些，是比较容易处理的。如果漠然处之，则极易引起客户的不满和反感。

3. 补救的心理

有些客户投诉的目的在于补救，包括财产上的补救和精神上的补救。当客户的权益受到损害时，他们希望能够及时得到补救。例如，快递客户反响最强烈的快件寄丢或者快件没有及时送到的问题，如寄递的食品在路上耽搁近一个月以至于食品到达客户手中后已经过期，这给客户造成了财产上的损失，如果快递企业客户服务人员互踢“皮球”，则又给客户造成了精神上的损失。因此，客户投诉时，企业需要同时从这两方面补救。

（二）抱怨和投诉处理原则

快递客服人员在提供快递服务时，不仅要开发客户，更要留住客户。无论处理什么样的客户抱怨和投诉，都必须以客户的思维模式寻求解决问题的方法。抱怨和投诉处理原则包括以下几个。

1. 正确的服务理念

快递企业要强化全体员工的素质和业务能力，树立全心全意为客户服务的思想，员工要避免感情用事，始终牢记自己代表的是企业的整体形象。

2. 有章可循

要有专门的制度和人员来管理客户投诉问题，使各种情况的处理有章可循，保持服务的统一、规范。另外，要做好各种预防工作，使客户投诉防患于未然。

3. 及时处理

处理客户抱怨和投诉时切记不要拖延时间，推卸责任，各部门应通力合作，迅速做出反应，向客户说明事件的缘由，并力争在最短时间里全面解决问题，给客户一个圆满的结果。否则，拖延或推卸责任，会进一步激怒客户，使事情进一步复杂化。

4. 存档分析

对每一起客户投诉及其处理要进行详细记录，包括投诉内容、处理过程、处理结果、客户满意程度等。通过记录，吸取教训，总结经验，为以后更好地处理客户抱怨与投诉提供参考。

（三）处理客户抱怨和投诉的步骤与技巧

在快递服务过程中，处理客户抱怨和投诉是客服人员的一项重要工作，如何平息客户的不满，使被激怒的客户“转怒为喜”，是快递企业获得客户忠诚的重要手段。下面介绍一个能令客户满意的客户抱怨和投诉的处理方法，其应对原则及步骤如下。

C——控制情绪（Control）

L——倾听客户诉说（Listen）

E——建立与客户共鸣的局面（Establish）

A——对客户的情形表示歉意（Apologize）

R——提出应急和预见性的方案（Resolve）

下面将对这些原则及步骤进行详细介绍。

1. 控制情绪（C）

（1）目的

当客户发怒时，客服人员要处理的第一个因素是控制自己的情绪。客户在投诉时，往往心情不好，客户的语言或行为往往会让客服人员感受到被攻击、不耐烦，容易产生冲动，丧失理性，但这样会使事态发展得更加复杂。

（2）原则

可以不同意客户的投诉内容，但不可以不同意客户的投诉方式。客户投诉是因为他们有需求没有被满足，所以我们应该充分理解客户的投诉和表现出的失望、愤怒、沮丧、痛苦或其他情绪，而不要表现出与他们同样的情绪或责怪任何人。

（3）有效技巧

下边是一些面对客户投诉可帮助平复情绪的小技巧。

① 深呼吸，平复情绪。要注意呼气时千万不要大声叹气，以免给客户不耐烦的感觉。

② 迅速思考问题的严重程度，做出判断。

③ 客服人员要记住，客户不是对客服人员个人有意见。

④ 以退为进。如果有可能的话给自己争取点时间，如“我需要调查一下，10 分钟内给您回电”“我需要两三分钟时间同我的主管商量一起解决这个问题，您是愿意稍等一会儿，还是希望我一会儿给您打回去？”

2. 倾听客户诉说（L）

客服人员的情绪平复下来后，客户也需要镇定下来才能解决好问题。抚平客户的情绪是顺利解决问题的关键，客服人员首先要做的是倾听客户的诉说。

（1）目的

有效管理客户情绪，首先要明确客户投诉和不良情绪产生的原因。静下心来积极、细心地聆听，做一个好的听众，有助于达到以下效果。

① 把握客户投诉问题的实质和客户的真实意图。快递客户的不满与投诉的原因五花八门，在处理时需要抽丝剥茧，分析客户投诉问题的实质和客户的真实意图。

② 了解客户想表达的感觉与情绪。细心聆听的态度可以给客户一个宣泄的机会，客

服人员可辅以语言上的缓冲——为发生的事情道歉，声明你想要提供帮助，进而细心地聆听，表示出与客户合作的态度。这既能让客户一吐为快，使其愤怒的程度有所减轻，也能为自己后面提出解决方案做好准备。

（2）原则

倾听客户诉说时，不仅要注意事实，还要注意隐藏在事实背后的情绪，客服人员应该为了理解而倾听，不应为了回答而倾听。

（3）有效技巧

在客户恼火时，有效、积极的倾听是很有必要的。

① 全方位倾听。要充分调动大脑，综合判断你所听到、感到和想到的内容的一致性，用心体会、揣摩，听懂弦外之音。

② 不要打断。要让客户把心里想说的话都说出来，这是最起码的态度，中途打断客户的陈述，可能遭遇客户的反感。

③ 向客户传递其被重视的信息。

④ 对于投诉内容，如觉得没有了解清楚，要请客户进一步说明，但措辞要委婉。

3. 建立与客户共鸣的局面（E）

共鸣即站在他人立场，理解他人的参照系。共鸣与同情不同，同情意味着被卷入他人的情绪，而丧失了客观的立场，而共鸣则不同，分析如下。

（1）目的

对客户的遭遇深表理解，是化解争端的有力武器。当客户投诉时，他最希望自己的意见受到对方的尊重，能被对方理解。建立与客户的共鸣就是要换位思考。在投诉处理中，一句体贴、温暖的话语往往能起到化干戈为玉帛的作用。

（2）原则

与客户共鸣的原则是换位思考，真诚地理解客户，而非同情。只有站在客户的角度，想客户之所想，急客户之所急，才能与客户形成共鸣。

（3）有效技巧

实现客户共鸣的技巧有以下几个。

① 复述内容：用自己的话重述客户不满的原因，描述客户的感受。

② 对感受做出回应：把从客户那里感受到的情绪说出来。

③ 模拟客户的境地，换位思考。客服人员想象一下如果自己是客户，会做出什么样的反应。

④ 避免套话和敷衍。不要只是说："我能够理解。"这会引来客户的反感——"你才不能理解呢，又不是你丢了快件。"使用"我能够理解"时，务必在后面加上所理解的内容（如客户不满的原因）和所听到的客户的感受（客户表达的情绪）。共鸣的最大挑战便是让客户听起来很真诚。客服人员必须设身处地地为客户着想，在与客户沟通时表现出对客户观点的理解。

4. 对客户的情形表示歉意（A）

（1）目的

聆听了客户的投诉，理解了客户投诉的原因和感受之后，就有必要对客户的情形表示歉意，从而使双方情绪得以控制。

（2）原则

① 不推卸责任。当问题发生时，有些客服人员很容易逃避责任，把错误推到别人身上，这是不正确的。客服人员应及时“道歉”，即便知道是同事的错，也不要责备他（她），否则只会使客户对企业整体留下不好的印象，那么也会对客服人员个人留下坏印象。

② 及时道歉。当不是自己的过错时，人们往往不愿意道歉。为使客户的情绪更加平静，即使不是客服人员的错误，客服人员也要代表企业及时“道歉”，为客户情绪上受的伤害表示歉意。

③ 道歉要有诚意。客服人员一定要发自内心地向客户表示歉意，不能口是心非，否则就会让客户觉得是心不在焉地敷衍。当然，也不能一味地用道歉来搪塞，必须有实质性的内容。

④ 不要说“但是”。道歉时，最大的“错觉”之一就是说“我很抱歉，但是……”这个“但是”否定了前面说过的话，使道歉的效果大打折扣。快递服务出现差错的原因通常与内部管理有关，客户并不想知晓，如果当快递客服人员说“对于你快件的丢失，我很抱歉，但是我们太忙了”，客户刚刚平复的情绪恐怕会一下子又被激怒了。

（3）有效技巧

① 为情形“道歉”，而不是急着去责备谁。即使是在责任的归属上还不是很明确，需要进一步认定责任承担者时，也要首先向客户表示歉意，但要注意，不要让客户误以为企业已完全承认是自己的错误，我们只是为情形而道歉。例如，可以说“让您不方便，对不起。”“给您添了麻烦，非常抱歉。”这样既有助于平息客户的愤怒，又没有承担可导致客户误解的具体责任。

② 客户出了差错时，千万不要责备客户，要积极引导客户。他们也许不对，但他们仍是客户。

5. 提出应急和预见性的方案（R）

在积极地倾听、共鸣和向客户道歉之后，双方的情绪得到了控制，此时应该把工作的重点从互动转到解决问题上去。平息客户的抱怨与投诉，问题不在于谁对谁错，而在于争端各方如何沟通处理，如何更好地解决问题。

（1）目的

解决客户投诉并提供改善建议。

（2）原则

对于客户投诉，要迅速做出应对，要针对问题提出应急方案；同时，客服人员应提出杜绝类似事件发生或对类似事件进行处理的预见性方案，而不仅是应对手头的问题就万事大吉了。

（3）有效技巧

① 迅速处理，向客户承诺。客服人员应迅速就目前的具体问题，向客户说明各种可能的解决办法，或者询问他们希望怎么办，充分听取客户对问题解决的意见，并对具体方案进行协商，然后确认方案，总结将要采取的各种行动，要重复客户关切的问题，确认客户已经理解，并向客户承诺不会再有类似事件的发生。

② 深刻检讨，改善提高。在客户投诉的过程中，负责投诉处理的员工要记录好投诉过程的每一个细节，把客户投诉的意见、处理过程与处理方法记录在处理记录表上，以便深入分析客户的想法。而每一次的客户投诉记录，都应存档，以便日后查询，并定期检讨产生投诉意见的原因，从而加以修改。

要充分调查此类事件发生的原因，仔细思考为了防止此类事件的再度发生是否需要进行变革，服务程序或步骤要做哪些必要的转变。并提出预见性的解决方案，即改善服务质量的方法，以降低或避免将来发生类似的投诉。

③ 落实。对所有客户的投诉意见及其产生的原因、处理结果、处理后客户的满意程度，以及快递企业今后改进的方法，均应及时用各种固定的方式，如例会、动员会、早班会或企业内部刊物等，告知所有员工，使全体员工迅速了解造成客户投诉的前因后果，并充分了解处理投诉事件时应避免的不良影响，以防止类似事件再次发生。

④ 反馈投诉的价值。客户进行投诉，其对快递服务的不满无疑也给企业提供了认识自身服务缺陷和改善服务质量的机会。于情于理，快递企业要真诚地对客户表示感谢，并就企业为防止类似事件的再次发生所做出的努力和改进的办法向客户说明，真诚地欢迎客户再次合作。

客服人员在处理各种客户投诉时，要掌握两大原则：一是客户至上，永远把客户的利益放在第一位；二是迅速补救，把客户的每次抱怨和投诉看作快递企业发现弱点、改善管理的机会。只有这样才能重新获得客户的信赖，提高快递企业的业绩。

（四）安抚客户的常用语

安抚客户是为了平息客户怨气，帮助客户解决问题，下面是常见的一些安抚客户的用语。

"我们非常理解……"

"如果我是您，也一定会这样认为。"

"确实是由于我们在工作中出现了疏忽，给您带来了这么多麻烦，非常抱歉。"

"如果您能告诉我们您的具体要求，我们会认真考虑的。"

"非常抱歉，您的问题我们一定会尽最大努力帮助您解决。"

"相信您和我一样希望问题得到妥善解决。"

"您希望我怎样帮您？也许我可以给您更好的建议。"

四、倾听的技巧

戴尔·卡耐基说过，在生意场上，做一名好听众远比自己夸夸其谈有用得多。如果客服人员对客户的话感兴趣，并且有急切想听下去的愿望，订单通常会不请自到。

倾听，是最好的服务方法之一。对推销而言，善听比善辩更重要。客服人员通过"听"能够获得客户更多的认同，从而赢得客户的信赖。

有效地倾听是客服人员了解客户需求的基本手段之一。需求是指客户想要或期待对方提供的服务。很多时候，需求不是直接传递给客服人员的，而是客服人员通过一系列的推测或非语言信号才得知的。一个优秀的倾听者会洞察一切暗示，并由此提出问题来挖掘客户更深层次的需求。

（一）高效与低效倾听者的特征

一个人是高效的倾听者还是低效的倾听者可以通过很多因素反映出来，多年以来研究学者分析了高效和低效的倾听者各自不同的特征（见表 4-3）。

表 4-3　高效与低效的倾听者的特征

高效倾听者	低效倾听者
专注	注意力分散
及时反馈	漠不关心
警惕	受到外界干扰
关注	不关注
理解	迟钝
感同身受	自满
理性	感性
表现出极大的兴趣	以自我为中心
耐心	主观臆断
谨慎	无计划性
宽容	自我保护

（二）倾听的技巧

1. 集中精力，专心倾听

这是有效倾听的基础，也是实现良好沟通的关键。要想做到这一点，快递客服人员应该在与客户沟通之前做好多方面的准备，如身体准备、心理准备、态度准备以及情绪准备等。疲惫的身体、无精打采的神态以及消极的情绪等都可能使倾听失败。

不要随意打断或阻止客户谈话，否则会打击客户说话的热情和积极性，如果客户当时的情绪不佳，无疑更是火上浇油。所以，当客户的谈话热情高涨时，快递客服人员可以给予必要的、简单的回应，如“对”“是吗”“好的”等。除此之外，客服人员最好不要随意插话或接话，更不要不顾客户喜好另起话题。例如，“等一下，我们公司的快递服务绝对比你提到的那家公司好得多……”“您说的这个问题我以前也遇到过，只不过我当时……”

2. 确保理解谈话意思

客服人员要确保自己已经准确理解谈话的内容。当遇到不明白的问题时一定要提出来。不时对对方给予一些总结性反馈，以确保双方对所谈论的话题有一致的见解。对于一些不愿听到的观点主观上不要有意忽视。

客户在谈话过程中会透露一定的信息，这些信息有些是无关紧要的，而有些则对整个沟通过程起着至关重要的作用。对于这些重要信息，客服人员应该在倾听的过程中进行核实。这样一方面确保了解谈话意思，避免遗漏或误解客户意见，及时有效地找到解决问题的最佳办法；另一方面，客户也会因为找到了热心的听众而使谈话的兴趣倍增。

3. 引导和鼓励客户开口说话

认真、有效的倾听的确可以为客服人员提供许多成功的机会，但这一切都必须建立在客户愿意表达和倾诉的基础之上。为此，客服人员必须学会引导和鼓励客户谈话。引导和鼓励客户谈话的方式有很多，如巧妙提问法，由于种种原因，有些客户常常不愿意主动透露相关信息，这时如果仅仅依靠客服人员一个人唱独角戏，那么这场沟通就会显得非常冷清和单调，而且这种缺少互动的沟通通常都达不到效果。为了避免冷场并使整个沟通实现良好的互动，客服人员可以通过适当的提问来引导客户敞开心扉，如可以通过开放式提问的方式使客户更畅快地表达内心的需求，如用“为什么……”“什么……”“怎么样……”“如何……”等疑问句来发问。有时配合其他沟通手段也可以使客户受到鼓励，如体贴的微笑、热情的眼神或其他适当的表情。

4. 了解倾听的礼仪

在倾听过程中，快递客服人员要尽可能地保持一定的礼仪，这样既显得有涵养、有素质，又表达了对客户的尊重。通常在倾听过程中需要讲究的礼仪如下：

（1）保持视线接触，不东张西望；

（2）身体前倾，表情自然；

（3）耐心聆听客户把话讲完；

（4）真正做到全神贯注；

（5）不要只做样子、心思分散；

（6）表示对客户意见感兴趣；

（7）重点问题用笔记录下来；

（8）插话时请求客户允许，使用礼貌用语。

5. 及时总结和归纳客户观点

及时归纳和总结，一方面可以向客户表现出自己一直在认真倾听，另一方面也有助于保证客户的意见没有被误解或歪曲，从而更加有效地找到解决问题的方法。例如，“您的意思是……？”“如果我没理解错的话，您是说……，对吗？”

（三）倾听的注意事项

（1）尽可能地让客户多说话，他们说得越多，透露的信息就越多，而且在说的过程当中，他们会逐渐坚定购买决心。

（2）要真诚地聆听客户的谈话，不要假装感兴趣。

（3）不要用沉默代替倾听。

（4）在合适的时候对客户的话做出回应，否则客户会认为你无心倾听，从而造成销售的失败。

（5）即使客户谈论的话题非常不合胃口，也不要显示出排斥心理，有可能的话引导客户换一个话题。

（6）可以稍微记录客户说话的要点，但不要只顾着埋头记笔记，那样会使客户对谈话失去兴趣。

（7）不要随意打断客户谈话，即使认为客户的某些观点不正确，也不要随便打断或纠正。

（8）对客户带有情绪的话不要过分敏感。

思考与练习

一、问答题

1. 如何提高快递客户满意度、赢得客户忠诚？
2. 快递客户流失的原因有哪些？如何有效减少客户流失？
3. 快递企业的客户关系管理系统有哪些内容？
4. 叙述呼叫中心的呼出与呼入电话处理流程。
5. 快递客户维护的技巧有哪些？

二、案例分析

某快递公司的客户关系管理体系

"想称霸市场，首先要让客户的心跟着你走，然后让客户的腰包跟着你走"。由于竞争者很容易采用降价策略参与竞争，某快递公司认为提高服务水平才是长久维持客户关系的关键。

1. 该快递公司的客户服务信息系统

该快递公司的客户服务信息系统主要有两个，一是一系列的自动运送软件，二是客户服务线上作业系统。

（1）自动运送软件

为了协助客户上网，该快递公司向客户提供了自动运送软件。利用这套系统，客户可以方便地安排取货日程、追踪和确认运送路线、打印条码、建立并维护寄送清单、追踪寄送记录。而该快递公司则通过这套系统了解客户准备寄送的货物，预先得到的信息有助于运送流程、货舱机位、航班调派的整合等。

（2）客户服务线上作业系统

这个系统可追溯到20世纪60年代，当时航空业所用的计算机定位系统倍受瞩目，该快递公司成立了研发小组，建起了客户服务线上作业系统（COSMOS），在1980年，系统增加了主动跟踪、状态信息显示等重要功能，1997年又推出了网络业务系统Virtual Order。

该快递公司通过这些信息系统的运作，建立起全球的电子化服务网络，可实现订单处理、包裹追踪、信息储存和账单寄送等功能。

2. 员工理念在客户关系中扮演的角色

良好的客户关系绝对不是单靠技术就能实现的，员工的主观能动性的重要性怎么强调也不过分。在对员工进行管理以赢得客户满意度方面，具体方案有以下三个方面。

（1）建立呼叫中心，倾听客户的声音

该快递公司某分公司有700名员工，其中80人在呼叫中心工作，主要任务除了接听成千上万的电话外，还要主动打出电话与客户联系，收集客户信息。

呼叫中心中的员工是绝大多数客户接触该快递公司的第一个媒介，因此他们的服务质量很重要。呼叫中心的员工要先经过一个月的课堂培训，然后接受两个月的操作训练，学习与客户打交道的技巧，考核合格后，才正式接听客户来电。

（2）提高第一线员工的素质

为了使与客户密切接触的快递业务员符合企业形象和服务要求，在招收新员工时，新进员工的入门培训强调企业文化的灌输，新进员工要先接受两周的课堂训练，接着是服务站的训练，然后让正式的业务员带半个月，最后才独立作业。

（3）运用奖励制度

该快递公司最主要的管理理念是，只有善待员工，才能让员工热爱工作，不仅做好分内的工作，而且主动提供服务。

另外，在该快递公司，当公司利润达到预定指标后，会加发红利，这笔钱甚至可达到年薪的10%。值得注意的是，为避免各区域主管的本位主义，各区域主管不参加这种分红。各层主管的分红以整个集团是否达到预定计划为根据，以增强他们的全局观念。

问题：

1. 该快递公司CRM是如何构建的？
2. 该快递公司通过哪些方法提高客户满意度？

三、实训操作

请根据以下快递服务满意度调查表在所在城市抽取一定样本进行调查，并分别形成调研报告。

快递服务满意度调查

您好！为了解公众对快递服务的满意度情况，我们邀请您参与“快递服务满意度”调查。请您根据近期使用快递的经历，回答以下问题。答案没有对错之分，您只需如实回答即可。答题约耗时5分钟，十分感谢您的参与！

1. 近期，您是否寄送或接收过快递？［单选题］（　　）

   A. 寄过快递　　B. 收过快递

   C. 既寄过快递也收过快递　　D. 既没有寄过快递也没有收过快递

2. 您目前所在的省份（　　）和城市（　　）。

3. 近期，您主要使用以下哪个品牌寄送或接收过快递？［单选题］（　　）

   A. 韵达　　B. 国通　　C. 顺丰　　D. 邮政EMS

   E. 宅急送　　F. 中通　　G. 圆通　　H. 天天

   I. 申通　　J. 百世汇通　　K. 其他（请注明______）

如果您第三题选了某快递品牌，请您根据近期使用该快递品牌的感受回答以下问题。

4. 总体而言，您对该公司近期的服务满意度如何？［单选题］（　　）

   A. 非常满意　　B. 满意　　C. 比较满意

D. 一般不太满意 E. 很不满意

5. 您主要通过什么途径通知该公司快递员过来取件？[单选题]（ ）

A. 快递员约定每天在固定时间过来取件

B. 没有叫快递员上门，我自己去快递网点寄的

C. 拨打快递公司的全国客服热线

D. 拨打快递网点的电话

E. 拨打快递员的电话

F. 通过快递公司网站或其他网络平台下单

G. 使用微信或其他手机应用下单

H. 其他（请注明______）

6. 我们将通过各种方式让快件员上门取件的过程称为“受理”。近期，您对该公司受理服务的满意度 [单选题]（ ）。

A. 非常满意 B. 满意 C. 比较满意 D. 一般不太满意

E. 很不满意

7. 寄快件时，您对该公司快递员上门取件速度的满意度 [单选题]（ ）。

A. 非常满意 B. 满意 C. 比较满意 D. 一般不太满意

E. 很不满意

8. 寄快件时，您对该公司快递员服务（综合考虑形象、言语、态度、行为）的满意度 [单选题]（ ）。

A. 非常满意 B. 满意 C. 比较满意 D. 一般不太满意

E. 很不满意

9. 寄快件时，您对该公司揽件快递员物品包装情况的满意度 [单选题]（ ）。

A. 非常满意 B. 满意 C. 比较满意 D. 一般不太满意

E. 很不满意

10. 您对该公司快递价格的满意度 [单选题]（ ）。

A. 非常满意 B. 满意 C. 比较满意 D. 一般不太满意

E. 很不满意

11. 结合您自己近期使用快递的经历，您对该公司快递从寄出到签收全程速度的满意度 [单选题]（ ）。

A. 非常满意 B. 满意 C. 比较满意 D. 一般不太满意

E. 很不满意

12. 结合您自己近期收快件的经历，您对该公司快递的快件安全性的满意度 [单选题]（ ）。

A. 非常满意 B. 满意 C. 比较满意 D. 一般不太满意

E. 很不满意

13. 结合您自己近期收快件的经历，您对该公司派件快递员服务（综合考虑形象、言语、态度、行为）的满意度 [单选题]（ ）。

A. 非常满意 B. 满意 C. 比较满意 D. 一般不太满意

E. 很不满意

14. 在近期使用该公司快递的过程中，您主要通过以下哪种途径查询快件的物流信息？ [单选题] (　　)

A. 通过官方网站查询

B. 通过淘宝网页等电商平台查询

C. 通过百度、快递 100 等第三方平台网页查询

D. 通过拨打客服电话查询

E. 通过微信、手机 App 查询

F. 没有查询过物流信息

G. 通过其他方式查询（请注明_______）

15. 您对查询服务的满意度 [单选题] (　　)。

A. 非常满意　B. 满意　C. 比较满意　D. 一般不太满意

E. 很不满意

16. 近期使用该公司快递的过程中，您是否遇到过快件出以下问题的情况？ [多选题] (　　)

A. 快件丢失　B. 快件短少　C. 快件破损

D. 快件延误（超过 72 小时未能送到或在快递公司承诺的时间内未能送到）

E. 其他快件问题（请注明_______）　F. 没有遇到快件出问题

17. 您对该公司快递处理问题件的满意度 [单选题] (　　)。

A. 非常满意　B. 满意　C. 比较满意　D. 一般不太满意

E. 很不满意

18. 近期使用该公司快递过程中，您是否进行过投诉？ [是非题] (　　)

A. 是　B. 否

19. 您对该公司快递投诉处理的满意度 [单选题] (　　)。

A. 非常满意　B. 满意　C. 比较满意　D. 一般不太满意

E. 很不满意

05 Chapter

第五章
快递客户服务礼仪

学习目标

- 了解快递服务礼仪的内涵
- 掌握快递员工岗位礼仪
- 了解快递员工日常交往礼仪
- 熟练掌握快递服务礼仪规范

学习内容

本章主要介绍快递客户服务礼仪的基本内容与要求，阐明快递企业加强礼仪服务的意义，明确快递员工基本的举止礼仪、服务语言礼仪、岗位规范礼仪，并对快递员工在日常交往中的一些常用礼仪做了介绍。

案例导读

最美快递员，笑容是她的招牌

派送快件，她面带笑容；与客户交谈，她面带微笑；客户寄件，她微笑服务；同事间聊天，她微笑倾听。“笑容是她的招牌。”说起快递员蒋某，同事和客户都竖起了大拇指。

蒋某，1983 年出生于安徽和县。2013 年 2 月 23 日加入某快递公司，虽然从事快递工作时间不长，也许是因为曾在酒店做过 3 年接待的缘故，她特别注重微笑、礼貌待人。她的“微笑”加上她的“换位思考”，让这位快递新兵以最快的速度为客户和同事们所接纳，并受到热烈的欢迎。

因为招牌式笑容，蒋某化解了不少麻烦。有一次，蒋某送件去某客户家。结果敲门无人回应，致电得知对方外出了，客户表示她可以直接把快件塞在门缝里。蒋某查看了现场情况后，担心把快件塞在门缝里不太安全，还是把快件带回了公司。结果客户回家没看到快件，跑来公司大吵大闹。面对客户责难，蒋某由始至终都保持亲切微笑，不辩解、不开脱。几分钟后，客户终于安定下来，蒋某才详细解释自己为什么没有按照他的指示行事。最终客户不仅诚恳地向蒋某道歉，还承诺以后寄件都会找她。

事实上，当地很多人都是因为蒋某的招牌式微笑选择其所在的快递公司，并最终成为她的回头客。蒋某上班半个月后，就第一次接到了客户指定要她收件的电话。现在她几乎每天都要接到 3～4 个电话，都是客户主动打电话过来指名让她服务的。

除了招牌式笑容，更让人们夸赞的是蒋某对工作的认真、负责，服务时愿意换位思考。蒋某上班的第二天，在送件的途中不小心把三轮车蹬翻了，不仅整车的快件都倒了，她自己的脚也受了伤，走路一瘸一拐的。换成别人，肯定请假回家休息了。但蒋某却没有，她先把快件一件件捡起来，仔细检查有无破损。然后拖着伤腿，继续一家一家地送快件。

刚开始做快递员的时候，因为对路线不太熟悉，蒋某每天都要比别人花更多的时间。但是不管怎样，她总是坚持今日件今日派。她说：“我也网购过，特别了解客户期盼快件早点到手的心情。既然能够早一日派送，为什么要因为个人的原因让他们再多等一天呢。”为了圆满完成每天的派送量，蒋某不得不加班加点，多次派送。最多的时候，一票快件共派送了 4 次，客户连连表示从没见过如此负责任的快递员。

面对同事、客户的夸赞，蒋某表示自己做得远远不够，尤其是收件方面需要更加努力。她说：“我很喜欢我的工作，未来我会继续坚定地走下去，带着微笑，给更多的人送去小小的惊喜。”

（资料来源：国家邮政局网站，有删改。）

思考：

作为一名快递业务员，如何向客户提供优质高效的服务？

第一节　快递服务礼仪概述

一、快递服务礼仪的内涵

快递服务礼仪是快递企业的员工在快递服务活动中，对客户表示尊敬与友好，以维护快递企业良好形象的一般规范与程式，是一般礼仪在快递服务工作中的具体体现和运用。快递各部门和各岗位的员工在为客户提供服务时，应根据不同的场合、对象、内容及要求，借助语言、举止、表情、仪容等不同形式，向客户表示重视、尊重和敬意，为客户提供优质服务，与客户建立良好、和谐的关系。

快递服务礼仪是社会礼仪的重要组成部分，但它与一般的服务礼仪和人际交往礼仪不同，跟其他的服务礼仪相比，快递服务礼仪有它的特殊性，它不仅以对客户的尊重为基础，而且以提供快捷、准确、安全、方便的服务来体现这种尊重。快递服务礼仪处处体现着快递行业的特点和行业精神。

二、快递服务礼仪的特征

（一）实践性

从实践中来，到实践中去。快递服务礼仪源于快递服务的实际工作，贯穿快递服务工作的始终，并将在深化快递服务的工作中不断完善和充实，具有较强的社会实践性，绝非空谈。

（二）专业性

快递服务礼仪是以快递业务为基础的，快递业务本身具有很强的专业性，从事快递服务的工作人员必须经过快递专业知识的培训，其中包括专业素养、业务水平和操作技能的培训。只有把服务礼仪与快递工作有机地结合起来，才能称之为快递服务礼仪。

（三）规范性

礼仪首先是一种规范，快递服务礼仪是将快递企业不同岗位的服务人员，在对客户服务中的待人接物、业务操作中的礼貌用语、举止仪态及仪表修饰等加以规范，包括服务语言的规范、服务行为的规范、仪容仪表的规范以及操作流程的规范等。这些规范是判断快递企业员工是否自律和尊敬客户的标尺，也是衡量快递企业服务质量和服务水平的重要标志。

（四）服务性

向客户提供优质高效的快递服务，是快递企业经营的根本宗旨。快递企业为社会提供的产品是通过服务产生效益的，而加强礼仪服务的目的，就是使快递企业的服务逐步走上标准化、规范化和科学化的轨道。

三、快递服务礼仪与道德

礼仪与道德是“互为表里”的关系，道德是礼仪的基础，礼仪是道德的表现形式。任何一种礼仪都离不开道德，“道德仁义，非礼不成”“以礼待人，按礼行事”正是道德高尚的反映。从这个意义上说，礼仪也是待人处世的规矩，是维系社会生活的纽带。它能帮助人们约束自我，正确处理个人与他人及社会的关系，尽管人与人之间的矛盾冲突不可能都通过礼貌或礼节来解决，但它却能帮助人们艺术而巧妙地处理各种复杂的关系，减少冲突，缓和气氛，化解矛盾，解决问题，从而创造出和谐、温暖的人际关系和社会环境。人们不是喜欢礼仪的表面形式，而是看重其中包含的道德内涵，即对交往对方的真诚、敬重，所以，礼仪依赖道德，同时又能促进良好道德品质的养成。

小故事

影星黄晓明变身快递员，投送“母亲邮包”

2014 年新春将至，一身朴素的蓝色快递工作服装，一声轻轻的敲门声，满口“您好”“请”“谢谢”，这既专业又规范的服务用语和岗位礼仪来源于超级快递员——影星黄晓明。这段黄晓明送快递的视频一经发布就收获惊人的点击量。不过这并非是黄晓明攻占贺岁档的新戏，而是他作为公益大使，亲自将“母亲邮包”送到贫困母亲手中，履行“快乐送”使命的记录。

近日，由中国妇女发展基金会联合百事、天猫共同发起的“把乐带回家——母亲邮包·送给贫困母亲的新年礼物”公益活动正式启动。作为“快乐送”公益大使的黄晓明亲自当了一回快递员，将装满爱心的“母亲邮包”送到贫困母亲手中。在启程送邮包的前一天，黄晓明因天气寒冷、连续多日通宵赶戏而突发高烧，为了将快乐和温暖早些送到多位母亲手中，他仍然坚持亲自上阵。黄晓明表示，“这不是一项简单的工作，而是一份快乐的礼物，我一定要亲手把快乐送到需要帮助的母亲们手中。”可见，黄晓明变身快递男，不比拍戏轻松。

收到“母亲邮包”的母亲得知黄晓明为了送邮包一整天没吃饭，赶忙端出热腾腾的饺子。因为自行车的罢工，当天色渐暗时，黄晓明手中还有几户较偏远人家的“母亲邮包”没来得及送到。有随行人员提出代送，但黄晓明却让经纪人帮他取消了当晚的工作，坚持将每一个“母亲邮包”送达，“无所谓发烧、寒风、困难，只要我还能动，还能爬起来，这些事情都可以坚持做。”

为多位母亲骑行送快递，也让黄晓明想起自己的母亲，“我曾请妈妈吃大餐，给她过生日时用北京世贸天阶的超大屏幕送祝福，但这些都是表面的东西。妈妈最想要的还是一个听话的孩子，一个可以陪在她身边多聊聊天、多关心她的孩子。”

（资料来源：新华网，有删改。）

第二节　快递服务基本礼仪

一、快递员工着装规范

一般来说，合乎礼仪的着装，首先要合体、合适、合意。合体就是穿着要和身体、体形相协调，根据自己的体型特点做到扬长避短。合适就是在服装穿着、饰物佩戴和配件使用等方面，必须适应具体的时间、地点和场合的要求。合意就是根据自己的爱好、兴趣、个性和审美观，按照着装的基本要求选择合意的服装，穿出自己的风格和魅力。

着装规范需注意服装 TOP 三原则，“TOP”实际上是三个英语单词的缩写，它们分别代表时间（Time）、场合（Occasion）和地点（Place），即着装应该与当时的时间、所处的场合和地点相协调。如喜庆场合的着装要求充分表现个性，色彩丰富，款式新颖、时尚，行动基本不受限制；悲伤场合的着装则要求以黑色为主，以深色、素色、白色为辅，款式简洁，穿着规范严整，男士脱帽致哀，女士不抹口红，不戴饰品；庄重场合的着装要严格遵守穿着规范，一般男士穿西服，女士穿礼服、套装，不可当众解衣、脱衣，男士进入室内须脱帽，不戴墨镜。

员工应着装规范，工作时间应穿制服。制服也称工装，一般泛指人们在工作场合的着装，对员工来说，着工装就意味着其在工作之时，按照有关规定穿着与本人工作相称的统一制作的正式服装。

按公司的不同规定，若有需要，工牌应时刻佩戴于胸前。可以不佩戴任何饰物；但是如果佩戴了饰物，则一定要合乎身份，不得佩戴装饰性过强的装饰物、标记和吉祥物。手腕除了手表外最好不戴其他装饰物。快递员工穿着制服时应注意下列四大禁忌：

一忌不守规定，即工作时不按规定穿制服；

二忌乱穿制服，即在非工作时间穿制服；

三忌制便混穿，即制服与便服任意组合、搭配；

四忌污损制服，即穿脏、烂、破、损的制服。

二、快递员工仪容规范

仪容，通常是指人的外观、外貌。在人际交往中，每个人的仪容都会引起交往对象的特别关注，并将影响到对方对自己的整体评价。良好的职业形象离不开仪容修饰，它可以从侧面反映出一个人的工作态度、工作能力以及综合素质。服务礼仪规定，服务人员必须对本人的仪容进行必要的修饰与维护，而且在修饰与维护时必须遵守一定的规范。在具体修饰仪容时可遵循自然、协调、礼貌、健康等原则。仪容修饰包括发部修饰、面部修饰、肢部修饰、化妆修饰四个方面。

发部修饰要注意保持头发干净。不论有无交际活动，平日都要勤于梳洗自己的头发。这样做既有助于保养头发，又有助于消除异味。在佩戴发饰方面，快递服务人员最好是不戴发饰，如果戴，也只是束发之用，女性服务人员应选择深色无纹饰的发卡、发箍、发带等。因为在工作岗位上只有佩戴工作帽才是允许的。

面部修饰的基本要求是：时刻保持面部干净清爽，做到整洁、卫生、简约与端庄。

在人际交往中，人的肢体因为动作最多，经常会受到特别的关注。有时，人们对于他人肢体的重视程度，会比对脸部更高。

三、快递员工一般形体规范

俗话说“站有站相、坐有坐相”，在日常生活或工作中，人的仪态举止是一个人形象及精神的写照，快递员工应了解并学习一些基本的仪态规范。

（1）站姿基本要求有眼平、颌收、颈直、肩松且平、收腹、挺胸、垂臂、右手握左手、脚跟并拢等。

（2）坐姿基本要求有头正、目平、颌收、体端、肩松、身微倾。

（3）快递人员在整理工作场所，给予客户帮助，提供必要服务，捡拾地面物品，拾取低处的物品时，都需要采取蹲姿。蹲姿规范有一脚在前，一脚在后，两腿向下蹲；前脚全着地，小腿基本垂直于地面；后脚跟提起，脚掌着地，臀部向下。

（4）行姿即行进时的姿态规范，标准行姿的具体要求是方向明、身姿稳/雅、步伐从容、步态平、步幅中、走成直线、臂自然、目视前方、抬头挺胸。

（5）手势在服务工作中极为重要，很多工作都需要用双手去完成。手势的含义，或是发出信息，或是表达感情，是人的体态语中重要的传播媒介，快递服务人员不仅要了解各种手势的含义，而且要能够自觉运用各种规范手势。在服务和日常交往中，一些基本手势的手形规范通常是手掌自然伸直，掌心向上，四指并拢，拇指自然稍稍分开，手腕伸直，使手与小臂成一直线，肘关节自然弯曲。

递送物品时姿势如下：双手为宜，双手递物于人最佳，不方便双手并用时，一般情况下使用右手；以左手递物被视为失礼之举；递至手中，递给他人的物品，以直接交到对方手中为好；主动上前，双方相距过远，递物者应当主动走近接物者；便于接拿，在递物于人时，应当为对方留出便于接取物品的地方，不要让其感到接物时无从下手。将带有文字的物品递交他人时，应使物品正面面对对方。

（6）面部表情要给人以热心、细心、快乐、自信的感觉。表情神态，重在面部，要亲切自然而不紧张拘泥；神态要真诚热情而不过分亲昵。

要微笑面对客户，眼神自然，注视客户的双眼，这可表示自己对客户所讲的话正洗耳恭听。与客户进行较长时间的交谈时，可以客户的整个面部为注视区域。注视客户的面部时，最好不要聚焦于一处，而以散点柔视为宜。

四、快递员工语言规范

（一）礼貌用语

快递服务人员在同客户接触的整个过程中，始终离不开语言交流。快递服务人员的语言运用、表达能力，既体现自己的服务水准，又直接影响所在快递企业的形象。所以快递员工在工作岗位时，应自觉遵守有关的服务语言规范。

一般服务人员的礼貌用语可以归纳如下：

（1）问候用语，如“您好！”“早上好！”；

（2）迎送用语，如“欢迎光临！”“再见，请慢走！”；

（3）请托用语，如“请让一下”“借过”；

（4）致谢用语，如“谢谢您”“谢谢您的帮忙”；

（5）征询用语，如“需要帮助吗？”“您想多长时间寄到？”；

（6）应答用语，如“好的，一定照办”“请放心”；

（7）赞赏用语，如“真漂亮”“没错，没错”；

（8）祝贺用语，如“祝您周末愉快”“祝您好运”；

（9）推托用语，如“对不起，这是禁忌物品，不能寄”“对不起，这是公司的规定，我们收件员不能擅自给您打折”；

（10）道歉用语，如“不好意思”“真过意不去”。

快递服务人员在工作岗位上还要时刻注意使用十字文明用语：“您好”“请”“谢谢”“对不起”“再见”。

（二）语言规范

1. 语言标准

语言标准是语言交际的前提。语言不标准，服务对象就无法听懂，沟通就会出现障碍，一些不必要的误会就会出现。语言标准主要要求是讲普通话。

2. 语调柔和

语调指人们说话时的具体腔调，不同的语调传递不同的信息。一个人的语调，通常体现在他讲话时的语音的高低、轻重和节奏快慢上。面对客户时，快递服务人员要语调柔和，音量适中，语速适当。

3. 语气正确

语气，即人们说话时的口气，它往往会流露出说话者真实的感情色彩。语气一般包括陈述、疑问、祈使、感叹、否定等语气。工作岗位上切忌使用急躁、生硬和轻慢的语气，如“快点，抓紧时间”“等着吧”“看清要求再写”等用语。

（三）语言技巧

1. 赞美与感谢的技巧

赞美与感谢，都有一定的技巧，如不遵守，自行其是，不但会让人觉得虚伪，而且还可能会词不达意，招致误解。

（1）赞美

赞美时要做到实事求是，恰到好处，力戒虚情假意，乱给别人戴高帽子。适当地说出他人内心之中渴望获得的赞赏；还要做到适可而止，不能过头，过头了就会让人不舒服，给人虚伪、不可靠的感觉。

（2）感谢

“谢谢！”这句话虽然只有两个字，但若运用得当，会让人觉得魅力无穷。对他人给予自己的关心、照顾、支持、喜欢、帮助表示感谢，是非常有必要的。感谢时需要注意以下几点。

① 感谢，也是一种赞美。运用得当，可以表现出自己对他人的恩惠领情不忘，知恩图报，表示自己并非忘恩负义、过河拆桥之辈。

② 受到他人夸奖的时候，应当说“谢谢”，这既是礼貌，也是一种自信。

③ 受到款待时，别忘了郑重其事地道谢。这对对方是肯定，也是鼓舞，是对对方最高的评价。

④ 在公共场合，得到了陌生人的帮助，也应当致以谢意。

⑤ 表示感谢时，通常应当加上被感谢者的称呼，如“谢谢你，×小姐”“×总，多谢了”，越是这样，就会显得越正式。

⑥ 表示感谢，有时还有必要提一下致谢的理由，如“×先生，谢谢您的帮忙”，免得让对方感觉突兀。

⑦ 表示感谢，最重要的莫过于要真心实意。为使被感谢者体验到这一点，务必要做到认真、诚恳、大方。话要说清楚，要直截了当，不要连一个“谢”字都讲得含混不清；表情要加以配合，要正视对方双目，面带微笑；必要时，还须专门与对方握手致意。

⑧ 表示感谢时，所谢的若只是一个人，自然要予以突出。所谢的若是多人，可统而言之“谢谢大家”，也可逐个言谢。

2. 拒绝与道歉的技巧

（1）拒绝

拒绝，即表达对他人意愿或行为的一种间接的否定。在有必要拒绝他人时，应考虑不要把话说绝，让别人感到难为情。通常，拒绝应当机立断，不可含含糊糊，态度暧昧。对别人求助却不能帮忙时，必须当场明说。从语言技巧上说，拒绝有直接拒绝、婉言拒绝、沉默拒绝、回避拒绝四种方法。

直接拒绝，就是将拒绝之意当场讲明。采取此法时，重要的是应当避免态度生硬，说话难听。

婉言拒绝，就是用温和曲折的语言来表达拒绝之意。与直接拒绝相比，它更容易被接受。因为它更大程度上顾全了被拒绝者的尊严。

沉默拒绝，就是在面对难以回答的问题时，暂时中止发言，一言不发。当他人的问题很棘手甚至具有挑衅、侮辱的意味时，不妨以静制动，静观其变。这种不说“不”字的拒绝，所表达出的无可奉告之意，常常会产生极强的心理上的威慑力。

回避拒绝，就是避实就虚，对对方不说“是”，也不说“否”，只是搁置此事，转而议论其他事情。遇上他人过分的要求或难答的问题时，可以一试。

（2）道歉

道歉语应当文明且规范。有愧对他人之处，宜说 “非常抱歉”；渴望见谅，需说“请多包涵”“请您原谅”；有劳别人，可说“打扰了”“麻烦了”；一般场合，可讲“对不起”“很抱歉”“失礼了”。

道歉应当及时。知道自己错了，马上就要说“对不起”，否则拖得越久，就越会让对方“窝火”，越容易使人误解。道歉及时，有助于当事人“退一步海阔天空”，避免因小失大。

道歉应当大方。道歉绝非耻辱，应当大大方方、堂堂正正，不要遮遮掩掩、欲说还休，也不要过分贬低自己。

道歉可借助于"物语"。有些道歉的话当面难以启齿，写在信上寄去也是一种好方法，如对有些女士，令其转怒为喜、既往不咎的最佳道歉方式，就是送上一束鲜花，这类借物表意的道歉，会有极好的反馈。

道歉并非万能。不该向别人道歉的时候，千万不要向对方道歉。即使有必要向他人道歉时，也要切记，自己此后的所作所为要有所改进，不要言行不一，让道歉仅仅流于形式，只能证明自己待人缺乏诚意。

// 第三节　快递员工岗位礼仪

一、快递企业岗位礼仪概述

1. 岗位礼仪概述

岗位礼仪即岗位规范，或服务规范，指快递员工在工作岗位上工作时标准的、正确的做法。在快递企业不同的部门和岗位，如人事部、财务部、行政部、客服部、营运部、企划部、规划部等，不同岗位的工作人员都有自己的岗位职责，也有自己有别于其他部门或岗位的特殊的礼仪要求，直接和客户接触的一二线岗位，如收派员、客服人员、输单员等，间接为客户服务的基层岗位如仓管员、主管等，都有相应的礼仪规范。

2. 岗位准备

快递员工的岗位准备，可从以下几个方面进行。

（1）心态准备

快递员工必须知道，自己的工作是多么重要。快递公司递送的可能是一份上百万的合同，可能是某人的重要证件，可能是某个丈夫送给妻子的生日礼物……，也许因为自己的马虎、不负责任、不作为，一个企业可能面临破产的威胁，一个人可能失去工作，一段美满的婚姻可能出现裂痕……甚至可能还有自己无法想象的后果。

快递员工只有认识到了快递工作的重要性，才能把快件当成自己的东西，把递送快件当成自己的责任和使命，把快件看成一个"生命"，百般呵护，而不再把工作看成负担，不再为了赶时间而"野蛮操作"，不再为了客户的责难而恶言相向，而要为了把快件及时安全地送达客户手中，不断想办法、出主意。

（2）形象准备

任何岗位的员工要想在服务工作中向他人展示良好的形象，首先要以充足的体力、旺盛的精力与饱满的热情投入工作，因此工作前必须保证足够的休息，要合理安排工作与自己的私人生活。形象准备还包括上岗时必须按照企业规定穿着统一制服，修饰仪容，保持良好的个人卫生习惯等。

（3）环境准备

工作与服务都需要一定的环境，环境就是形象，环境就是心情，环境能建立信任，因此快递员工必须重视这张环境“面孔”，对于个人的工作环境和服务环境，以及与自己工作服务相关的内外部环境，应经常检视，并力所能及地提高。

（4）技能准备

技能准备的第一个方面是工具准备，如纸笔的准备、单据的准备、包装用具的准备、计算器的准备、计算机的准备、扫描仪的准备等，“工欲善其事，必先利其器”，快递员工只有“善假于物”，才能为客户提供高质量的服务。技能准备的第二个方面是任务准备，如收派的技巧、打包的技巧、分拣的技巧、流程的熟知等。

二、快递企业的客户接待

快递企业的客户接待根据客户来访的目的和形式，可分为下列几种。

1. 网点接待

网点接待，指的是对直接送货到网点的客户的接待。接待的主体可能是网点负责人、仓管员，也可能是收派员。不管由谁来接待，接待时都应首先礼貌地问候客户，询问客户的寄递要求、寄递的物品，告诉客户寄递的流程，协助其办理好相关手续。

2. 销售接待

销售接待，是指对直接以洽谈快递业务为目的的客户的接待。洽谈的成功与否直接关系着合作能否达成。因此，在接待时要十分注意洽谈礼仪。

3. 投诉接待

投诉接待，指的是对不满客户或问题客户的接待。这时负责接待的可能是快递公司的客服人员，也可能是管理层人员。如客户直接到公司投诉，应先把客户请进接待室，请其就座，为客户提供水或饮料，以缓解客户的不满情绪。在倾听客户陈述的过程中，应适时给予回应，并做好详细的投诉记录。明了事件的全过程后，应立即采取行动，协调有关部门解决客户投诉的合理要求。对于不合理的要求，应耐心解释，语气不可生硬。送走客户时，应向客户致歉，或感谢客户的理解。

三、快递员工作礼仪

快递员是快递企业面向客户大众的最直接、最庞大的群体，因此快递员的礼仪形象直接影响着整个快递企业的形象。

1. 心态意识

作为快递一线服务人员，在岗位服务期间不仅自己要进入角色，有强烈的为客户提供服务的欲望，而且要能够设身处地地考虑客户的感受、心情、需求，重时间、讲信用，要能够进行角色互换，只有这样，才能想客户之所想，急客户之所急，才能以高效的服务标准为企业赢得声誉。

2. 基本准备

穿带有本快递企业标志的快递员专业制服，上衣要束在裤子里，并佩戴与制服配套的帽子、证章、徽标等。仪容仪表要整洁干净，符合基本礼仪规范，做到发必齐、须必剃、甲必剪、妆必淡、衣必净、扣必系、鞋必洁。手机、运单、纸笔、包装等用具要带齐全，临出发前要对车辆做好检查，快件应捆扎牢固，在路上要随时注意，避免快件掉落。

3. 规范操作

熟知收派工作流程，对具体操作过程中涉及的专业技术要能够做到准确、熟练、高效。在客户处包装时要做到安静、快速、安全，要记住所有的寄送物品都要"轻拿轻放"，以保障运送安全。具体过程如下。

（1）等待进门

在进入客户单位或小区之前，应主动出示工牌，礼貌地与客户所在地的工作人员打招呼并进行自我介绍，如"您好！我是××快递公司的服务人员，我是来给×先生/小姐收/派快件的。"

在客户所在场所需配合客户公司或小区的要求办理相关进出入登记手续，及时归还客户所在场所的相关证明，如放行条、临时通行证等。

若是由收发室（小区物业等）统一办理收派快件的，事先应向客户确认，并得到客户许可，否则应向前台工作人员说明快件的重要性和责任，尽量由客户亲自签收，但无论何种情况都不得与前台工作人员发生口角或冲突。

前往客户办公室时，无论客户办公室的门是打开还是关闭的，都应该按门铃或轻轻敲门向客户示意。

（2）进门

进门后，应礼貌稳重，不可东张西望，未经客户允许，不得进出客户所在地的其他地方。

与客户的熟悉程度不同，应采用不同的自我介绍方式，如上门次数较少，与客户不熟悉，应面带微笑，目光注视客户，采用标准服务用语，自信、清晰地说："您好，我是××快递公司快递员××，我是来为您服务的"，介绍的同时出示工牌，把附有照片的一面朝向客户，稍作停顿，让客户看清楚照片和姓名；如上门次数较多，与客户很熟悉，可省略自我介绍，热情主动地与客户打招呼。

当客户正在打电话或正在接待其他人员时，可恰当地用肢体语言或点头向客户示意，千万不可贸然打断客户。

（3）快件签收

将快件双手递给客户，并说"×先生/小姐，这是您的快件，请确认一下。"

若客户没有疑问，则用右手食指轻轻指向收件人签署栏，"×先生/小姐，麻烦您在这里签收，谢谢"；若客户对快件有疑问，应礼貌提醒客户，"请您和寄件客户再联系和确认一下好吗？"

在签收过程中，如发生快件损坏、部分遗失、货件数量不符等情况，导致客户拒绝签收时，应对客户耐心解释，不能与客户发生争执，应及时与企业相关人员联系，协商处理办法。

（4）快件收取

询问客户，"×先生/小姐，请出示您的身份证。"用双手接过客户递过来的身份证，并登记客户的身份信息，然后将运单递给客户，请客户填写运单。

（5）快件验视

无论货物是否包装完好，快递员工都应礼貌地询问和验视客户所托寄物品的内容，“×先生/女士，为了对您负责，请允许我帮您确认一下包装内的物品、数量或内包装是否完好。”

如若验视出所寄物品为违禁物品时，应礼貌地告知客户，并予以解释，“对不起，这类物体属于违禁品，不能收寄，请您谅解。”

验视快件时应尽量小心，要让客户感觉到快递员对客户所托寄物品的爱护。

（6）快件包装

对于验视确认能够快递的快件，如果客户已提供包装，要仔细检查其严实性与牢固程度，在客户面前做好易碎品的相应防护措施及标识，并主动提醒和协助客户加固包装。

（7）快件称重

如在客户处称重或计算重量，应主动提示客户：“×先生/小姐，请您看一下，计费重量是×千克，运费是××元。”

如无法在客户处称重，应在征得客户同意后将货物带回公司称重，并于第一时间通知客户最终的计费重量和实际运费。如客户不信任，快递员应向其说明，“×先生/小姐，请您放心，我们会在第一时间将准确的计费重量通知您，另外，我们公司在这方面的监督是非常规范和严格的。”

（8）填写运单

在客户不明白运单填写的相关内容时，应主动做出合理的解释。

当其运单填写不详细时，快递员工应耐心解释，“×先生/小姐，为了保证您的快件准时、安全、快捷的送达，麻烦您把××栏目详细填一下，谢谢您。”

（9）客户签字

将运单双手递给客户，并用右手食指轻轻指向寄件或收件的签署栏，“×先生/小姐，麻烦您在这里签名，谢谢！”

（10）收费

快递员工须按运单上的应收运费收取费用，不得以任何理由收取任何额外费用，如联系电话费、过路费、过桥费等，当客户付运费时，应双手接受客户交付的运费。根据客户的要求开出收据，或回到公司开具发票，并及时交给客户。

（11）辞谢与道别

所有收派工作完成后，一定要进行辞谢和道别。辞谢时可以说“谢谢您，希望下次再为您服务”。道别时可以说“请问还有快件要发？如有需要请随时致电我们，再见”。离开时应把门轻轻带上。与客户道别，如果说话得体，会让客户很受用；不与客户道别，扬长而去，会让客户觉得快递员工工作不专业从而产生不信任。

四、快递窗口收寄人员服务规范

1. 准备工作

快递窗口收寄人员应提前到岗，穿着制服、佩戴工牌，检查各项准备工作是否完成，在规定时间准时对外办理业务。

当客户走近窗口时，窗口收寄人员应分辨其身份、起身对客户打招呼："您好，请问您办理什么业务？"

2. 窗口服务

如果客户是前来寄送快件的，窗口收寄人员可按快递员工上门服务的规范进行操作，这里不再赘述。

3. 送别客户

当客户办理完业务离开柜台时，窗口收寄人员应起身向客户道别："谢谢您光临，请慢走。"

// 第四节 快递员工日常交往礼仪

一、会面礼仪

（一）称呼

称呼指的是人们在日常交往应酬之中，所采用的彼此之间的称谓语。在人际交往中，选择正确、适当的称呼，能体现自身的教养、对对方尊敬的程度，甚至还体现着双方关系发展所达到的程度和社会风尚，因此不能随便乱用。

选择称呼要合乎常规，要照顾被称呼者的个人习惯，还要入乡随俗。在工作岗位上，人们彼此之间的称呼是有其特殊性的，要庄重、正式、规范。

（二）介绍

介绍是人与人相互认识的桥梁，是人们开始交往的第一步。介绍也是日常接待工作中必不可少的一个环节，是人际交往和接待工作中相互了解的基本方式。根据介绍者所处的位置不同，介绍可分为自我介绍和他人介绍。

1. 自我介绍

自我介绍时要注意以下几点。

（1）注意时机。介绍之前，首先要引起对方的注意，如在说了"对不起""您好"之后再开始介绍，若对方正与他人交谈或正忙于手头之事，就不适合做自我介绍。自我介绍时间要简短，最好在一分钟以内。

（2）注意仪态。进行自我介绍时举止表情应自然、大方，面带笑容，眼睛注视对方，不要紧张拘泥，不知所措。介绍时可先递名片再做介绍，介绍完毕后也可根据情况与对方握手。

（3）注意语言。自我介绍时，语言要亲切、友好，充满自信。音量大小适中，发音标准，吐字清晰。

（4）注意内容。自我介绍有"四要素"，即"单位、部门、职务、姓名"，初次介绍时需将四者都介绍出来。需要特别注意的是，第一次介绍时单位名称要用全称，不用简称，以免产生误解。

2. 由他人介绍

由他人做介绍，自己处在当事人位置。如果你是职位高者、年长者，应立即与对方热情握手；如果是职位低者、年轻者，应根据对方的反应做出反应。

3. 介绍他人

介绍时表情、手势应文雅，无论介绍哪一方，都应手心朝上，手背朝下，四指并拢，拇指张开，指向被介绍一方，并向另一方点头微笑，切忌伸出手指指来指去。

4. 集体介绍

（1）将一个人介绍给大家。适合于在重大活动中对职位高者、年长者和特邀嘉宾的介绍。

（2）将大家介绍给一个人。注意按职位高低、座次顺序等，由近及远介绍。

（三）握手

1. 应当握手的场合

握手是人际交往中最常见的见面礼节，通常，下述情况都是适合握手的场合：遇到较长时间没见面的熟人；在比较正式的场合和认识的人道别；在以本人作为东道主的社交场合迎接或送别来访者时；拜访他人后辞行的时候；被介绍给不认识的人时；在社交场合偶然遇上亲朋故旧或上司的时候；别人给予你一定的支持、鼓励或帮助时；表示感谢、恭喜、祝贺时；对别人表示理解、支持、肯定时；得知别人患病、失恋、失业、降职或遭受其他挫折时；向别人赠送礼品或颁发奖品时。

2. 握手的基本要求

与人握手时，伸手的先后顺序是上级在先、主人在先、长者在先、女性在先。长辈和晚辈之间，长辈先伸手；上下级之间，上级先伸手；男女之间，女方先伸手；当然，如果男方为长者，仍然长者在先。如果需要和多人握手，握手时要讲究先后次序，即先年长者后年幼者，先长辈再晚辈，先女士后男士，先已婚者后未婚者，先上级后下级。握手时，应距对方约一步远，上身稍向前倾，两足立正，伸出右手，四指并拢，虎口相交，拇指张开下滑，与受礼者握手，眼睛应注视对方并面带微笑。握手时间一般在2～3秒或4～5秒为宜。

3. 握手的禁忌

（1）不要在握手时戴着手套或墨镜，只有女士在社交场合戴着薄纱手套握手，才是被允许的。

（2）不要在握手时另外一只手插在衣袋里或拿着东西；不要在握手时面无表情、不置一词或长篇大论、点头哈腰，过分客套。

（3）不要在握手时仅仅握住对方的手指尖，好像有意与对方保持距离。正确的做法是要握住整个手掌。即使对异性，也要这么做。

（4）不要在握手时把对方的手拉过来、推过去，或握住不放。

（5）不要拒绝和别人握手，即使自己的手有手疾、汗湿或弄脏了，也要和对方说一句“对不起，我的手现在不方便”，以免造成不必要的误会。

二、名片礼仪

名片作为重要的社交工具之一，它传递着个人和公司的信息，担负着通报、联系甚至宣传的重任。要使名片发挥作用，必须了解名片的使用礼仪。

（一）名片的分类

第一类：企业名片。

企业名片主要用于企业产品交流会等，用来宣传本企业及其产品。名片上提供企业名称、地址、公务电话等内容。

第二类：个人名片。

第一种个人名片为私人名片，类似于做“应酬式”自我介绍，名片上只提供姓名，其他信息一概不提供。

第二种个人名片为商用名片，提供的内容包括本人归属（企业标志、单位全称、所属部门）、本人称谓（本人姓名、行政职务、学术头衔）、联络方式（所在地址、邮政编码、办公电话）。

（二）名片交换技巧

1．如何索取名片

人际交往中，索取名片常有四种方法。

（1）互换法。想要索取别人的名片，就先把自己的名片递给别人，别人自然会回赠一张名片。

（2）明示法。直接表明自己的本意，如“×总，认识您很高兴，能要一张您的名片吗？”

（3）谦恭法。欲向长辈或地位、职务高的人索要名片时，可以说“以后如何向您请教？”，实际就是暗示对方，能不能留下电话号码。如果对方想给就给，如果不想给，自己也不会显得尴尬。

（4）联络法。欲向平辈、晚辈，或职位、地位相仿的人索取名片，可以说“今后怎样与你联系？”，如果对方不想给，会说“今后还是我与你联系吧。”被索要名片时，不想给对方名片，不可以直接拒绝，宜说：“非常抱歉，我的名片暂时用完了。”

2．如何递上名片

（1）态度谦恭。以双手食指和拇指执名片的两角，以文字正对对方，一边自我介绍，一边递上名片。对于对方递过来的名片，应该用双手去接，以示尊重和礼节。

（2）讲究顺序。如果递给很多人，应“由长及幼”“由近及远”。在圆桌上就餐，则宜从自己右侧以顺时针方向依次递上。

3．如何接受名片

（1）用双手接对方递过来的名片。

（2）应重复对方职务、头衔，加以确认，然后毕恭毕敬地放在适当位置。

（3）有来有往，回敬对方。

4．名片交换注意事项

（1）自己的名片应放在随手可取的地方，不应东摸西摸，半天找不到。

（2）出示名片应把握机会，一是交谈开始前，二是交谈融洽时，三是握手告别时。

（3）接过别人的名片，切忌不加确认就放入包中。忌放在裤兜、裙兜、提包、钱夹中，忌随手乱扔。

（4）忌"批发式"散发名片。

（5）自己名片存放要用专用的名片夹、名片包。

（6）当名片交换完毕后，如果对方表示了"请坐"，这时就可以坐下深入交谈。

（7）应注意养成一个基本的习惯，即会客前检查和确认名片夹内是否有足够的名片。

三、拜访礼仪

1. 拜访时机

在拜访他人时，必须与对方事先约定好时间、地点，让对方有心理准备，不约而至或在对方缺乏准备的时间到访，会给对方造成不便。拜访时，要准时赴约，如遇特殊情况不能到访，应提前通知对方，说明理由，表示歉意，以示尊重。总之，拜访要以不打扰对方工作与生活为原则。

2. 拜访技巧

（1）明确拜访目的。拜访时，应明确拜访目的，并根据拜访目的和对象进行适当的心理和行动准备。

（2）仪容仪表修饰。仪容应整洁自然，必要时可化淡妆。着装要分场合和对象，整体要稳重端庄，合礼得体。

（3）掌握敲门技巧。如客户有接待人员（或秘书），可由接待人员代为通报安排，如没有相应的接待人员，也应打一个电话给对方请示。得到了准许并敲门进入时，应注意敲门动作要轻，敲后稍等一会儿，无人应答时再敲第二遍。切忌直接或不经允许闯入。

（4）言行举止得体。见面后要主动与对方问好。就座时要得到对方邀请方可就座，并同对方一起就座。与对方交流时要保持一定的距离，避免唾液乱飞。说话时要注意分寸，不要高谈阔论，滔滔不绝，也不要一言不发，过于拘谨。不要随意走动，乱动乱翻对方房间里的东西。

3. 拜别礼仪

拜访他人时时间不宜过长，要注意观察对方的表情和神态，如对方有暗示希望结束谈话的表现，应尽快结束话题，起身告辞。在拜访时，如果有其他重要客人到访，应遵守"前客让后客"的原则，礼貌提出告辞。告辞时，应对对方友好热情的接待表示感谢，并主动伸手握别。

四、位次排列礼仪

1. 行走中的位次礼仪

多人并行的时候总体遵循内侧高于外侧的原则，两人并行，可把墙侧让给客户；多人并行则中央高于两侧。在平地上单行行进的时候，通常前排高于后排，宜把选择前进方向的权利让给客户；引导客户时可走在客人左前方约一米处。使用楼梯和自动扶梯时，主人应走在前面，或者按先来后到的顺序使用。

2. 上下电梯礼仪

遵循先下后上原则。上电梯时，如电梯中有人，可请客户先上，如没人应抢先进入电梯，按住“开”钮，再请客户进梯。下梯时可一只手按住“开”钮，另一只手示意请客户先下。注意，在电梯内避免与他人对面而立。

3. 乘车

（1）乘坐礼节。乘坐由司机驾驶的小轿车，不管驾驶盘在左还是在右，都是以后排右座为首位，左座次之，中座再次之，司机旁边的座位为末位（见图 5-1）。

如果是主人充当司机驾车，首座则是司机旁边的位置，次之才是后排右座，再次之是后排左座，后排中间为末座（见图 5-2）。

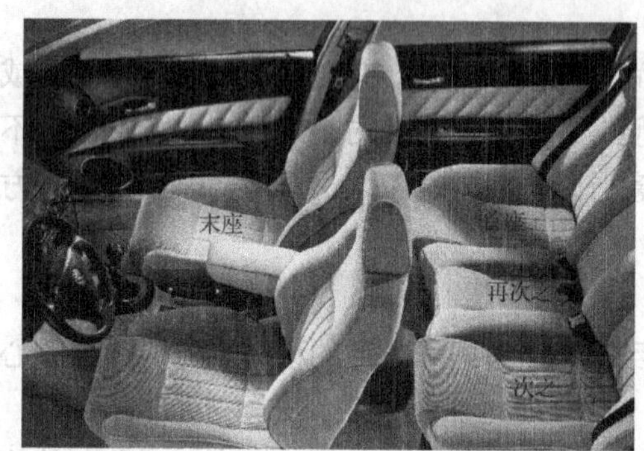

图 5-1　乘车礼节（一）

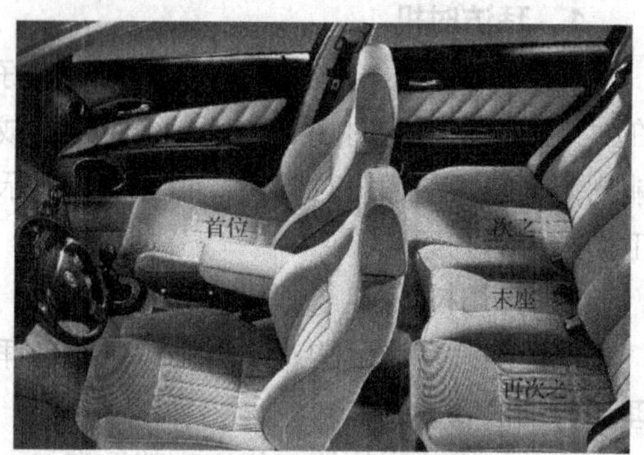

图 5-2　乘车礼节（二）

（2）需要注意的细节问题。主人陪同客人乘同一辆轿车，应帮助客人上下车。若同亲友乘同一辆车，应请女士和长辈先上车，并为之开关车门。男女同乘、下级上级同乘，男士或下级应主动帮助女士或上级开门乘车。

4. 会客

礼节性的、一般性的人和人之间的相互见面有时也称会客、会晤或会面。通常来说，有以下几种方式。

（1）自由式。适用于两种情况：非正式交往时宾主双方不分主次，自由择座；难以排列座次时（大家平级），可根据喜好自由择座。

（2）相对式。具体做法是宾主双方面对面而坐。这种排列方式主次分明，含有“公事公办”之意。它多适用于公务性会客。采用相对式安排位次时，会有两种情况。

① 双方就座时一方面对正门，另一方背对正门，这时应遵循“面门为上”（见图 5-3）。

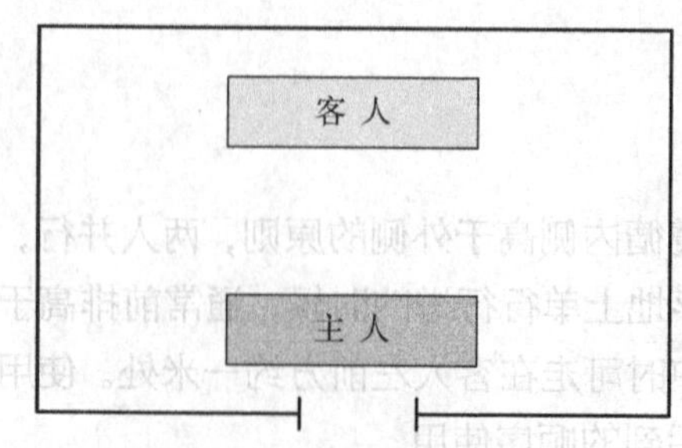

图 5-3　相对式会客排位（一）

② 双方就座时室内分为左右两侧，面对面就座。这时遵循"以右为上"，即进门之后，右侧一方为上座，需要指明的是，此时的左右是依照"面门为上"的规则来确认的（见图 5-4）。

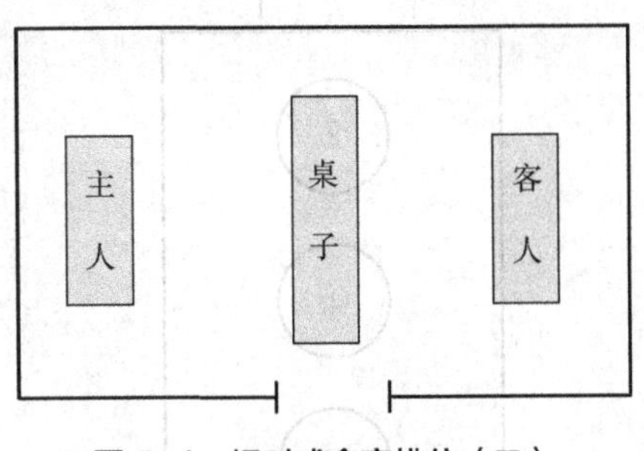

图 5-4　相对式会客排位（二）

（3）并列式。宾主双方并排就座。如宾主双方都是面门而坐，则以右边为上座，就是客人坐在主人的右边（见图 5-5）。

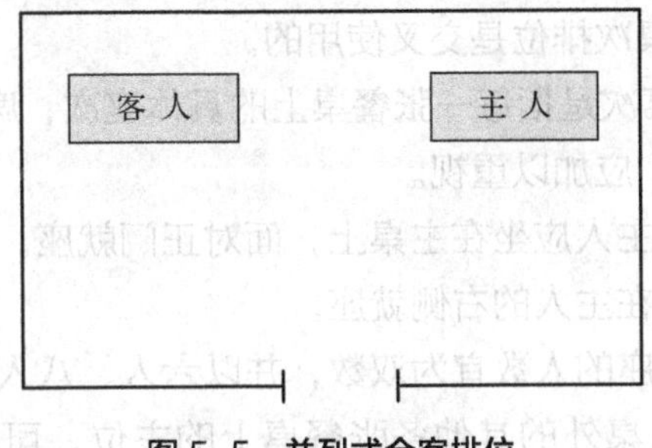

图 5-5　并列式会客排位

5. 宴请

这里主要介绍中餐宴请排位，分为中餐桌次排位和中餐席次排位。

（1）中餐桌次排位。举行中餐宴请时，若所设餐桌不止一桌，就会有桌次之别。排定桌次时，主要有以下三条常规。

① 以右为上。中餐餐桌一般采用圆桌。若两张餐桌横排时，桌次以右为上（见图 5-6）。

② 以远为上。餐桌距离餐厅正门若有远近之别，则以距门远者为上（见图 5-7）。

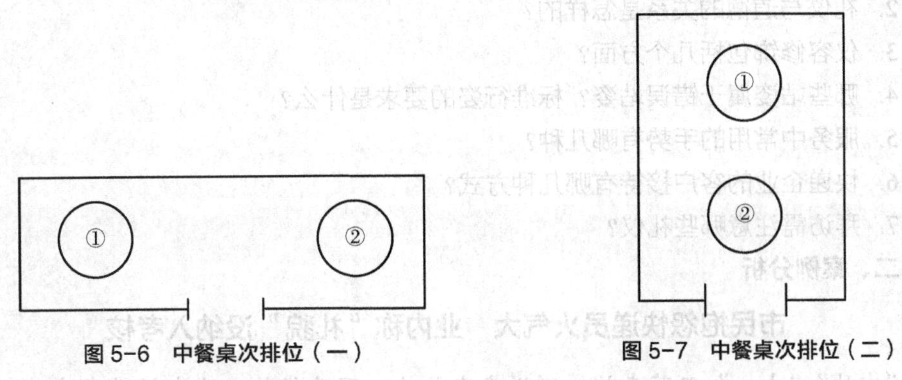

图 5-6　中餐桌次排位（一）　　图 5-7　中餐桌次排位（二）

③ 居中为上。多张餐桌并排时，居于中央者通常地位高于两侧（见图 5-8）。

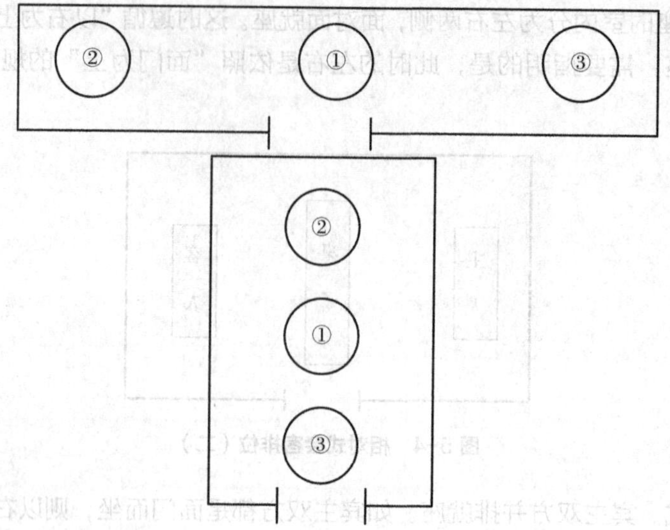

图 5-8　中餐桌次排位（三）

很多时候，上述三种桌次排位是交叉使用的。

（2）中餐席次排位。席次是指每一张餐桌上的具体座次，席次的排列体现了来宾的身份和主人对其礼遇的程度，应加以重视。

① 面门为上。宴会的主人应坐在主桌上，面对正门就座。

② 主宾居右。主宾应在主人的右侧就座。

③ 好事成双。每桌就座的人数宜为双数，并以六人、八人、十人为最佳。

④ 各桌同向。即除主桌外的其他各张餐桌上的主位，可与主桌上的主人之位方向相同。

思考与练习

一、问答题

1. 快递服务礼仪的内涵与特征是什么？
2. 礼仪与道德的关系是怎样的？
3. 仪容修饰包括几个方面？
4. 哪些站姿属于错误站姿？标准行姿的要求是什么？
5. 服务中常用的手势有哪几种？
6. 快递企业的客户接待有哪几种方式？
7. 拜访需注意哪些礼仪？

二、案例分析

市民抱怨快递员火气大　业内称“礼貌”没纳入考核

“中秋”“十一”双节来临，赠送亲友礼物、网购货物又迎来投递高峰。不少人发现，快递员们脾气见长，说话口气生硬。“为何快递员脾气这么大？”带着消费者的疑问，记者走近各方，看看谁引爆了这喷发的“火气”。

1. 市民抱怨：快递员火气大

“×××，你的快件到了，你人在哪里？怎么还没看到你下楼？不要就算了！”昨天，汉口一家企业员工小刘被快递员吼得一愣一愣的。下楼后，小刘发现快递员人又不在了，只好又等了半天。“节前快递很忙、很辛苦，我们能够理解，可为什么说话不能礼貌一点呢？”小刘的感受不是个例。

家住武昌民主路的曾虹小姐22:00突然接到快递员的电话，对方匆匆地说：“快下楼来拿快件。”曾小姐说，“时间不早了，家里老人孩子都睡觉了，能不能明天白天再送？”对方不答应：“不行，我任务没完成，非得现在下来不可！”无奈，曾小姐只好下楼等候他。

还有双方因言语误会而矛盾升级的。市民汪女士节前接到快递电话，她问了一句：“快递的什么东西？”结果快递员火了：“我不送了。”随后快递员直接挂断了电话。一头雾水的汪女士再打电话过去询问，快递员反问她为什么骂人，说快递员“不是东西”，原来是个误会。

2. 快递员诉苦：“不良”消费者不少

“节前业务量大增，几乎比得上‘双十一’了。”昨天，一家快递公司员工刘小平告诉记者，他中秋节前一天的送件量近150件，这两天从7:00一直要忙到22:00。

他说，一般他开口会说“麻烦您取件，快件到了……”，遇到“不良”消费者，火气就上来了。他举例，考虑到电动车后载的快件箱子是裸露的，没有上锁，上楼后很容易丢失其他人的快件，于是他要消费者下楼来取件。对方问，“怎么不送上来，不送上来就不要了，退掉。”最后，他只好按流程退货，刚刚输入计算机就接到电话投诉，说他态度不好。

一名快递员也在网上诉苦，说自己已工作5年，工作过多家快递公司，现在不想做了。“7:30起床，到公司下货、分货、点货、扫货，出去派件，12:00赶回来出货、交单、吃饭，忙的时候要14:00才能吃饭，22:00还在外面收件，上厕所都没时间。大部分快递公司全年无休，元旦、国庆、中秋等节假日都要送件，星期天也要送件，打电话给消费者又要很多时间，不打电话又不知道有没有人在。送的时候没人，不送的时候又说在等……”

3. 业内数据：“礼貌”没纳入考核

湖北省邮政管理局数据显示，武汉是全国包裹转运的中心枢纽城市，无论是国有、民营还是外资快递公司，几乎都将华中地区分拣中心设在武汉。算上邮政EMS员工，武汉快递员总数接近2万人。

一名民营快递公司武汉分公司负责人坦言，大部分快递网点都是加盟快递点，人员流动很快，新快递员多是外来务工人员，两三天之内就可以上岗。对于礼貌等方面的岗前教育，民营快递加盟点很少进行。大多快递公司的一线员工都是以送件量、揽收量来计酬，快递员态度与礼貌一般不会纳入考核之中。

快递行业相关法规对快递从业人员的态度并未给出细化的规定。有市民建议，快递公司应开发出评价系统，当消费者收到快件后，可对快递员的服务进行评价，并计入考核，这样一来，快递员的脾气或许能小点。

（资料来源：中国新闻网，有删改。）

问题：

1. 在与客户沟通时，作为快递业务人员，自身应如何消除“火气”？
2. 快递企业应如何加强员工的岗位礼仪与规范培训，提高员工的服务水平？

三、实训操作

去附近一家快递营业网点，了解快递业务员在收寄和派送环节与客户互动时的岗位礼仪和规范情况，并对其评析后形成实训报告。

06 Chapter

第六章 互联网时代的快递服务与营销

学习目标

- 了解电子商务与快递服务的关系
- 掌握利用互联网优化客户服务的方法
- 了解建立与客户交流的虚拟社区的作用
- 了解快递网络营销的特点
- 熟练掌握快递企业常用的网络营销方法

学习内容

本章以互联网时代的快递服务为主题，从介绍电子商务与快递服务的关系入手，介绍如何做好与客户的网络沟通和网络维护，如何利用互联网优化客户服务，帮助读者掌握以互联网为主要手段的营销活动。

案例导读

某快递公司联手微信首尝智慧快递

继微信智慧酒店、智慧餐饮、智慧剧院相继落地后，2014 年 11 月 14 日，某快递公司宣布，联手微信打造智慧速运，在全国范围内支持微信支付，抢得“微信智慧生活”在快递业的头筹，开启了快递行业用移动互联新技术优化寄收件服务的新时代。

1．微信让收寄件更“轻”“快”

该公司率先推出了微信公众服务号的下单服务，用户关注该公司的微信公众号，即可随时随地下单，无须四处翻找快递公司电话，也无须手工填写运单。且用户以往的寄/收件地址，会自动保存在地址簿中，每次寄件时，仅需动动手指选择相应地址，就能成功提交订单，然后实时跟踪快件动向。该公司推行的微信支付，还进一步解决了寄件流程的“支付找零”问题。快递员上门收件时，用户只需选择以微信支付方式结算，就能在自己的手机上付快递费。

微信公众号还会自动推送稍后上门收、送件的快递员姓名、工号、照片等信息。快件流转途中，还会向用户实时通报路途信息，帮助用户随时掌握快递动向。

微信带来的不只是快递支付、寄件服务的优化，借助微信的大数据分析等能力，该公司可以从最细微的付款环节入手，在移动互联网时代的新竞争格局下，准确抓住用户需求，为用户提供更“轻”、更“快”的快递寄件服务。

2．微信串联快递全流程服务

成本、效率、质量、用户体验是快递业最大的痛点，多数快递公司采取的是客服电话等传统下单模式，这种下单模式的成本高达 1 元/单，而纸质面单的成本也不低。后端分拣系统需要大量的面单信息，造成大量的输单工作，数据的准确性也很难保证。据此，该公司最初的想法就是将信息流、资金流、物流全部集中于一个平台去打通，用户只要通过一个点就能完成所有流程，微信成为这个撬动快递行业互联网化的支点。

该公司希望通过多种多样的渠道给用户提供便捷的方式，让用户自助服务。因为用户一旦自助，该公司就可以节省很多成本，而很多信息积累起来也便于该公司提供更加精准的大数据快递服务。通过微信下单、支付等移动互联技术，可以让公司原有的服务链条连接力更强、更高效。除了实现用户的电子化、自助化等全流程服务体验，该公司还给收派员专门配置了“三合一”的打印机，用户在微信上下单以后可通过这种移动的便携式打印设备，打印电子运单，避免了用户手写填单的烦琐程序。

3．微信带来快递特色服务

由于快递行业长久以来整体活跃度不高，所以通过特色服务与同类商家拉开距离，更好地刺激、吸引、留住用户，就成为行业内竞争的重要砝码。通过微信，则能够很简单地为用户提供个性化服务，刺激用户活跃度。因此，该公司开始在微信上尝试更多好玩的事情，提供个性化的快件服务，充分满足用户个性化的递送需求。该公司的寄件用户通过关注该公司微信公众号并下单，可通过文字、图片、语音、视频的方式给收件用户表达寄件心愿。这种服务传递的不仅是一份包裹，还是一份情感。与此同时，该公司还设置了与用户生活息息相关的频道内容，将天气等与生活、快递关联紧密的信息通过微信连接起来。

快递行业长久以来活跃度低，微信天然的社交与分享基因、CRM 客户管理和大数据分析能力，为快递企业实现串联服务、展开精准的数据分析，提供了一个整体的解决方案。未来，随着更多快递公司深度触网，将为用户提供多样化的移动互联网服务。

（资料来源：驱动中国网，有删改）

思考：

1. 上述材料中的快递公司如何通过微信开展网络营销？
2. 快递企业如何用移动互联新技术优化寄收件服务？

// 第一节 电子商务与快递服务

互联网在全世界的迅速发展，标志着电子商务时代的到来。2017 年 8 月，中国互联网络信息中心（CNNIC）发布了第 40 次《中国互联网络发展状况统计报告》（以下简称为《报告》）。《报告》显示，截至 2017 年 6 月，中国网民规模达 7.51 亿，手机网民规模达 7.24 亿，互联网普及率达到 54.3%，超过全球平均水平 4.6 个百分点。以互联网为代表的数字技术正在加速与经济社会各领域的深度融合，成为促进我国消费升级、经济社会转型、构建国家竞争新优势的重要推动力。

随着移动通信网络环境的不断完善以及智能手机的进一步普及，网民上网设备进一步向移动端集中，移动互联网应用向用户各类生活需求深入渗透，促进手机上网使用率增长。同时，移动互联网塑造的社会生活形态进一步加强，“互联网+”行动计划推动政企服务向多元化、移动化发展。

电子商务和网上购物的不断发展繁荣，为快递服务迎来了新的发展机遇和挑战。据统计，2017 年全国网络零售交易额为 7.18 万亿元，同比增长 32.2%，其中网上零售额为 5.48 万亿元，同比增长 28%，占社会消费品零售总额的比重为 15%，对社会消费品零售总额增长的贡献率为 37.9%，网络零售对消费的拉动作用进一步增强。而电子商务带动的包裹量超过 5 亿件，全国快递服务 1/3 以上的业务量是由电子商务牵动完成的。

一、电子商务概述

（一）电子商务的概念

电子商务通常是指在全球各地广泛的商业贸易活动中，在开放的网络环境下，基于浏览器/服务器等应用方式，买卖双方不谋面地实现消费者的网上购物、商户之间的网上交易和在线电子支付的各种商务活动、交易活动、金融活动和相关的综合服务活动的一种新型商业运营模式。随着互联网使用人数的增加，利用互联网进行网络购物并在网上付款的消费方式已渐流行，市场份额也在迅速增长，各类电子商务网站层出不穷。

（二）电子商务的分类

关于电子商务的类别，目前主要有 B2B、B2C、C2C、B2M、M2C、B2A（即 B2G）六类电子商务模式。

1. B2B（Business to Business）

商家（泛指企业）对商家的电子商务，即商家与商家之间通过互联网进行产品、服务及信息的交换，通俗的说法是指进行电子商务交易的供需双方都是商家，他们使用互联网技术或各种商务网络平台，完成商务交易的过程。这些过程包括：发布供求信息，订货及确认订货，支付及票据的签发、传送和接收，确定配送方案并监控配送过程等。B2B 的典型有阿里巴巴、中国制造网、敦煌网、慧聪网等。

2. B2C（Business to Customer）

B2C 模式即商家对消费者的电子商务，是我国最早产生的电子商务模式，以网上商城正式运营为标志。B2C 即商家通过互联网为消费者提供一个新型的购物环境——网上商店，消费者通过网络在网上购物、在网上支付。由于这种模式节省了消费者和商家的时间和空间，大大提高了交易效率，节省了宝贵的时间。B2C 的典型有淘宝网、当当网等。

3. C2C（Consumer to Consumer）

C2C 即消费者对消费者的电子商务，同 B2B、B2C 一样，都是电子商务的模式之一。C2C 商务平台就是通过为买卖双方提供一个在线交易平台，使卖方可以主动提供商品上网售卖服务，而买方可以自行选择商品进行出价。C2C 的典型——淘宝平台与快递企业、买家、卖家之间的资金流、信息流、物流的关系如图 6-1 所示。

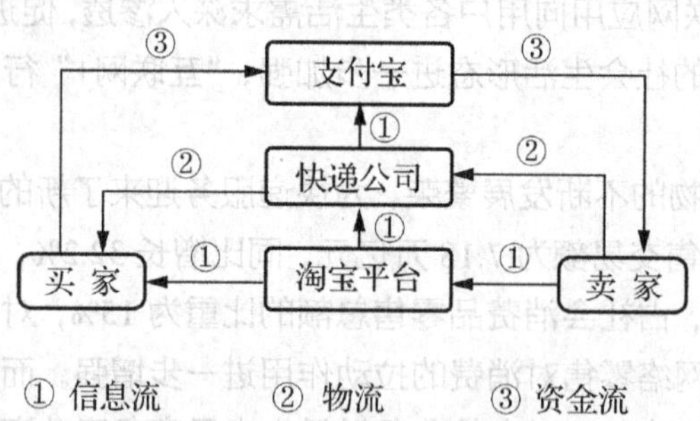

图 6-1　淘宝平台与快递公司、买家、卖家之间的资金流、信息流、物流的关系

4. B2M（Business to Manager）

B2M 即面向市场营销的电子商务，相对于 B2B、B2C、C2C 的电子商务模式而言，是一种全新的电子商务模式。而这种电子商务相对于以上三种有着本质的不同，其根本的区别在于目标客户群的性质不同，前三者的目标客户群是作为一种消费者的身份出现的，而

B2M 所针对的客户群是该企业或该产品的销售者或为其工作的相关人士，而不是最终消费者。

常见的 B2M 模式如企业通过网络平台发布该企业的产品或服务，职业经理人通过网络获取该企业的产品或服务信息，并且为该企业提供产品销售或提供企业服务，企业通过经理人的服务达到销售产品或获得服务的目的。职业经理人通过为企业提供服务而获取佣金。

5. M2C（Manager to Consumer）

M2C 是针对 B2M 的电子商务模式而出现的延伸概念。M2C 是 B2M 的延伸，也是 B2M 这个新型电子商务模式中不可缺少的一个后续发展环节。职业经理人最终还是要将产品销售给最终消费者的，而这个过程还是要通过电子商务的形式进行的，这类似于 C2C，但又不完全一样。C2C 是传统的盈利模式，赚取的基本就是商品进出价的差价。而 M2C 的盈利模式则丰富、灵活得多，既可以是差价，也可以是佣金。而且 M2C 的物流管理模式也可以比 C2C 更富多样性，如零库存；现金流方面也较传统的 C2C 更有优势。

6. B2A（Business to Administration）

该模式也即 B2G（Business to Government），即商业机构对行政机构的电子商务，指的是企业与政府机构进行的电子商务活动。例如，政府将采购的细节在互联网上公布，通过网上竞价方式进行招标，企业也要通过网上的方式进行投标。

二、电子商务对快递服务的影响

电子商务作为新的商务模式，在减少流通环节、加快流通速度、降低交易成本、便捷百姓生活方面的作用日益突出。互联网用户规模的持续扩大和网上购物的相应优势，也使得电子商务为快递行业提供了巨大的市场空间，成为快递行业发展新的增长点。电子商务发展对于快递行业提升服务质量，调整产品结构，加快向现代服务业转型具有重要促进作用。快递企业生存和发展的环境也随着电子商务的出现发生了巨大的变化。电子商务配送已成为拉动快递服务业务增长的重要力量，它与快递服务的结合对快递服务产生了如下影响。

（一）提升了快递服务的质量

电子商务与快递服务的结合使得快递企业可根据客户的需求，向客户提供差异化的服务，从而提升了快递服务的质量。

在网络技术兴起的今天，快递企业的竞争归根到底是服务的竞争。在快递服务的时效性、准确性和安全性相差不大的时候，如何向客户提供更加直接、更加便利的服务就成了快递企业竞争的重中之重。电子商务的兴起和运用使快递客户服务不仅局限于点到点、户对户的单一传递模式，快递企业的服务范围、服务时限、服务频次等都发生了极大的改变，客户的需求无时不在、无所不在，这就要求快递企业不仅能提供标准化的服务，同时也能提供个性化服务。

电子商务的迅猛发展促进了快递企业与客户的动态交流，通过电子邮件和网络，客户的所有需求信息一目了然，快递企业可充分利用这些资源为客户提供优质的客户服务，进行个性化的客户服务和市场营销。

（二）扩大了快递服务产品的种类

快递服务与电子商务的对接，使得快递企业能更好地为客户提供包括仓储、理货、代收货款、收件人付费、签单返回、代客户报关等多种增值服务，使快递产品结构得到了调整，促使快递企业由单一的价格竞争向服务质量竞争转型，把快递服务产品的品种、价格与服务品质捆绑进行差异化竞争，从而提高了快递企业把握市场的能力。

（三）加速了快递服务网络信息化的进程

网络信息化是电子商务时代的主要特征之一。当今世界全球信息资源的可用性及网络技术的普及为快递的网络化提供了良好的技术支持，快递服务网络信息化必将随着电子商务的运用而加速发展。

客户如果需要寄递包裹，可以登录企业网站，通过计费系统查询到快递的运费报价。选择快递模式后，网上会自动生产各种模式的运单，接下来就可以预约取件和进行付费了。取件完成后，客户可以通过互联网平台进行快件的追踪查询，时时刻刻对快件运递进程了如指掌。无论快件是在从上海到纽约的飞机上，还是在前往客户办公室的货车上，客户都可以追踪他们包裹的位置。另外，还有更加人性化的快件状态电子邮件通知服务，可为客户提供快件追踪信息。为使客户能全时段跟踪货件信息，快递企业实施精准扫描服务。从取件到完成送达，每个快件需要扫描很多次，快件位置的相关信息都可以凭借相关查询码在互联网上查询。客户也可通过快递企业的相关微信平台更便捷地获得以上服务。

电子商务充分发挥了信息技术优势，对快递的发展起到了一定的积极引领和推动作用。但总体而言，双方在信息接口、商品签收、安全管理、风险分担等方面还缺乏统一的规范，国内相关法律、标准、政策还缺乏必要的衔接。因此，电子商务企业和快递企业应抓住电子商务与快递协同发展的新机遇，优化网络、改善服务，在各方面大力协作，才能实现共同繁荣。

// 第二节 利用互联网优化客户服务

一、利用互联网优化快递企业内部管理

（一）互联网对快递企业管理的影响

企业之间的竞争始于管理理念的竞争。互联网时代的到来，使企业的管理理念出现了新的变化。这些变化会指导企业从新的角度审视问题，进而制订新的规则，形成新的机制，进一步适应互联网时代的需求。

1．管理模式不断变化

互联网时代下的企业管理是一个不断学习和创新的动态过程。学习和创新是互联网时代的核心。首先是观念的创新。互联网使距离消亡，组织结构将越来越向扁平化发展，传统组织结构将很难适应互联网时代，不更新观念，无异于将企业隔离在互联网时代之外。其次是企业运营模式的创新，包括制度、组织结构等。企业的各个组织应成为能适应外部瞬息万变的市场的独立单位；企业的各个部门要能及时针对市场做出反应；企业管理要运用动态的思维，于变化中实现管理。再次是新技术的创新，利用各种新技术，特别是网络技术整合全球信息、科技资源为我所用，以创新技术来创造新需求进而创造新市场。最后，企业员工自身要不断创新。员工要不断学习，提高自身素质。在互联网环境下，企业的每一个员工都要成为创新的主体。人是保证创新的决定性因素，企业员工整体素质的提高预示着企业自身创新能力的质的突破。

2．弹性管理模式出现

互联网的诞生使企业组织分子化。每一个劳动者就是企业的最小单位，可以根据工作需要机动地组合。企业管理也要有足够的弹性来适应这种变化。弹性管理主要体现在时间和空间上。传统的企业管理习惯于让员工在固定的时间到固定的地点去工作。而在互联网环境下，这些都将成为过去。一方面，互联网无所不至的触角已伸向了社会的各个角落，而互联网所至之处，就是企业市场延伸的地方，也就是企业员工的活动范围，因此管理的对象已经极度分散化了；另一方面，互联网时代强调时间上的即时性，如果用一般的时间概念去束缚它，反而会抑制其发展。所以，实施弹性化的管理模式实际上是为企业员工创造一种宽松的工作环境，以便更好地发挥人的积极性和创造性。

对快递企业来说，客户需要的快递服务是随时随地的，这就要求快递员工能在任何时间里，力所能及地满足快递客户的需要，因此，弹性管理模式将更适合快递企业的员工管理。

3．企业发展动力机制的构建

在互联网环境下，企业要发展仍然离不开人、财、物等最基本的资源。为了确保企业发展的不竭动力，企业要建立相应的动力机制，主要包括资金、信息、技术及人才等方面。而人才是其中最关键的因素，如对快递企业来说，网络营销人才是稀缺资源；要想建立全球快递网络，人才则是更加稀缺的资源。

因此，在互联网时代，快递企业的成败取决于人才的培养和管理。“以人为本”已成为当前快递企业人力资源管理的要诀，而“以人为本”又强调人的能力的培养，“能本管理”（一种以人的能力为核心的人本管理）将成为网络经济条件下快递企业人力资源开发的重心。

互联网时代的特征是计算机和互联网的出现、使用和普及。在计算机、互联网的推动下，企业正在逐步改变过去时代的管理理念。在网络时代下，企业管理将更加人性化，更加注重员工个人的成长和发展。

（二）运用网络优势优化快递企业管理

企业竞争的优势首先体现在管理理念的抢先一步变化上。那么，在互联网时代的企业管理方面，企业的生存和发展需要引入哪些新的理念和准则，才能适应网络时代的需求？

1. 通过企业资源计划（ERP）系统提升快递企业经营效率

企业资源计划（Enterprise Resource Planning，ERP）是建立在信息技术基础上，以系统化的管理思想，为企业决策层及员工提供决策运行手段的管理平台。ERP 系统集信息技术与先进的管理思想于一身，成为现代企业的运行模式的集中表现，反映了时代对企业合理调配资源，最大化地创造社会财富的要求，成为企业在信息时代生存、发展的基石。

ERP 是在 20 世纪 80 年代初开始出现的。ERP 的核心思想是供应链管理，它跳出了传统企业边界，从供应链范围去优化企业的资源，是基于互联网时代的新一代信息系统。它对于改善企业业务流程、提高企业核心竞争力的作用是显而易见的。ERP 系统为快递企业带来的好处包括以下方面：

（1）可以大大加快订单的处理速度，提高订单的处理质量，降低订单的处理成本；

（2）通过自动化的方式及时采集各种原始数据，提高数据的处理速度和处理质量，从而降低财务记账和财务记录保存的成本；

（3）由于提高了设备的管理水平，可以充分利用企业的现有设备，降低设备投资；

（4）快递运作流程更加灵活，可以有效地应对快件传递过程中各种异常事件的发生；

（5）由于提高了企业供应链计划的准确性，从而降低了快件传递过程中的非常规停顿时间；

（6）能更加有效地调度整个快件传递过程，提高快件传递效率；

（7）减少快件传递过程中由于无法及时协调而出现的差错率，提高管理水平；

（8）可以降低快件传递过程的成本；

（9）由于成本和效率方面的改善，快递企业可以从容地确定有利的价格，从而提高企业的利润或提高企业的市场占有份额；

（10）由于改善了整个快递传递过程，因此可以缩短快件交付时间，让客户更加满意；

（11）允许更大程度的产品个性化定制，可以更灵活地满足不同快递客户的需求；

（12）快递客户的满意度得到提高，从而可以增加企业的快件订单数、增加销售利润并扩大市场份额，最终增加快递企业的利润；

（13）企业的管理人员和业务人员有更多的时间投入业务的研究和问题的解决，从而提高管理人员和业务人员的业务素质和管理水平；

（14）由于可以方便地借鉴行业最佳管理实践，企业管理的精细化、规范化和标准化可以做得更好；

（15）由于可以根据需要及时调整业务操作和业务流程，企业员工的全局观念可得到增强，员工的工作能动性可得到很大的提高；

（16）由于实现了信息共享，企业的决策有了及时、全方位的数据依据，因此可以提高决策的质量。

2. 通过人力资源管理系统优化快递企业的人力资源

人力资源管理系统，是指组织或社会团体运用系统学理论方法，对企业的人力资源管理的方方面面进行分析、规划与调整，以提高企业人力资源管理水平，使人力资源更有效地服务于组织或团体。

人力资源管理系统经过几十年的发展，现在已经比较完善，被很多企业广泛采用。第一代人力资源管理系统出现于 20 世纪 60 年代末，当时除了能自动计算人员薪酬外，几乎没有更多如报表生成和数据分析等功能，也不保留任何历史信息。第二代人力资源管理系统出现于 20 世纪 70 年代末，对非财务人力资源信息和薪资的历史信息都进行了设计，也有了初级的报表生成和数据分析功能。第三代人力资源管理系统出现于 20 世纪 90 年代末，这代人力资源管理系统的数据库将几乎所有与人力资源相关的数据都进行了收集与管理，更有强力报表生成工具和数据分析工具。

对快递企业来说，采用人力资源管理系统最主要的原因有以下几个方面。

（1）知识经济的来临，人力资本的观念已经形成，21 世纪的竞争是科技的竞争，而科技是以人为载体的，因此，说到底是人才的竞争，也就是人力资源的竞争，人力资本的重要性不亚于甚至超越了土地、厂房、设备与资金等。

（2）借助人力资源管理系统，充分发挥人力资源的优势，以取得最佳经济效益。每个人都有自己的长处和短处，作为管理者来说，要把合适的人放到合适的岗位上，才能最大限度地发挥个人的作用。因此，借助人力资源管理系统，能够将人员的利用率达到最佳，既体现了“以人为本”，也提高了企业的效率。

（3）除此之外，人是知识的载体，为了有效运用知识，使知识发挥最大的效用，要妥善管理人力资源，才能够发挥人力资源的最佳效用。

（4）通过人力资源管理系统，自动计算人员薪酬，生成数据、报表，也能提高企业的管理效率。

3. 通过知识化办公自动化系统提高快递企业的办公效率

知识化办公自动化系统（Knowledge Office Automation，KOA）以创新管理理论和技术为基础，集成工作流机制、邮件机制、网络会议机制、安全机制、催办机制等，打造通用化的企业自动化办公平台。

随着快递企业规模的不断发展，快递业务规模也逐步扩大，企业的信息和资料将更加纷杂，企业的内部流程类工作不但大幅度增加，而且变得越来越烦琐。同时，快递企业的员工数量也急剧增加，如此庞大的组织在管理上势必会出现新的问题。对大多数发展迅速的快递企业来说，在发展过程中的隐患主要有以下几方面。

（1）多数快递企业在全国有几十个分部，员工上万人，而且企业还在逐步发展壮大，员工数量激增，管理团队也逐渐庞大，组织机构庞大就会导致企业内部信息、知识的传播速度变慢。因此，快递企业急需提高知识的传播速度。

（2）工作信息传播范围小，有效信息未能迅速传达到各个部门，而部门之间的联系也不紧密，信息交流不频繁，导致许多协作工作反应迟缓，协同工作开展起来费时费力。

（3）随着日常事务的增多，传统的面对面解决问题的方法太耗时耗力，不利于员工工作效率的提高。

（4）员工数量的快速增加，必然导致管理难度也随之提高，管理成本、培训成本也非常高，同时管理层也需要一个行之有效的工具来提升管理效率。

（5）企业内部的工作制度和流程处理缺乏统一规范，而相关的人员缺乏协作通道，这不但导致工作效率低下，同时也因为没有有效的数据统计和记载，许多事情就容易出现推诿现象，这就要求企业尽快形成规范化的管理机制。

因此，面对外部强大的竞争压力，快递企业内部对于加快运作效率和实现资源共享的要求日益强烈，企业要想不断强化自身实力，提高管理水平，就必须寻找一个强而有效的工具来摆脱困境。KOA 所能提供的功能主要有以下几种。

（1）信息发布平台：为公司的信息发布，以及内部员工的工作、学习和生活交流提供一个有效的平台，同时使企业的规章制度、新闻、技术交流、公告事项得以及时地传播。

（2）个性化行政办公平台：改变企业传统纸质公文办公模式，企业内外部的收发文、呈批件、文件管理、档案管理、报表传递、会议通知等均可采用电子起草、传阅、审批、会签、签发、归档等电子化流转方式。

（3）日常办公平台：改变传统的集中办公的办公方式，扩大了办公区域，员工可在任何地方、任何时候登录到公司的网页，像在办公室一样进行办公。

（4）知识管理平台：实现知识的沉淀、存储、共享、流动、应用和创新全周期的管理，提高企业员工的知识获取与学习能力，塑造学习型、创新型企业。

（5）协同工作平台：建立包含会议协作机制、团队协作机制、公文流转机制、待办机制、催办机制等在内的协同工作平台，实现即时通信、共享、交流。

（6）决策支持平台：采集竞争对手情报，分析系统内业务知识，挖掘企业热点知识，辅助企业决策层全盘掌控企业运营状况。

（7）企业通信平台：建立企业范围内多种多样的通信网络，包括电子邮件、网络会议、手机短信等，使信息交流快捷流畅。

4. 通过 E-Learning 系统优化快递企业的培训

E-Learning 源于 Electronic-Learning，中文译作“网络（化）学习”“数字（化）学习”“电子（化）学习”等。不同的译法代表了不同的观点：一是强调基于互联网的学习；二是强调电子化的学习；三是强调在 E-Learning 中要把数字化内容与网络资源结合起来。E-Learning 是指主要通过互联网进行的学习与教学活动，它充分利用了现代信息技术所提供的、具有全新沟通机制与丰富学习资源的学习环境，是一种全新的学习方式。E-Learning 的特点主要有以下几个。

（1）知识的网络化：企业员工学习的知识不再是一本书，也不再是几本参考书，而是所有有关的专业知识。在数据库的支持下，知识体系将被重新划分，学习内容将被重新组合，员工学习与研究的方法也将发生新的变化。

（2）学习的随意性：分散在各地的员工比以往更为忙碌，他们企盼有一种适合他们的学习时间表和学习解决方案。学习必须能全年无休地进行，无论是在办公室、家或旅馆房间。员工可以依他们的行程安排学习，而不是按培训机构的日程安排。

（3）学习内容可保持及时、持续的更新：包括学习教材在内的各种学习资源能保持更新状态且内容与业务相关，这会让学习资源对员工更具价值。

（4）培训的即时性：传统的培训要制订培训教材、安排培训场地、并组织考试、后勤，培训结束之后企业又要投入下一个培训的准备工作。采用 E-Training 系统则可以将培训周期缩短。在工作节奏越来越快的今天，如果我们要跟上变化的形势，就必须使用更先进的教学方法和信息设计技术。

以学习方式来分，E-Learning 系统有实时远程教学、按需点播的远程教学和基于 Web 的远程教学。传统的教室培训受到时间、地点、讲师和费用等多方面因素的影响，主要存在以下缺陷：

（1）培训人数和需求受培训费用的限制；

（2）大量重复性的培训，使得培训管理者不堪重负；

（3）培训实施周期长，无法满足员工技能提升和业务推广的时间要求；

（4）培训内容缺乏灵活性和一致性，且更新速度缓慢；

（5）缺乏对培训效果客观、科学的评估；

（6）缺乏对培训活动全阶段的系统管理。

E-Learning 系统可以弥补传统培训方式中存在的缺陷与不足，因此可以运用到快递企业的员工培训中，如大型快递企业存在企业机构繁复、部门众多、客户分布地域广泛、员工人数众多、培训需求种类繁多，层次面多，因而培训支出大等问题。

针对大型快递企业客户分布地域广泛的特点，可以采用分布式广域网网络结构，在总部设立核心结点，放置远程教学核心平台，用于学员管理和培训资源的管理和发布。分别在用户相对集中地区设置区域中心 media 资源服务器，用于对核心结点的培训资源进行分流发布，以分散核心结点的访问压力，方便学员就近访问，保障访问速度，提高学习质量。

核心结点应配置一台 Web/db 服务器和一台 Media 服务器。Web/db 服务器用于认证管理和单位、学员及其他应用数据库的管理，Media 资源服务器用于存放各种类型、格式的培训课件资源并进行管理和发布。培训资源管理部门通过应用平台对全部信息及培训课件资源进行管理，教师录制的课件通过审查后，可直接上传到核心结点的 Media 资源服务器，并通过分发系统分发到各个区域中心的 Media 资源服务器以保持资源同步，如图 6-2 所示。

5. 通过手持终端扫描系统优化快递企业的快件安全管理

快递员的手持终端系统主要有 EXP4 系统、PDA 系统等，这些系统具有精确的 GPRS/CDMA 定位功能。将快件包装好用手持终端扫描系统扫描后，快件的资料就会传输到快递企业的系统里。因为快件每到一个集散点都要经过终端扫描系统的重新扫描，经过终端扫描系统就能准确定位该快件所处的位置。这样，客户或公司的客服人员就可以在系统里看到此快件的资料，从而能够追踪快件在传递过程中的位置。快递公司通过这种方式，保证快件安全地到达客户手中。同时，客户也可以登录企业网站查询自己的快件目前所在的位置。

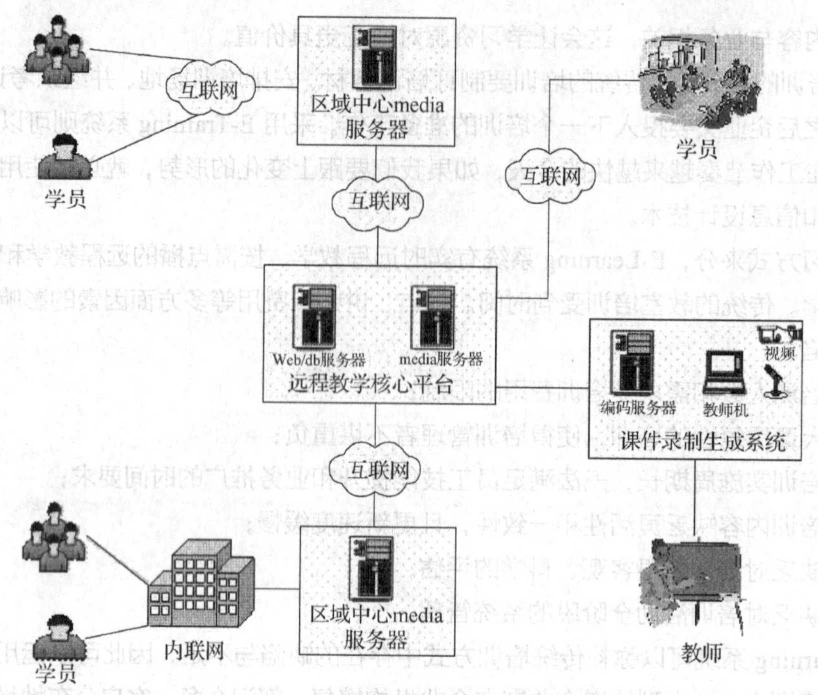

图 6-2　分布式广域网网络结构图

二、与客户的网络沟通

（一）与客户网络沟通的意义

在互联网时代，随着人们生活节奏的加快，传统的面对面沟通已逐渐被其他的沟通方式所替代。这主要是因为面对面的沟通不仅需要沟通双方约定时间、地点，而且还需要为沟通花费一些费用。而企业与客户通过网络进行沟通和交流，就不会受时间和空间的限制。客户可以利用工作的间隙登录企业的网站，把自己的投诉问题、咨询问题或答谢等在企业的网站平台上留言；也可以发电子邮件到企业的邮箱；如果企业有短信留言平台，客户还可以通过手机短信的形式表达自己的想法。而对于企业来说，企业只要派少数工作人员维护网站（平台），解答客户的投诉、咨询等问题就可以了，不仅提高了人员利用率，也可以避免与客户当面沟通时出现的诸如工作人员情绪过于激动、处理不当等引发客户不满的问题。

（二）与客户进行网络沟通的类型和方法

一般来说，快递企业与客户网络沟通的类型主要有投诉问题的处理、快递问题的咨询、一般的交流以及答谢等。这些沟通可以通过“常见问题解答”（Frequently Asked Questions，FAQ）、E-mail、呼叫中心等平台来实现。

1. FAQ 在网络沟通中的应用

FAQ 主要是为客户提供有关产品及企业情况等常见问题的解答，FAQ 能使客户迅速找到所需的服务信息，同时也能够引发客户随意浏览的兴趣。

实际上，企业对客户提出的某个问题经过一段时间的讨论和研究后，就会形成解决方案，把这些解决方案汇总整理后列在一起，制成页面或栏目，就形成了 FAQ。通过 FAQ，企业能够为每个客户提供及时的日常服务。

FAQ 的设计即在自己的企业网站（平台）列出客户常见问题。这对工作人员来说是非常容易做到的，因为他们最了解这方面的情况，知道客户问得最多的问题是哪些，也知道问题的答案。更重要的是，他们能透过问题的表面，确定客户真正想要问的问题是什么。所以，只要把工作在服务第一线的人员聚集在一起，就能列出非常具体而又有意义的客户常见问题。

创建面向客户的 FAQ 可以分为两个层次：一层是面向新客户和潜在客户的，它提供的是企业、产品等最基本问题的答案；另一层是面向老客户的，这些客户对企业已经有了相当的了解，因此可向他们提供更深层次的详细的技术细节、技术改进信息等。采取这种分别对待的做法，新客户、潜在客户会感受到企业对他们真诚的帮助，老客户又能获得一种受到关注的感受。

2. E-mail 在网络沟通中的应用

E-mail（电子邮件）是用户或用户组之间通过国际互联网收发信息的服务，是一种网络用户之间的快捷、简便、可靠且成本低廉的现代化通信手段，也是国际互联网上使用最多的服务之一。

利用电子邮件进行沟通有方便性、广域性、快捷性、透明性、廉价性、全天候的特点。它的主要作用有以下几个方面。

（1）利用电子邮件可与客户建立主动的服务关系。可以主动向客户提供企业的最新信息，如企业新闻、寄件价格、新产品信息等；同时，还可以获得客户需求的反馈，并将其整合到企业生产运作、销售、客户服务等营销组合系统中。

（2）利用电子邮件传递单证。为了方便客户，快递企业可以允许客户以电子邮件的方式将快递订单发送到企业邮箱，订购快递服务。除利用电子邮件下单外，客户还可以通过电子邮件进行快递业务咨询、快递价格咨询、投诉等。

（3）利用电子邮件进行营销。电子邮件在电子商务发展中一直起着重要的作用，是一种发现并留住客户的有效手段。由于传统媒体如电视和广播缺乏针对性，传统的直邮广告成本又太高，利用电子邮件开展营销越来越受到快递企业的青睐。由此，许多快递企业利用网上客户的电子邮件地址，并根据客户填写的服务信息，用电子邮件的形式进行营销。这样在为客户提供快递服务的同时，又同客户建立了交互式通信，为进一步开展营销奠定了基础。

（4）利用电子邮件处理客户投诉问题。客户还可以用发送电子邮件的方式对某些问题进行投诉。企业在收到邮件后，也可以用电子邮件的方式把处理意见反馈给客户，并且还可以定期做回访，追踪整个事件的处理进程，体现客户关怀。

电子邮件是国际互联网上使用最频繁的现代通信手段之一。企业每天都会收到许多电子邮件，而来自客户的邮件又代表了客户的心声和期盼。快递企业要利用电子邮件搞好客户服务，就必须做好电子邮件的管理。

（1）电子邮件的分类管理。企业在客户服务中应将 E-mail 和 FAQ 结合使用，对常规的问题，只要让客户在 FAQ 中查阅即可，应在企业的数据库中事先准备好常见问题的答案，以便迅速满足客户的需要；特殊问题意味着数据库中还没有现成答案，需要有关部门派专人解决。

（2）自动应答。在接收到客户的邮件信息后，为使客户放心，并说明邮件已被获悉，可以采用计算机自动应答器，事先自动答复客户。

（3）主动为客户服务。虽然互联网具有互动的特点，但是企业不能坐等客户前来询问，而应该采取主动措施，加强同客户的交流，主动了解客户需要什么服务。例如，利用电子邮件主动给客户发送有关快递服务的流程、快递传送的流程、寄递价格、新的服务信息等，以增加客户对企业的了解。

3. 呼叫中心在网络沟通中的应用

呼叫中心（Call Center）是一种新型的基于计算机电话集成（CTI）技术的服务方式，它通过有效利用现有的各种通信手段，为企业和企业客户提供高质量的服务。最初的快递呼叫中心只是个简单的电话系统，客户通过电话来获取快递企业的资讯，快递企业通过它来联络客户，并为客户提供快件下单、快件查询等服务。随着计算机网络技术的发展，呼叫中心的功能大大扩展，自动路由分配（ACD）、智能语音应答（IVR）、历史数据库的应用，使得呼叫中心的运营效率、服务效果大大提高。呼叫中心也成为快递企业与客户沟通的重要方式。

呼叫中心在快递企业的网络沟通中发挥着重要的作用。

（1）充分互动。在电子商务时代，人们可能会过分依赖互联网的沟通方式而忽略了人和人的直接沟通，使企业与客户缺乏情感交流。而通过呼叫中心，客户的服务人员可以通过电话与客户进行直接的交流。

（2）一站解决。通常情况下，客户为解决一个问题，不得不在企业各部门间往来转移，这其实是在考验客户的忍耐能力。而集中的呼叫中心提供给了客户一个明确的沟通串口，使其能够得到统一的标准服务和问题解答。

（3）提升客户价值。充满个性化的咨询服务、24 小时全天候的电话服务，这些附加价值有助于解决客户问题，提高客户满意度。

（4）真正有价值的信息中心。客户的基本信息、偏好、关心的话题、历史记录、抱怨、建议都能通过与呼叫中心的交流被及时地搜集整理，成为真正有价值的信息。

三、客户的网络维护

（一）互联网时代快递企业客户维护概述

1. 互联网时代客户维护的含义

互联网时代的客户维护即通过计算机管理企业与客户之间的关系，以实现客户价值最大化。其核心思想是将客户作为快递企业最重要的资源，建立稳定、庞大的快递客户资源群体，通过深入的客户分析和完善的客户服务来满足客户的需求，实现企业的最佳经济效益。

自从有了商务活动，客户关系就一直是商务活动的核心问题。随着网络经济的迅猛发展和全球经济一体化时代的到来，世界有多大，市场就有多大。但是有市场并不见得有商机，只有拥有客户才能有商机。因此，建立、开发和维护客户资源就成了现代商场中的一种重要的创收能力和竞争手段。随着计算机技术的飞速发展，现代信息技术、网络技术的运用为客户维护提供了现实可能性，客户资源已经成了企业的一种战略资源。

客户是快递企业生存和发展的基础，市场竞争的实质就是争夺客户资源。《哈佛商业评论》的一项研究报告指出：1 个满意的客户会引发 8 笔潜在的生意，其中至少有 1 笔成交；1 个不满意的客户会影响 25 个人的购买意向；争取一位新客户的成本是保住 1 位老客户的 5 倍。各快递企业之间的竞争加大了赢得新客户的难度和成本，使越来越多的企业转向保持老客户，把营销重点放在获利较为丰厚的老客户群体上，即使不在新客户上投资，企业也能够实现盈利。因此，客户维护不仅要发展新客户更要维系现有客户。快递企业要在竞争中保持优势，采用信息化手段建设客户关系管理系统和以客户为中心的营销机制，是提升企业竞争能力的根本措施。

2. 寻求企业利润最优化是客户维护的根本目的

由于客户的一切信息尽在掌握中，企业就能够有的放矢地提供及时、周到、满意的客户服务，实现客户价值的最大化、客户服务的最优化，寻求市场开拓的最大化和企业利润的最大化。这是客户维护的根本目的。

（二）建立客户网络维护的方法

互联网极大地解除了企业与客户之间的时间和地理位置的限制，创造了让双方更容易接近和交流的信息机制。但是，互联网不仅为企业提供了广阔的市场营销空间，同时也大大增加了客户方面的能力，互联网重铸了工业时代形成的企业与客户之间的关系，使客户成为被追逐的、更有选择权的一方。因此，能否掌握客户的特点并提供符合客户需求的服务成了网络时代下，企业能否成功的前提。

1. 互联网时代客户的特征

（1）客户掌握主动权

互联网环境是一种信息非常丰富的环境，客户会越来越多地认识到自己的需求，而不仅依靠企业发现并满足客户的需求。传统的渠道和媒体会向客户传递一些关于快递企业及其服务的信息，但在互联网上，客户不仅可以了解到关于快递企业的全部信息，还可以知道提供某种快递服务的相关快递企业的信息，这样，客户就可以自主选择为自己提供快递服务的企业。

例如，搜索某种快递服务，会立即出现很多有关这种服务的网址，包括各个快递企业的网站和含有相关服务信息资料的网站。所以，客户完全可以依靠网络得到更多的信息，而且由于这些信息是客户主动搜索的，因而在客户心理上会有更高的可信度，从而影响其购买行为。

客户还可以通过互联网得到传统渠道难以得到的信息，如其他客户对企业服务的感受等。这进一步加强了其消费选择能力，使客户在根据需求选择企业和服务时变得更加主动。

（2）客户的忠诚度下降

由于网上客户能获得更多的信息和更多的选择机会，所以在网上选择快递服务时，客户反而会变得更加成熟，他们会更加关注自己所选择的服务能否满足自己的要求，以及服务的价格是否合适等。同时，客户转向的能力和购买冲动都会加强，客户可以很轻易地从一个快递企业转向另一个快递企业。再加上随着各公司所提供的同类快递服务差异不断缩小，使客户的选择更容易变动。

（3）发展客户的成本高昂

在网上发展新客户和维护老客户，也需要很大的成本投入。一方面，网络广告、付费推广费用高昂，另一方面，虽然客户可以在网上搜索到关于快递服务的所有信息，并且能够在网上下单、网上付费，但是对大多数快递客户来说，通过电话下单或直接去快递营业网点下单，仍然是他们接受快递服务的主要方式。这是什么原因呢？归结起来，主要有以下几点原因。

首先是客户的操作技术方面的问题。客户若通过网络接受快递服务，需要搜索快递服务，选中目标后还要进行网上的下单以及网上的付款，对部分客户来说，他们可能不懂这些操作。其次是客户的观念问题。虽然互联网已非常普遍，但是很大一部分客户还是觉得在现实生活中与收派员联系或者直接去营业网点下单接受快递服务更加可靠。综合上述两方面的原因，目前在网上发展新客户和吸引老客户的成本并不比传统的营销方式低。

总之，在互联网环境下，客户将以更强大的力量决定着公司的前景。因此，快递企业需要利用网络与客户建立亲密的联系，维护以及发展客户。

2. 客户网络维护的方法

快递网络服务的过程伴随着客户和企业接触的全过程，分为售前服务、售中服务和售后服务。售前服务是利用互联网把快递服务的有关信息发送给目标客户，包括主要服务内容、服务价格等；售中服务是利用互联网为客户提供快递咨询、快递下单、快递派送、快递费用结算等服务；售后服务则是利用互联网为客户提供快递查询服务，接受并处理客户的快递投诉问题，获取客户对快递服务的反馈信息等。

在互联网时代，快递企业要利用互联网，在快递服务的售前、售中和售后做好客户服务，达到维护和发展客户的目的。

（1）网上售前服务

快递企业网上售前服务主要是提供信息服务，进行网络营销。快递企业提供网上售前服务的方式主要有两种：一是通过自己的网站宣传和介绍服务信息，这种方式要求企业的网站必须有一定的知名度，否则很难吸引客户注意；二是通过网上其他平台提供快递信息，快递企业可以在网上发布快递信息广告。除了提供服务信息外，快递企业还应该提供其他相关信息，如快递服务的价格等信息。为方便客户下单，还应该介绍如何下单、如何查询、相关注意事项等信息。总之，提供的信息要让准备下单的客户“胸有成竹”，使他们对快件的安全完全放心。

（2）网上售中服务

网上售中服务主要是指快递销售过程中的服务。这类服务是指快递服务的买卖关系已经确定，在快递产品运送到指定地点的过程中的服务，如企业为客户提供了解订单执行情况、快递运输情况的服务等。传统的快递客服部门有30%～40%的资源是用于应对客户对快递运输情况的查询和询问的，这些服务不但浪费时间，而且非常琐碎，相关人员难以给客户满意的回答。而网上客户服务的一个特点是突破以往对地理位置的依赖和分割，因此网上售中服务对快递企业来说是非常重要的。在设计企业网站时，不仅要设置网上下单的功能，还要提供快递查询功能，方便客户及时了解快递运输情况，同时减少因客户不断咨询服务人员而花费的成本。

如国内某快递企业通过其高效的邮件快递系统，将邮件在递送中的中间环节信息都输送到计算机的数据库，客户可以直接通过互联网从网上查找邮件的最新动态。客户可以登录网站查看其邮件的具体位置、投递不成的原因、在什么时间会进行下一步行动，直至收件人安全地收到邮件为止。客户不用打电话去问任何人，上述服务信息都可在网上获得，这既让客户免于为查邮件而奔波，同时又使企业大大减少了邮件信息查询方面的开支，实现了企业与客户的共同增值。

（3）网上售后服务

网上售后服务就是借助互联网便于直接沟通的优势，以便捷的方式满足客户获得帮助、进行投诉和反馈的需求。快递企业网上售后服务主要有两类：一类是基本的网上快递服务投诉和服务质量反馈服务；另一类是企业为满足客户的附加需求提供的网上增值服务。快递企业推出网上售后服务，有以下优点。

① 便捷性：网上的服务是24小时开放的，用户可以随时随地在网上寻求支持和服务，而且不用等待。

② 灵活性：由于网上的服务综合了许多知识、经验和以往客户出现问题的解决办法，因此客户可以根据自己的需要从网上寻求相应的帮助，同时也可以学习其他人的解决办法。

③ 低廉性：网上售后服务的自动化和开放性，使得快递企业可以减少售后服务和技术支持人员的成本，大大减少不必要的管理费用和服务费用。

④ 直接性：客户通过上网可以直接寻求服务，避免像传统方式一样经过多个中间环节才能得以处理。

例如，如果快递客户对快件的送达时间不满意，可以在网上投诉，提出对快递服务质量的不满，快递网站的工作人员也可以在网上对客户提出的问题进行答复。另外，快递网站还可以在网上发布公告，如最近有哪些新的服务推出，价格如何等。

四、建立与客户交流的虚拟社区

客户购买产品后，一个重要的环节是在购买后进行体验和评价。面对客户的不满足，企业可以采取一定的措施和行动进行平衡。企业设计网上虚拟社区就是让客户在购买后既可以发表对产品的评论，也可以提出针对产品的一些意见，并可以与使用该产品的其他客户进行交流。营造一个与企业的服务或产品相关的网上虚拟社区，不但可以让现有客户自由参与，同时还可以吸引更多潜在客户。

（一）虚拟社区概述

1. 虚拟社区的含义

虚拟社区是指一群通过计算机网络彼此沟通的人们组成的团体，他们基于某种程度的了解，分享某种知识和信息，在很大程度上如同朋友般彼此关怀。

虚拟社区至少具有以下四个特性。

（1）虚拟社区以计算机、移动电话等高科技通信设备为媒介，区别于现实社区得以存在。

（2）虚拟社区的互动具有群聚性，从而区别于两两互动的其他网络服务。

（3）社区成员身份固定，从而区别于由不固定的人群组成的网络公共聊天室。

（4）社区成员进入虚拟社区后，一定能感受到其他成员的存在。

虚拟社区的类型根据沟通的实时性，可以分为同步和异步两类：同步虚拟社区如网络联机游戏等，异步虚拟社区如 BBS（电子公告牌系统论坛）等。国内的虚拟社区逐渐形成了以 BBS 为主要表现形式，结合其他同步、异步信息交互技术形成的网络化、数字化的社区形式。

虚拟社区与现实社区一样，也包含了一定的场所、一定的人群、相应的组织和一些相同的兴趣、文化等特质的社区成员。最重要的一点是，虚拟社区与现实社区一样，能提供各种交流信息的手段，如讨论、通信、聊天等，使社区内的人得以互动。但同时，它具有自己独特的属性。

2. 虚拟社区的属性

首先，虚拟社区的交往具有超时空性。通过网络，人们之间的交流不受地域的限制，只要你有一台计算机、一条电话线，就可以和世界上任何地方同样具备相应硬件条件的人畅所欲言。同时通过虚拟社区聊天还可以不受时间的限制，如今天发一个帖子，不一定会有人回，但几天以后可能有很多人会对所发的帖子发表看法。

其次，人际互动具有匿名性和符号性。在虚拟社区里，网民用 ID 号标识自己，ID 号依个人的爱好随意而定。人们不能互相看到对方的“庐山真面目”，但仍可以自由地发表言论，提出自己的观点、看法。自由、平等、民主、自治和共享是虚拟社区的基本准则。

最后，人际关系较为松散，社区群体流动频繁。社区的活力主要靠“人气”和点击率支持，归根到底是看社区的主题是否适合大众口味。

3. 虚拟社区提供的主要功能

（1）社区通信。社区为每一个居民都提供了电子信箱，居民可以使用该信箱收发邮件，相互通信，这有利于非同时在线时居民之间的交流。有的大型论坛提供手机短信发送功能，更方便了居民之间的交流。

（2）聊天服务。虚拟社区为居民提供了两种实时交互的聊天服务。第一种方式是聊天广场，任何人都可以自由出入。第二种方式是聊天室，聊天室的开设者是这个房间的主人，他可以控制谈话的内容，也可以对聊天的人进行取舍。

（3）张贴讨论。这是虚拟社区最基本也是最主要的功能之一。居民可以在社区中主要以文字的形式自由地表达自己的思想，如提建议、讨论、提问、回答问题等，这些最终都以文章（帖子）的形式出现。目前，国内的许多社区还允许居民在帖子中上传文件，加入贴图、表情动作等功能。这样一来，帖子就变得更加丰富多彩、生动活泼。

（4）投票。居民在社区可就某一问题发起投票或进行投票，从而对社区居民进行民意调查。同时居民在投票的过程中也可进行讨论，表明自己的观点。这种投票要比现实的投票透明、民主、公开。其结果也能真实地反映居民的偏好。

（二）建立与客户交流的虚拟社区的作用

对快递企业来说，可以在企业网站上专门开辟一个可以让客户自由交流的虚拟社区。任何使用过该企业快递服务的客户或正准备使用该企业快递服务的客户都可以在这个社区里交谈。开辟这样一个虚拟社区对快递企业来说有以下几个好处。

1. 有利于快递企业了解客户对本公司服务质量的评价

使用过该企业快递服务的客户可以在社区通过交流，交换彼此对该企业快递服务的感受，如服务有哪些好的方面，有哪些不好的方面，要注意什么问题，有什么样的建议。快递企业通过对论坛上客户交流内容的查看，可以了解客户的心声，了解企业的服务状况，对企业的服务有什么地方受到客户好评，有什么地方还需要改进，都可以有详细的了解，从而有针对性地改进服务质量，提高客户的满意度。

2. 有利于快递企业拓展新客户

从未使用过该企业快递服务的客户可以通过浏览该公司网站的社区了解其他客户对该企业快递服务的评价，从而做出自己的判断。已经使用过该企业部分快递服务的客户也可以通过社区了解该企业的其他快递服务。

对于快递企业来说，建立这样的虚拟社区可以摆脱时间、地域的限制与客户进行交流。对于客户在社区里争议比较大的问题，还可以在论坛上答复客户。当然，快递公司需要专门派一名工作人员对社区进行维护，对一些过激的或对公司不利的言论要及时清除、制止。

// 第三节　快递市场网络营销

一、快递市场网络营销概述

（一）网络营销的概念和功能

与许多新兴学科一样，“网络营销”同样也没有一个公认的、完善的定义。广义地说，凡是以互联网为主要手段进行的、为达到一定营销目标的营销活动，都可称之为网络营销，也就是说，网络营销贯穿于企业开展网上经营的整个过程，从信息发布、信息收集，到开展以网上交易为主的电子商务，网络营销都是一项重要内容。

从“营销”的角度出发，可将网络营销定义为：网络营销是企业整体营销战略的一个组成部分，是建立在互联网的基础上、借助互联网特性来实现一定营销目标的所有相关活动的总称。据此定义，可以得出下列认识。

1. 网络营销不是网上销售

网上销售是网络营销发展到一定阶段产生的结果，而网络营销是为实现销售目的而进行的一项基本活动。网络营销本身并不等于网上销售，这可以从两个方面来说明。

（1）网络营销的效果可能表现在多个方面，如企业品牌价值的提升、与客户之间的沟通的加强等，网络营销活动并不一定能实现网上直接销售，但是有利于增加销售。

（2）网上销售的推广手段也不仅靠网络营销，往往还要采取许多传统的方式，如传统媒体广告、发布新闻、印发宣传册等。

2. 网络营销不仅限于网上

这种说法也许会令人费解，不在网上怎么叫网络营销？由于种种因素的限制，人们在互联网上通过一些常规的检索办法寻找相关信息，不一定能顺利找到所需信息，何况，对于许多初级互联网用户来说，可能根本不知道如何查询信息。因此，一个完整的网络营销方案，除了在网上做推广之外，还很有必要利用传统营销方法进行线下推广。

3. 网络营销建立在传统营销理论基础上

网络营销是企业整体营销战略的一个组成部分，网络营销活动不可能脱离一般营销环境而独立存在。网络营销与传统营销既有区别又有联系，网络营销理论是传统的市场营销理论在互联网市场这个新环境下的发展，既不能照搬市场营销的理论，也不能完全摒弃市场营销理论，而要把市场营销理论的精华应用在互联网这个新兴的竞争环境中，并在实践中不断发展和完善。

4. 网络营销在现代营销体系中具有举足轻重的地位

网络被称为继报纸、广播、电视等媒体后的第四媒体，这种媒体在人们的日常生活中的作用越来越明显，随着互联网时代的到来，新的生活方式正在悄然形成。而网络营销的影响力会随着互联网的发展越来越大，网络营销能给企业带来更多的商机和更多的利润。而对于一些企业来说，网络营销决定着企业的发展步伐、发展方向，甚至是生死存亡。在激烈的市场竞争中，忽视网络营销就会错过发展机遇，重视网络营销就会帮助企业在竞争中脱颖而出。

国内企业对网络营销的认知正在从概念走向务实。随着国内互联网的日益成熟，特别是搜索引擎营销、微信公众号的普及，越来越多的企业通过网络营销获得了大量新客户，越来越多的企业尝到了网络营销的甜头。

（二）网络营销的理论基础

传统的营销理论行为学派认为，只要企业能够设计适当的以推销产品为中心的“4P”（Product、Price、Place、Promotion，即产品、价格、渠道、促销）营销策略组合，就能够影响客户的购买行为。

而在互联网时代，新的营销组合从如何更有效地吸引客户注意力入手，由此衍生出以满足客户需求为中心的“4C”（Consumer、Cost、Convenience、Communication，即客户、花费、方便性、沟通）营销策略组合，新策略强调产品策略（Product）要源于研究客户的需求（Consumer）；并把研究客户为满足需求愿意付出的成本（Cost）作为定价策略（Price）

的依据；选择渠道（Place）时，要更加注重给客户提供便利（Convenience）；确定促销策略（Promotion）时，要立足于加强与客户的联络（Communication）。网络营销正是建立在这种现代营销理论的基础上，贯穿于企业经营的整个过程中的现代营销方式，包括市场调查、客户分析、产品开发、生产流程、销售策略、售后服务、反馈改进等。

从商品供求的角度来看，网络营销的过程包括商品或服务从设计创造到销售和消费实现的全过程。在这个过程中，存在着种种时间或空间、意识或技术上的障碍。而进行网络营销，可以在一定程度上排除这些障碍。

例如，企业可以通过互联网进行充分的市场调查，更好地了解市场需求，开发满足客户需求的产品，设计有效的经营方案；还可以通过互联网了解企业自己产品的市场现状和竞争对手的情况，不断改进经营管理，实现竞争优势，增加企业收益。再如，企业通过使用在线广告等手段，使产品信息迅速送达必要的客户，吸引客户的注意力，促成和引导交易实现。

网络营销的价值，在于其可以使营销和交易更便利、更充分、更有效率。它的独特之处，在于其利用了网络手段与技术，面向特殊的网上市场环境。网络对于企业来说，是重要的机遇。网络强大的通信能力和电子商务系统便利的商品交易条件，改变了原有的市场营销理论。在网络环境下，时间和空间的概念、市场的性质和内涵、消费者的行为方式等都在发生着深刻的变化。因此，企业应根据信息化社会的营销环境和技术特点来制订自己的营销战略。

网络技术的发展和网上市场的迅速扩展，给企业营销创新留下了广阔的空间。互联网通信技术、网页技术、数据库技术等的发展，不断为企业经营者和网络营销者开拓无限的想象空间。

（三）网络营销与电子商务的区别与联系

网络营销与电子商务的关系是什么呢？IBM公司认为，电子商务采用数字化电子方式进行商务数据交换和开展商业活动，是在互联网的广阔联系与传统信息技术的丰富资源相结合的背景下，产生的相互关联的动态商业活动。企业发展电子商务的目的在于五个方面：提高运营成绩、缩减经营成本、加速产品上市、提高工作效率、更好地服务客户。企业实施电子商务分三步走：企业内部的互联（Intranet）、企业与企业的互联（Extranet）、电子交易（E-Commerce）。

由此可见，电子商务最基础的一点就是交易方式的电子化，广义的电子商务是指包括电子交易在内的，利用 Web 进行的全面商业活动。而网络营销则是以互联网作为传播手段，通过对市场的循环营销传播，满足客户需求和企业需求的过程。

因此，网络营销与电子商务的差别在于：网络营销属于电子商务的一部分，电子商务是利用互联网进行各种商务活动的总和，必须解决与之相关的法律、安全、技术、认证、支付和配送等问题。如果说电子商务的本质是信息的交流与沟通（包括与外部客户的、内部运作的和与后端供应链的），最终目的是实现整个交易过程的电子化，那么，网络营销的活动内容在于利用互联网做好与客户的信息交流。

（四）网络营销的核心标准

目前，作为电子商务核心的网络营销，掀起了网站建设新的高潮。以往大多数企业网站只是注重展示，营销性不强，而当今企业建设网站考虑的更多是营销，以营销为导向的网站才能更好地为企业创造利益。据统计分析，营销型网站最显著的参考标准有以下十条。

1. 方便和易于管理的网站内容管理系统

方便和易于管理的网站系统，可以减少企业的维护成本，增加网站内容和进行快捷的网站维护。

2. 友善的用户体验

在这里，我们首先需要强调的是营销型网站是以营销为目的的网站，因此，让客户在浏览我们的网站时获得友善的用户体验，对于营销的效果会产生很大的影响。减少网页打开的时间，导航明确，没有死链接，页面之间有良好的链接等都能增加客户对网站的好感，从而增加网站的访问量，获得良好的营销效果。

3. 良好的搜索引擎表现

获得较高的搜索引擎排名，是网站推广的重要方法之一。因此，在企业网站的建设中，要考虑提升搜索引擎排名。为了达到这个目的，网站的每个页面要有相对应的标题、关键词、描述等。

4. 完好的内容支持

对于营销型网站，要有完好的网站内容，才能更好地促进客户进一步了解企业的产品或服务。另外，对客户的常见问题要进行及时的解答，这些内容都可以提高网站的营销宣传效果。

5. 强大的在线沟通功能

对于营销型的网站来说，要利用网络的交互性，更好地为营销服务，如开发在线的QQ、在线的客服、在线的留言回答等功能。

6. 完善的网站监测

作为营销型的网站，需要有完善的网站监测。因此，对客户的来源、客户的信息进行详细的统计特别重要，这样可以跟踪客户的动向，根据企业网站的统计，还可以对网站进一步改善与调整。

7. 比较高的客户信任度

对企业网站来说，要提高自己的公信力，需要提供一些有说服力的资料，如相关的证件和证书、相关的媒体报道、企业地址、真实的产品图片、以往用户的案例等，这些都应放到网站上去。只有让客户信任企业的网站，才可能让客户在网站上消费。

8. 详细的联系方式

对于营销型的网站，要有企业详细的联系方式、地址，方便客户与企业联系和让客户找到企业。

9. 在线支付和购买功能

在线支付和购买功能能更好地促进客户消费，如果在公司的网站不方便操作，可以借助第三方平台。

10. 完善的网站操作流程

对于网站操作的流程，需要有详细的介绍和说明，便于客户操作或在线完成购买。

二、快递市场网络营销的特点

1. 市场的全球性

营销的最终目的是占有市场份额。以往的任何一种营销理念和营销方式，都是在一定的范围内寻找目标客户。由于互联网具有超越时空限制进行信息交流的特点，所以，网络营销可以超越时空限制，在全球范围内寻找目标客户，使企业的跨时空交易成为可能。

目前，全球几乎所有的国家和地区都已接入了互联网，网络提供了一个真正意义上集中所有的生产者和消费者的世界市场。网络既是信息资源的海洋，又是商家展示自己的数字广告媒体，且受众范围极广。无论对于大型企业还是中小型企业，或者是个人，可以从互联网上获得的商机都是无限的。

2. 企业与客户的交互实时性

企业利用互联网不仅可以展示商品信息、链接商品信息，更重要的是可以实现和客户交互双向沟通，收集客户反馈的意见、建议，从而切实、有针对性地改进产品与服务，提供高效和优质的客户服务。

网络具有一对一的互动特性，这是对传统媒体面对大量受众的突破。访问者在浏览网页时，能够在线提交表单或发送 E-mail，企业与客户可以进行实时在线会议等，这些网络特有的功能使企业能够在很短的时间里与客户进行交流，并根据客户的要求和建议及时做出积极反馈。

3. 企业与客户的高效性

互联网上有大量的信息供客户查询，可以传送的信息数量与精确程度远远超过其他媒体，能够帮助企业顺应市场的需要，即时更新产品和价格，即时有效地了解并满足客户的需求。

网络极大地缩短了企业与客户沟通和贸易的进程。企业在通过网络进行商业活动时，可能会经常针对市场变化做一些策略调整，同时商业站点的结构也会有调整。因为网络没有时间、地域的诸多限制，站点结构调整实现起来很轻松。网络广告在尺寸上可以采取旗帜广告、巨型广告等，在技术上还可以用动画、游戏等方式，在形式上可以是在线收听、观看、试玩、调查等，可以集各种传统媒体形式的精华，并通过统一的标准和格式通过计算机迅速实现。这种精确、快速的方式，省时省事，提高了效率，从而达到传统媒体无法具有的效果。

4. 明显的经济性

通过互联网进行信息交换，代替以前的实物交换，使得网络营销极大地降低了营销成本，提高了企业利润。促成网络营销经济性的原因有很多，如资源的广域性，地域价格的差异性，交易双方的距离远近，市场开拓费用的锐减，无形资产在网络中的延伸增值等。

在传统的营销方式中，大量的人力物力资源耗费在中间环节和渠道上，网络营销利用互联网减少了交易过程的中间环节和渠道。互联网广告的发布次数和效果均可以用技术手段精确统计，极大地降低了企业成本，提高了交易效率，优化了全球范围内的资源配置。

5. 资源的整合性

网络营销的过程是：对多种资源进行整合，运用多种营销手段和营销方法，将有形资产和无形资产交叉运作、交叉延伸。

6. 市场的冲击性

由于网络营销具有很强的市场穿透能力，使网络营销在冲击时是主动的、具有冲击性的，无论是在提供信息搜索时，还是在信息发布后，都在创造一种竞争优势，在争取一些潜在商机，在扩大着既有营销的范围。

三、快递网络营销的职能

快递网络营销有以下功能。

1. 企业与客户互动交流功能

互联网的发展给了企业与客户之间进行互动交流的平台。

在网络营销中，客户可以利用多种搜索方法，主动、积极地获取有关快递企业的有用信息。他们会主动地将各个快递企业提供服务的价格进行比较，主动地了解企业的服务质量，主动地通过搜索获取相关情报，然后进行决策研究。

而与此同时，企业也可以通过互联网发布信息。在网络营销中，各个快递企业可以把自己的服务信息发布到全球几乎任何一个地点，信息的扩散范围、停留时间、表现形式、延伸效果、公关能力、穿透能力都是最佳的。尤其在网络营销中，企业在网上发布信息以后，可以能动地进行跟踪，并可以与客户直接交流。

对快递企业来说，这种企业与客户之间的互动交流可以贯穿客户接受快递服务的全过程，具体可以分为售前、售中、售后这三个阶段。客户首先通过快递企业发布的服务信息在企业网站上预订快递服务，快递公司接收了客户的快递服务要求；接着在快件的传递过程中，客户可以通过公司网站追踪查询自己的快件，通过网上的留言等形式表达自己的要求，企业可以针对客户的留言做出回应（有些企业已开通了 24 小时在线回复服务）；最后等客户收到快件后，若是快件出现了质量问题或客户对快件的递送速度不满意，也可以到企业网站上进行投诉，企业会针对这些问题做出相应的处理，同时也能即时了解本企业的服务质量。

2. 品牌价值扩展和延伸功能

未来的营销是品牌的战争。拥有市场比拥有工厂更重要，拥有市场的唯一办法，就是拥有占市场主导地位的品牌。

互联网的出现，不仅给企业品牌带来了新的生机和活力，而且推动和促进了品牌的拓展和扩散。实践证明，互联网不仅能创造品牌、承认品牌，而且对于重塑品牌形象，提升品牌的核心竞争力，打造品牌资产，具有不可替代的效果和作用。

3. 客户关系维护与管理功能

客户关系管理源于“以客户为中心”的管理思想，是一种旨在改善企业与客户之间关系的新型管理模式，是网络营销取得成效的必要条件，是企业重要的战略资源。

在传统的经济模式下，由于认识不足或自身条件的局限，企业在管理客户资源方面存在着较为严重的缺陷。针对上述情况，网络营销通过客户关系管理，将客户资源管理、销售管理、市场管理、服务管理和决策管理融于一体，将原本疏于管理、各自为战的计划、销售、市场、售前和售后工作统筹协调起来，既可跟踪订单，帮助企业有序地监控订单的执行过程，规范销售行为；又可以避免销售隔阂，帮助企业调整营销策略，收集、整理、分析客户反馈信息，全面提升企业的核心竞争能力。

4. 提供特色服务功能

网络营销所提供的不是一般的服务功能，而是一种特色服务功能，服务的内涵和外延都得到了扩展和延伸。

客户不仅可以获得形式简单的 FAQ、邮件列表、BBS、聊天室等各种即时信息服务，还可以获取在线收听、收视、订购、交款等服务，以及节假日的紧急需要服务等。这种服务以及服务之后的跟踪延伸，不仅极大地提高了客户的满意度，使“以客户为中心”的原则得以实现，而且使客户成了企业的一种重要的战略资源。

5. 经济效益增值功能

网络营销会极大地提高企业的获利能力，使企业提高或获取增值效益。这种增值效益的获得，不仅在于网络营销效率的提高、营销成本的下降、商业机会的增多，更在于增值或提升企业无形资产的价值。网络营销明显的资源整合能力，为无形资产的积累提供了更多的可能性。这是传统营销根本不具备也无法想象的一种战略能力。

四、快递企业常用的网络营销方法

快递企业的网络营销方法一般有站点营销方案和非站点营销方案两种。

（一）站点营销方案

已有独立域名的快递企业应整合企业现有网站资源，进行站点推广。要解决网站访问量小的问题的途径就是进行一系列网站推广活动，一般网站推广途径有以下几种。

1. 利用电子邮件

电子邮件营销被证明是一种效果很好的网络营销工具，据统计其回应率在 5%～15%，远远高于标志广告的回应率。电子邮件营销已经受到广泛重视，许多 B2B 电子商务企业也在利用电子邮件进行营销。

电子邮件营销不是随意向潜在客户发送产品信息，而是事先征得客户许可的“软营销”方式，所以也常称为许可电子邮件营销。其基本思路是，通过为客户提供某些有价值的信息，如时事新闻、最新产品信息、免费报告及其他为客户定制的个性化服务内容，吸引客户参与，从而收集客户的电子邮件地址（邮件列表），在发送定制信息的同时对自己的网站、产品或服务进行宣传。在本公司没有条件获取邮件列表的情况下，也可以通过与第三方合作等方式开展电子邮件营销，或者委托专业的电子邮件营销服务公司。

电子邮件是站点推广的主要方法之一，首先要从各种途径获取一些电子邮件地址，然后制作一个精美的网页，网页上应该有企业的产品和服务信息，以及可以进入公司网站主页的链接，最利用群发软件，按邮件列表发送广告，并统计通过电子邮件广告浏览网站的用户的基本资料。对于曾经访问过网站的用户，可以继续发电子邮件广告，而对于对广告无动于衷的用户，就没必要再发送了。这样可以在争取到更多的浏览量的同时，把访问者留住。如果访问者能成为公司网站论坛的会员，那网站推广的目的就实现了。用电子邮件推广网站的效果比较明显，但为了获得大量有效的邮箱地址，则需要企业花费一些成本。

2. 利用搜索引擎

搜索引擎实质上是用于查询网站的数据库。当人们在搜索引擎中键入关键词进行查询时，搜索引擎根据一定的排名机制，扫描数据库中的数以百万计的网页，然后根据其与关键词的相关程度，来决定网页的排名，并显示在反馈结果中。搜索引擎是人们发现新网站的主要手段，所以，当一个网站建成并正式发布之后，首要的推广任务就是向各大搜索引擎登记。如果网站的潜在客户不仅限于国内，除了要向国内主要的搜索引擎登记之外，还要向国外的搜索引擎登记。

注册搜索引擎的数量固然重要，但搜索引擎结果的排名对增加网站的访问量更加重要，如果结果在第三名甚至几百名之后，那就很难指望别人发现网站了，因此，在设计网站时要考虑到搜索引擎，对网站设计进行优化。

目前国内主要的搜索引擎有百度、搜狐、新浪、网易等。在这些搜索引擎上登记，对提高企业网站的访问量是非常有效果的。当然这些并不全都是免费的，有些网站需要支付一定的费用，但这些花费对一家企业来说并不高。在搜索引擎上注册是提高企业网站访问量的最有效的途径。

通过调查发现，企业最认可的网络推广手段是搜索引擎，占比高达 75.30%，远远超出其他网络营销手段。其中网络黄页占 2.42%、在线图片广告占 2%、电子邮件推广占 3.1%、中文网址类占 3%、文字链广告和网上交易平台各占 1%。在接受调查的企业当中，目前有 50.14%的企业已经或打算购买百度的搜索引擎服务，而百度竞价排名的效果要远远领先于其他同类产品。

3. 提供免费服务

很多网站为了获得高浏览量，在自己的网站上提供了很多免费服务，如在线游戏、免费下载、免费信息服务等。提供这些免费服务，需要较大的投入，所以并不是所有企业都有必要给访问者提供大量的免费服务。

4. 利用传统媒体

可以利用书刊、杂志、广播、电视等传统媒体给企业的网站做广告。目前，这些传统媒体上网站的广告并不多，但效果很好，不过传统媒体广告费用很高，需要有较大投入。

5. 交换链接

交换链接（也称互惠链接）是一种增加网站曝光机会从而提高访问量的有效方式，而且交换链接数量的多少也是搜索引擎决定网站排名的一项参数，因此，交换链接被认为是网站网络营销的一项重要手段，也是评价网站网络营销效果的一项标准。

实现交换链接的方法是寻找与自己的网站具有互补性、相关性或潜在客户常访问的站点，并向它们提出与之交换链接的要求，在彼此的网站上为对方站点设立链接。通常链接有图片链接及文本链接两种形式，由于文本链接占用字节少且不影响网页整体效果而被广泛采用。

交换链接还可以增加网站的“质量”。因为一个网站不可能大而全，但为了给用户提供“完整”的方案，就可以建立交换链接，这也是被业界证明的有效方法。网站应该有特色，有核心业务，而外延部分应该外包出去，“交给”交换链接。

在选择链接对象时应该有一定的标准，因为建立链接不仅是为了增加访问量，还应对网站内容起补充的作用，以便更好地服务用户，如果链接了大量低水平的网站，会降低访问者对网站的信任，甚至失去潜在客户。

6. 网络广告

网络广告是一种常用的网站推广手段，是利用超文本链接功能而实现的一种宣传方式，常见的网络广告有标志广告、文本广告、电子邮件广告、分类广告等多种形式，其中标志广告又是最通用的，因此有时也将网络广告等同于标志广告。

标志广告通常以 GIF、JPG 等格式建立图像文件，插在网页中表现广告内容，同时还可以使用 JAVA 等语言使其产生交互性，用户点击标志广告后可到达广告所要宣传的内容页面。与传统媒体相比，网络广告具有独特之处，如成本低廉、不受地理区域限制、交互性强、广告效果容易统计、实时性强、用户主动性高等。

7. 交换广告

交换广告是网络广告的一种，一般是免费的。交换广告与交换链接有许多相似之处，都是出于平等互惠的原则，为增加访问量而采取的一种推广手段，交换广告通常是加入专业的广告交换网从而与其他成员建立交换广告，而不是自行寻找相关的网站直接交换双方的标志广告，广告投放和显示次数也是由广告交换网决定的，双方的广告均显示在对方的网站上。

（二）非站点营销方案

企业的网络营销可以分为站点式营销和非站点式营销。站点式营销主要是以自己的网站为平台进行一系列营销活动，这种网络营销方式成本较高，仅适合少数的实力较强的大企业，对于那些小企业来说，只有选择一些低成本的营销方式。非站点式营销是一种适合任何企业的低成本的网络营销方式，因此，越来越受企业的青睐。

非站点式营销就是利用除自己网站外的一切网络资源进行营销。快递企业可以在网络上找到很多客户，还可以通过网络改变企业的业务模式，拓展市场，提高企业的知名度。快递企业可以利用如下几种资源进行非站点式营销。

1. B2C 资源

电子商务有两种主要的模式，即 B2C 和 C2C，对于快递企业来说，可以利用的 B2C 资源主要是指从事网上销售的一些网上商城。近几年，随着电子商务的蓬勃发展，网上零售业迅猛发展，出现了以当当网为代表的一大批运行良好的网络商城，这些商城的业务量越来越大，对于快递企业来说，如果能和这些网络商城合作，获得商城的配送业务，将显著提高企业的知名度，同时也可以获得可观的经济效益。快递企业尤其应该寻找那些规模不大，但非常具有发展潜力的网站，这样可以以较低的代价与对方建立战略合作伙伴关系，随着这些网上商城的发展，快递企业也可获得机会高速发展。

2. C2C 资源

近几年随着淘宝网的崛起，以往被人们忽视的 C2C 市场越来越繁荣。快递企业可以利用淘宝、易趣、拍拍等网站的资源，寻找更多的客户，给企业做广告，提高企业的知名度。

3. 其他网络资源

其他网络资源主要指新闻组与网络社区。新闻组是互联网的基本服务之一，互联网使得具有相同专业兴趣的人们组成成千上万的具备很强有针对性的通信区和新闻组，参加某一新闻组的人们有共同兴趣，或关心特定主题，利用新闻组可有效地推广企业产品。

网络社区是网上特有的一种虚拟社会，主要通过把具有共同兴趣的访问者组织到一个虚拟空间，达到成员相互沟通的目的。其中论坛、聊天室是最主要的表现形式，在网络营销中有独到的应用，可以增进企业与客户之间的关系，有利于建立企业的专家形象，还有可能直接促进网上销售。论坛是一个非常有用的场所，通过论坛可以了解他人的观点，同时可以帮助他人或者向他人求助，论坛一般都有特定的讨论主题，定期参加论坛的人有电子杂志的编辑、企业家、管理人员以及那些对某些话题感兴趣的人。

网络社区营销是网络营销区别于传统营销的重要表现。除了利用他人网站的论坛和聊天室之外，也可以建立自己的网络社区，为网络营销提供直接渠道和手段。建立自己的论坛和聊天室对于得到访问者的信任、增加网站访问量以及进行在线调查等方面有独到的作用。

除此之外，网络上还有很多可免费获得的资源供企业利用，如利用博客营销。博客营销是利用博客这种网络应用形式开展的网络营销。公司、企业或个人利用博客，可以发布并更新企业、公司或个人的相关概况及信息，密切关注并及时回复平台上客户对企业或个人的相关疑问及咨询，同时还可以通过博客平台帮助企业零成本获得搜索引擎的较前排位，以达到宣传目的。

综上所述，企业应该利用好这些资源，并对这些资源加以整合，充分利用网络这个平台获取更多的机会。

思考与练习

一、问答题

1. 简述电子商务的分类。
2. 电子商务对快递服务有哪些影响？
3. 互联网时代的到来，对快递企业的管理会有哪些影响？

4. 快递企业可以利用哪些现代系统优化企业内部管理？
5. 电子商务与网络营销的区别与联系是什么？
6. 快递企业有哪些常用的网络营销方法？
7. 为了保障快递企业的网络安全，快递企业可以采取哪些措施？

二、案例分析

中国邮政速递物流公司的电子商务速递业务

电子商务速递业务是中国邮政速递物流公司根据电子商务运作的特点，结合自身资源和发展方向，特别为从事电子商务交易的个人和企业量身定做的速递服务，包括一款新产品“e 邮宝”（EMS 电子商务经济快递）业务以及整合推出的网上 EMS，即“e-EMS”业务。其中，“e 邮宝”业务采用“全程特快路”陆运模式，价格较普通 EMS 有较大幅度优惠，可为从事电子商务的个人卖家节约更多成本，而享有的收寄、投递服务与 EMS 完全相同，而且部分空运中的禁、限寄的物品都可以交寄“e 邮宝”。

自 2007 年起，这些业务陆续在全国 248 个城市开办起来。在目前与阿里巴巴集团的合作中，收寄范围覆盖了阿里巴巴集团旗下淘宝网 90%的交易区域，邮件可寄达全国 2000 余个城市。业务开办以来，运行质量稳定，服务便捷，得到了客户的广泛好评。

电子商务速递业务将不断提高服务水平，充分满足客户的需求，积极推动我国电子商务的繁荣、健康地发展。

“e-EMS”业务资费与标准与 EMS 一致，“e 邮宝”业务资费如表 6-1 所示。

表 6-1 “e 邮宝”业务资费

范围	首重 1 千克资费（元）	续重每千克或其零数资费（元）	
省内	10	3	
区域（江浙沪互寄和京津互寄）	10	4	
省际（不含区域）	15	1500 千米（含）以内（一区）	4
		1500～2500（含）千米（二区）	6
		2500 千米以上（三区）	10

中国邮政速递物流公司的电子商务速递业务具有如下几个方面的优势。

第一，全过程信息化。中国邮政速递物流公司特别开发了电子商务速递系统，该系统的前端为标准接口，适应于各电子商务网站，客户可在电子商务网站上完成业务预订。该系统贯通了速递综合平台、电子化支局系统、中心局两子系统，实现了业务全过程的信息化，邮件派揽、收寄、投递信息都将通过电子商务网站反馈给客户。

第二，主动服务。中国邮政速递物流公司根据客户预订的业务信息，提供主动收寄服务，邮件的传输、处理与投递信息都将主动反馈。客户足不出户，只要完成网上交易必备的发货环节，就可以享受电子商务速递业务的优质服务。

第三，安全认证。中国邮政速递物流公司将商品妥投信息主动反馈给电子商务网站，用作支付商品货款的凭据，充当了信用认证的角色，使电子商务交易的信用体系成为完整的闭环，加快了商品资金的流动，真正实现电子商务的“三流合一”。

第四，适应不同需求。电子商务速递业务包括两项子业务，一款为 EMS 标准型业务，以航空运输为主，满足对时限要求最高、重量轻、商品货值高的商品的运送需求；另一款为“e 邮宝”经济速递业务，采取全程特快陆运，时限在标准EMS和快递包裹之间，提供与EMS相同的标准化、规范化服务，价格更经济，收寄邮件也比EMS更宽松。

第五，高品质服务。电子商务速递业务包括“e 邮宝”经济型业务，在客户服务上均达到了“门到门，桌到桌”的服务水平，拥有多渠道售后服务的能力。同时，中国邮政速递在当前的合作伙伴支付宝的网站上开通了“EMS 服务专区”，为客户提供更直接、更透明的业务咨询和售后服务。

第六，广域服务。电子商务速递业务将在全国范围内陆续开办收寄，寄达地为全国任何地方。

（资料来源：全球邮政特快专递网，有删改。）

问题：

1. 结合案例谈谈中国邮政速递物流公司在电子商务时代采用了哪些有特色的客户服务？

2. 网络在中国邮政速递物流公司的成功中发挥了怎样的作用？

三、实训操作

帮助一家同城快递公司建立与客户交流的虚拟社区。

参考文献

[1] 夏建辉. 快递企业案例分析[M]. 北京：北京理工大学出版社，2016.

[2] 陈兴东，何雄明，顾琪璋. 快递法规与标准[M]. 北京：人民交通出版社，2015.

[3] 何雄明. 快递业务员（高级）职业技能鉴定辅导教程[M]. 上海：上海交通大学出版社，2013.

[4] 花永剑. 快递公司物流运营实务[M]. 北京：清华大学出版社，2013.

[5] 王为民. 快递大客户开发[M]. 北京：人民邮电出版社，2012.

[6] 胥学跃，傅德月. 电信服务营销技巧[M]. 北京：北京邮电大学出版社，2008.

[7] 保罗·蒂姆（美）. 客服圣经[M]. 丰祖军，张朝霞，译. 北京：中国人民大学出版社，2009.

[8] 李祖武. 物流市场营销[M]. 北京：清华大学出版社，2008.

[9] 吴炎清，范爱理. 物流市场营销[M]. 北京：机械工业出版社，2004.

[10] 菲利谱·科特勒（美）. 市场营销原理（亚洲版）[M]. 何志毅，译. 北京：机械工业出版社，2006.

[11] 刘立. 电信市场营销[M]. 北京：人民邮电出版社，2003.

[12] 黄琳，徐海蓉，林雯. 电信服务礼仪[M]. 北京：人民邮电出版社，2006.

[13] 傅杰. 邮政服务礼仪[M]. 北京：人民邮电出版社，2005.

[14] 谢常实. 使命必达：联邦快递的管理真经[M]. 北京：人民邮电出版社，2005.

[15] 金正昆. 服务礼仪[M]. 北京：北京大学出版社，2005.

[16] 丁薇，彭欣. 网络营销实用教程[M]. 北京：人民邮电出版社，2005.

[17] 文森特·费尔诺. 全球最大物流公司配送专家 UPS[M]. 上海：上海财经大学出版社，2007.

[18] 郝雨风. 高效能的大客户经理[M]. 北京：中国经济出版社，2009.

[19] 王波. 客户服务管理工作细化执行与模板[M]. 北京：人民邮电出版社，2008.

[20] 曹献存，李先国. 客户服务实务[M]. 北京：清华大学出版社，2008.

[21] 锐智. 联邦快递非常攻略[M]. 广东：南方日报出版社，2005.

[22] 杨莉惠. 客户关系管理实训[M]. 北京：中国劳动社会保障出版社，2006.

[23] 国家邮政局职业技能指导中心. 快递业务员（高级）快件处理[M]. 北京：人民交通出版社，2013.

[24] 国家邮政局职业技能指导中心. 快递业务员（高级）快件收派[M]. 北京：人民交通出版社，2013.

[25] 蔡瑞林，徐德力. 客户关系管理[M]. 北京：北京交通大学出版社，2009.

参考文献

[1] 夏惠辉. 快递企业案例分析[M]. 北京：北京理工大学出版社，2016.

[2] 陈兴东，何宝明，颜世建. 快递法规与标准[M]. 北京：人民交通出版社，2015

[3] 何继明. 快递业务员（高级）职业技能鉴定指导教程[M]. 上海：上海交通大学出版社，2013.

[4] 张永剑. 快递公司物流运营实务[M]. 北京：清华大学出版社，2013.

[5] 王为民. 快递大客户开发[M]. 北京：人民邮电出版社，2012.

[6] 曾学欣，魏信月. 电信服务营销技巧[M]. 北京：北京邮电大学出版社，2008

[7] 保罗·蒂姆（美）. 客服圣经[M]. 丰祖军，张鹏飞，译. 北京：中国人民大学出版社，2009.

[8] 李佳民. 物流市场营销[M]. 北京：清华大学出版社，2008.

[9] 吴秀清，范聚国. 物流市场营销[M]. 北京：机械工业出版社，2004

[10] 菲利普·科特勒（美）. 市场营销原理（亚洲版）[M]. 何志毅，译. 北京：机械工业出版社，2006

[11] 刘立. 电信市场营销[M]. 北京：人民邮电出版社，2003.

[12] 黄林，徐尚容，林蔓. 电信服务礼仪[M]. 北京：人民邮电出版社，2006.

[13] 傅杰. 邮政服务礼仪[M]. 北京：人民邮电出版社，2005

[14] 谢洪奕. 使命必达：联邦快递的管理真经[M]. 北京：人民邮电出版社，2005

[15] 金正昆. 服务礼仪[M]. 北京：北京大学出版社，2005.

[16] 丁赫，彭欣. 网络营销实用教程[M]. 北京：人民邮电出版社，2005

[17] 文森特·费尔南. 全球最大物流公司配送专家 UPS[M]. 上海：上海财经大学出版社，2007

[18] 郝雨风. 高效能的大客户管理[M]. 北京：中国经济出版社，2009

[19] 王波. 客户服务管理工作细化执行与模板[M]. 北京：人民邮电出版社，2008.

[20] 吕敏存，李先国. 客户服务实务[M]. 北京：清华大学出版社，2008.

[21] 倪智. 联邦快递非常攻略[M]. 广东：南方日报出版社，2005

[22] 杨莉惠. 客户关系管理实训[M]. 北京：中国劳动社会保障出版社，2006

[23] 国家邮政局职业技能指导中心. 快递业务员（高级）快件处理[M]. 北京：人民交通出版社，2013.

[24] 国家邮政局职业技能指导中心. 快递业务员（高级）快件收派[M]. 北京：人民交通出版社，2013.

[25] 邵瑞林，徐德力. 客户关系管理[M]. 北京：北京交通大学出版社，2009.